实践应用型学前教育专业规划教材

幼儿园班级管理

主　编　秦旭芳
副主编　王亚萍　杨　毅

编　委　暴思霁　陈　静　党　淼　高　崇
黄思芸　黄瀚莹　姜　鑫　刘隽婷
祁文娟　秦旭芳　俞雯雯　张　婷
张　鑫　朱　琳

中国人民大学出版社
·北京·

图书在版编目（CIP）数据

幼儿园班级管理/秦旭芳主编．--北京：中国人民大学出版社，2021.4
实践应用型学前教育专业规划教材
ISBN 978-7-300-29148-2

Ⅰ.①幼… Ⅱ.①秦… Ⅲ.①幼儿园-班级-学校管理-幼儿师范学校-教材 Ⅳ.①G617

中国版本图书馆 CIP 数据核字（2021）第 048874 号

实践应用型学前教育专业规划教材

幼儿园班级管理

主　编　秦旭芳
副主编　王亚萍　杨　毅
编　委　暴思霁　陈　静　党　淼　高　崇
　　　　黄思芸　黄瀚莹　姜　鑫　刘隽婷
　　　　祁文娟　秦旭芳　俞雯雯　张　婷
　　　　张　鑫　朱　琳

You'eryuan Banji Guanli

出版发行	中国人民大学出版社		
社　　址	北京中关村大街 31 号	**邮政编码**	100080
电　　话	010－62511242（总编室）		010－62511770（质管部）
	010－82501766（邮购部）		010－62514148（门市部）
	010－62515195（发行公司）		010－62515275（盗版举报）
网　　址	http://www.crup.com.cn		
经　　销	新华书店		
印　　刷	天津鑫丰华印务有限公司		
开　　本	787 mm×1092 mm　1/16	**版　　次**	2021 年 4 月第 1 版
印　　张	14.5	**印　　次**	2024 年 1 月第 3 次印刷
字　　数	297 000	**定　　价**	39.00 元

前　言

幼儿园班级是幼儿园管理工作这一“有机生命体”中的“细胞”，班级管理工作的质量不仅可以反映出幼儿园办学水平的高低，而且直接影响着幼儿的成长。随着社会对幼儿教育需求的发展，教师素质也亟待提升。《国家中长期教育改革与发展规划纲要（2010—2020）》中提出“要严格执行幼儿教师资格标准，切实加强幼儿教师培养培训，提高幼儿教师队伍整体素质，依法落实幼儿教师地位和待遇”。要提升幼儿教师队伍质量，最根本的一点是应着手于广大学前教育专业学生的培养。科学专业的培养方案才能造就高水平教师队伍，而培养方案的核心在于课程，课程质量又主要通过教材来体现。本教材具有新颖性、实践性、问题导向性，较适合学前教育专业学生的培养。

本书以党的二十大精神为引领，全面贯彻党的教育方针，落实立德树人根本任务，推进习近平新时代中国特色社会主义思想进教材、进课堂、进头脑，力求成为培根铸魂、启智增慧、适应时代要求的精品教材。

本书旨在让学前教育专业的学生尽快适应幼儿园班级管理工作，提升职业核心竞争能力，并且为一线学前教育工作者们提供系统有效的理论指导和实践操作策略及方法。本书不仅包括幼儿园班级管理概论、班级教育活动管理、家长工作管理等内容，还根据现实管理工作以及读者的需要增加了幼儿教师合作管理、适应工作管理等内容，更加符合幼儿园班级管理中面临的新问题。本书可供高校学前教育专业本科生、大专生及中职学校学生作为教材使用，也可供学前教育工作者在从事教学、科研和实际工作时参考。

本教材以“问题导向、实践探索、理论聚焦”为写作脉络，形成班级管理基本的结构与系统。在设计构思上，本书的章节中包括学习目标、思维导图、典型案例、幼教故事、相关链接、小结、拓展阅读、思考与练习等版块。学习目标导入开篇立意，可以帮助读者快速聚焦于本章探讨的方向；思维导图部分可以使读者对本单元整体内容形成一个系统的架构；典型案例向读者展示了幼儿园班级管理工作中典型而常见的问题，激发读者的阅读兴趣与学习积极性以及对问题的关注；幼教故事展示了一些在幼儿园真实发生的案例及应对方法，增强情景性；相关链接为读者提供相关的专业知识；拓展阅读可以向读者传达拓展资料，延伸读者的视野；小结是对当前章节的总结回顾，帮助读者总结知识要点；思考与练习旨在帮助读者加深对于章节内容的理解，引领读者理论联系实际，增加本书的实践性和可操作性。

本书由秦旭芳担任主编，王亚萍、杨毅担任副主编。全书共分为八章，第一章由秦旭芳、陈静编写，第二章由秦旭芳、张婷、刘隽婷编写，第三章由秦旭芳、姜鑫编写，第四章由秦旭芳、高崇、黄思芸编写，第五章由秦旭芳、黄瀚莹、暴思霁编写，第六章由秦旭芳、朱琳、俞雯雯编写，第七章由秦旭芳、张鑫、党淼编写，第八章由秦旭芳、祁文娟编写。整体框架设计由秦旭芳及其团队负责组织与策划，全书编者共同讨论，最后统稿工作由秦旭芳、黄瀚莹完成。

本书凝结了我们对学前教育的热忱，寄托着我们对学前教育蓬勃发展的希冀。在此，向参与本书规划、审稿工作的全体工作人员，向参与本书编写的每一位成员、向提供案例的幼儿园工作实践者们表示衷心的感谢。本书的编写还参考了相关的书籍、报刊和网上内容，在此对作者们一并致谢！编写人员对教材内容反复推敲，但仍有疏漏与不足，敬请读者批评指正。

秦旭芳

目　录

第一章　万丈高楼，始于基础
——幼儿园班级管理概论

幼儿园班级是幼儿园的核心单位，是幼儿学习与游戏的主要场所。幼儿日常行为习惯的养成，一日活动的组织，教师与家长的沟通、交流等，都是依托班级为单位进行的。幼儿园班级既是幼儿生活的集体，也是幼儿生活的环境，是幼儿人生中参加的第一个正式的社会组织，其管理水平直接影响着幼儿的身心健康，影响着幼儿园的办园水平。因此，做好班级管理工作，不仅对幼儿的健康成长有着重要意义，对一所幼儿园的发展也具有十分重要的意义。

学习目标

1. 了解幼儿园班级管理的含义、意义。
2. 领会幼儿园班级管理的内容、原则。
3. 掌握幼儿园班级管理涉及的人员、组织及物质结构的功能。

思维导图

- 幼儿园班级管理概论
  - 幼儿园班级管理的含义及意义
    - 幼儿园班级管理的含义
    - 幼儿园班级管理的意义
  - 幼儿园班级管理的内容及原则
    - 幼儿园班级管理的内容
    - 幼儿园班级管理的原则
  - 幼儿园班级管理的结构及功能
    - 人员结构及功能
    - 组织结构及功能
    - 物资结构及功能

典型案例

有温度的朋友圈

“小雨老师，我暂时先不送明明了”“刘老师，糖糖送到奶奶家了，先不送幼儿园了”……疫情过后开园第一天的清晨，小雨老师被一条条请假信息吵醒。虽然幼儿园和班级老师已经做好了一切准备工作保证孩子的安全，但家长不信任和观望的态度让小雨老师很是失落……

一周过去了，班里还是稀稀落落的几个孩子，小雨老师很是着急。她向家委会主任鹏鹏妈说明了情况，两个人一起想出了一个好办法。鹏鹏妈每天送孩子入园都会随手发条朋友圈，描述幼儿的在园情况。几天后孩子们陆续返回幼儿园，小雨老师脸上终于露出了笑容。

面对疫情的考验，教师要理解家长担心的心理，更要充分利用班级家长的资源，共同想办法解决困难，以家园的相互配合来完成各项工作。

（本案例源于沈阳市浑南区花语幼儿园，何娇娇）

案例中小雨老师能及时发现和分析班级中出现的问题，并运用所学的班级管理相关知识，使班级情况得到改善。那么，什么是幼儿园班级管理？幼儿园班级管理的意义是什么呢？

第一节　幼儿园班级管理的含义及意义

幼儿园班级管理的主要实施者是班级教师。班级管理要以幼儿为中心，安排人、财、物和事，有效利用时间和信息，以完成保教幼儿和服务的双重任务，促进幼儿的健康成长。

一、幼儿园班级管理的含义

有人曾经提出这样一个观念：教育目标描述了一种终极状态，班级管理就体现在这种终极状态的实现过程中。因此，这里强调的班级管理是一个动态过程，即班级管理是教师以幼儿身心发展规律为依据，以学前教育原则与观念为指导，根据一定的目的要求，采用一定的手段措施，对班级中的各种要素（人、财、物、事）进行计划、组织、协调、控制，进而实现各种教育目标和幼儿发展的动态过程。具体内容涉及班级人员配备、环境创设指导、教育教学、家长工作等。班级管理的根本目的是实现教育目标即幼儿更好的发展，较好地实现对幼儿进行教育和为家长提供便利的双重任务。现代幼儿园班级管理应“以人为本”，即以幼儿的发展为本，以服务家长、提高家长的育儿水平为本，以教师的成长为本，实现幼儿、家长、教师三方面共同成长。

二、幼儿园班级管理的意义

幼儿园班级管理是具有特殊规律性的实践活动，搞好班级管理必须通过学习幼儿园班级管理课程，树立先进的班级管理理念，丰富相关的班级管理知识，掌握科学的班级管理规律，并根据班级管理规律指导班级管理工作实践。因此，幼儿园班级管理课程是从事幼儿教育工作者的必修课，是班级管理者掌握班级管理规律、成功开展班级管理活动的基本途径和方法。作为学前教育专业的学生，学习幼儿园班级管理课程具有重要的意义。

（一）促进幼儿全面健康发展

幼儿园教育的对象是一群3～6岁的孩子，他们天真活泼、聪明可爱。在传统的幼儿园班级治理中，有些教师认为孩子还小，什么都不懂，一味地进行“填鸭式”教育和班级制度的强制执行，教师的关注点更在于幼儿的“补短”。毫无疑问，关注薄弱环节对孩子是有所帮助的，但这种关注往往伴随着对其优势项目投入的减少。这样一来，孩子可能会平衡发展，但科学的班级治理，提倡的是民主治理，尊重每一个孩子，让人人都是班级小主人。教师要能意识到，孩子的全面发展只能是一种应然状态，而不是实然状态，我们可以把他作为一种理想，而不是现实，教师应该创造条件鼓励孩子个性的发展。

古语云：“亲其师，信其道。”要想使一个班级有好的面貌，使孩子能得到主动的发展，作为班级管理者的教师就必须把握时代发展的新思想，紧跟孩子发展的脚步。儿童的发展是在适宜的环境中，以主动、积极、内涵丰富的活动为基础，教师必须根据儿童爱好和发展特点实施教育。在班级管理实践中，我们应该把理论与实际相联系起来分析与思考，只拥有理论而缺少实际，那只是空想；只有实际而缺少理论支持，则如同一艘失舵的船，会迷失方向。因此，学习幼儿园班级管理就是学习相关管理知识和新的教育理念，并把新教育理念与实际相结合，这样班级治理才能更好地开展，才能提高教育和保育工作的效率，使孩子获得全面、和谐、充分的发展。

相关链接

《幼儿园教育指导纲要》中指出：学前教育工作者要确立以幼儿发展为本的理念，突出幼儿发展的自主性和能动性，致力于为幼儿一生的发展奠定基础；要注重早期幼儿的潜能开发和个性化教育，为每一个幼儿的健康成长提供条件，为每一个幼儿的多元智能发展创造机会；要以素质教育的启蒙为核心，为所有与幼儿教育相关的团体、个人展示幼儿素质教育的方向和途径。

（二）提高教师专业素质与幼儿园管理水平

在幼儿园管理工作中，拥有一支能力强、水平高、素质优的幼师队伍是提高学前教育质量的关键。教育学家陶行知曾说过：“教师必须学而不厌，才能诲人不倦”。幼儿教师作为教育者又是管理者，必须学习和掌握幼儿园班级管理的相关理论知识，才能去管理和经营好班级，只有通过学习、实践，幼儿教师才能成为孩子的引路人，教育、保育工作才能正常地运作，教育质量才能得以提高。通过学习和实践，幼儿教师才能学会向实践和经验学习，善于运用多种手段进行观察，及时记录，碰到问题时才能积极思考、分析应对，以积累更多更好的经验。通过学习和实践，幼儿教师才能善于总结，在反思中提升，在不断地思考与实践过程中，一点点积累自己，丰富自己，教师就会逐渐地充实和成熟起来。因此，学习幼儿园班级管理是幼儿园培养和提高管理队伍素质和管理水平的现实需要，也是幼儿园老师自身成长和提高的必由之路。

（三）保证学前教育良好发展

学前教育是学校教育和终身教育的奠基阶段，是基础教育的重要组成部分。良好的学前教育对儿童的后继学习和终身发展，对巩固和提高九年制义务教育的质量和效益，提高国民素质，促进社会进步和发展具有重要的战略意义。幼儿园的全部工作都是为了贯彻落实党和国家的教育方针政策，完成教育教学任务，实现教育目标。而幼儿园的教育和保育工作是以班级为单位进行的，因此班级管理工作对贯彻实施党和国家的教育方针、完成教育任务和实现教育目标起着直接现实的保证作用。学习好幼儿园班级管理是搞好班级管理的前提，是实现幼儿教育目标、使幼儿全面健康发展的基础，更是保证学前教育良好发展的重要步骤。

小 结

幼儿园班级管理有其特殊性，管理的工作既琐碎，又具有十分严密的教育性和科学性。幼儿园班级是幼儿生活的情境，同时幼儿的心理和生理特点决定了学前教育的目的不是传授知识，而是对幼儿进行生活管理与教育，促进幼儿的自律与合作，最终促进幼儿的全面发展，对幼儿的身心发展有重大意义。

第二节 幼儿园班级管理的内容及原则

一、幼儿园班级管理的内容

幼儿园班级管理的内容十分宽泛，涵盖一日生活的各个环节，涉及班级的人、财、物、时间、空间、信息等诸多方面。综合来看，幼儿园班级管理的内容主要包括班级常规管理、安全管理、环境管理、家长工作管理等。

（一）班级常规管理

班级常规一般指根据相关政策的规定、社会的要求和幼儿身心发展的规律及特点，幼儿园从实际出发，制定幼儿一日生活与学习中应当遵守的班级规则和规定，是幼儿在园活动应遵循的基本行为规范，同时也是教师安排生活活动、教学活动、游戏活动的内容与秩序规范。班级常规管理是为了帮助幼儿学习并适应幼儿园集体生活，形成良好的生活与学习习惯，从而维持班级活动秩序，并帮助保教人员实现教育目标。班级常规管理主要体现在对幼儿集体活动中一般行为习惯和一日活动各环节的要求上，涉及行为管理、生活管理和教学与游戏管理等三方面的具体内容。

1. 行为管理

行为管理主要是让幼儿清楚什么时候应该做什么和不应该做什么，应该怎样做和不应该怎样做，提高幼儿行为自觉化的程度，从而形成良好的常规。行为管理一般包括生活活动、游戏活动、户外活动、集体学习活动中的行为要求与管理。由于不同年龄段幼儿身心发展水平不同，小、中、大班幼儿行为管理的内容应有所区别。

2. 生活管理

生活活动是幼儿在园活动的重要组成部分，是满足幼儿生命基本需要的活动，具体包括入园、盥洗、餐点、饮水、如厕、午休、离园等环节。教师应该根据幼儿生理和心理发展的需要，形成科学的一日生活常规管理。

3. 教学与游戏管理

教学和游戏管理也是幼儿园常规教育活动中非常重要的内容。教学活动是教师有目的、有计划发起的，一般指采用集体或小组形式组织的师幼互动活动，或在教师的引导下的同伴互动活动。游戏活动主要指幼儿自主、自发、自由的实践活动。两者都是提升幼儿经验、促进幼儿探索和发展幼儿良好的情感和个性的重要活动形式。教学活动管理中，教师根据本班幼儿实际需要和已有经验，结合本园实施课程的要求，制订、调整、补充切实可行的教学活动计划。游戏活动管理，教师需制订目标明确、有指导和观察要点的游戏活动计划，保证幼儿每日游戏时间不少于 2 小时，自由游戏时间不少于 1 小时，并平衡周内各类游戏活动时间。

（二）安全管理

幼儿园班级安全管理是指保教人员为了避免威胁幼儿安全事件的发生而实施管理的过程。幼儿园安全管理的主要任务是“防患于未然”，内容包括创设安全的幼儿园环境、进行安全教育和应急处理安全突发事故。

1. 安全环境创设

幼儿身心健康发展的前提条件是安全，安全环境是避免安全事故发生的第一道屏障。班级安全环境的创设既包括排除物质环境中的安全隐患，又包括营造良好的人际关系、温馨和谐的精神环境。创设安全的园内环境，要求合理规划班级空间，注意预留幼儿活动的空间、安全通道；定期检查大型玩具、栏杆、门窗、电路等活动的场所及设施是否有损坏；定期清理破旧的玩具和教具；严格消毒幼儿常用的物品，将幼儿不常用的物品和危险物品等，放置在幼儿不易接触到的地方，在容易发生危险的地方设置警示标识；严格门卫制度，杜绝陌生人和危险人员接近幼儿。幼儿园是幼儿的第二个家，幼儿园管理还应为幼儿提供一个健康有序的成长环境，帮助幼儿避免因为情绪不佳、过度紧张和恐惧而发生安全事故。

2. 安全教育

幼儿园应当让幼儿懂得珍惜生命，乐于学习一些基本的安全保健知识和相应的识别危险、自助自救的方法。班级可以通过组织具体的安全教育活动，帮助幼儿获得安全技能，从而更好地保护自己，提高幼儿园安全管理的有效性。首先，可以通过专门的安全教学活动，如“安全小卫士”主题活动，通过故事、游戏、艺术制作等环节，让幼儿获得安全知识、制作和设计“安全标识”、游戏中体会“安全出行”“紧急施救”等技能。其次，教师还要结合幼儿一日生活各个环节，抓住有效时机进行随机安全教育。最后，要重视对安全事故的预防工作，最重要的是提高幼儿教师面临突发灾难时的应急能力，因此幼儿园班级也应将防震疏散、消防疏散、反恐防暴、校车事故等紧急疏散演练作为重要的安全管理内容。

3. 安全事故应对与处理

幼儿园安全事故主要是指幼儿在幼儿园管理职责范围内所发生的人身伤害事故。从时间上看，一般从幼儿入园开始，到幼儿离园结束。有校车接送的幼儿园，则应从校车早上接车到幼儿下车被家长接到为止。从空间上看，幼儿园房舍、设备、玩具、生活设施等都可能产生安全事故。

幼儿园安全事故主要体现为意外伤害、疾病和灾害。如果发生比较严重的意外伤害，第一时间将幼儿紧急送往医务室或医院进行救助，同时通知家长。对于流行性疾病要做好常规的防范，如消毒、筛查，及早发现异常情况。如果幼儿出现传染性疾病，如手足口病，首先要隔离患病幼儿，通知家长领回就医，对于其他幼儿进行观察或必要的隔离，如发现无异常，再进行下一步的防范工作，如消毒等。当天气变化大、灾害天气预警机制不灵敏的时候，幼儿教师还要根据天气情况及时通知家长。对幼儿来园时突发性的灾害天气，教师应及时通知幼儿延迟入园。

（三）环境管理

幼儿园环境管理一般包括物质环境的建设和人文环境的创设两个部分的内容。

1. 物质环境的建设

班级环境作为一种“隐性课程”，不仅要求美观，更要体现教育性，让环境发挥教育功能。首先，物质环境的管理包括对班级区域的整体规划和合理利用。如小、中班以表征游戏为主，逐渐过渡到建构游戏和规则游戏，因此小、中班“娃娃家”可以适当设置2～3个，建构区设置1个。其次，注意对环境进行合理布置，包括墙面、走廊、天花板等环境的创设。

2. 精神环境的创设

良好的幼儿园精神环境主要体现为和谐的师幼关系、同伴关系和同事关系。教师要创设与幼儿平等对话、民主和谐、合作共建的关系，对幼儿热爱但不溺爱，尊重但不迁就，鼓励但不纵容，如当班内幼儿出现争执或者违反规则的事情时，教师可以采用集体讨论的方式，鼓励每个幼儿提出自己的看法，在平等对话的基础上形成集体舆论，进行教育引导。良好的同伴关系首先在生活活动中形成，教师应在日常生活中，尽可能多地提供幼儿互助的机会，帮助幼儿在助人的过程中获得愉悦感。此外，教师还应在教育活动中促进幼儿形成良好的合作关系，如鼓励幼儿在游戏中商量和分配角色、协商解决问题等。教师之间要团结友爱、合作互助，为幼儿提供一个良好人际关系的榜样示范。

（四）家长工作管理

幼儿身心发展的特殊性决定了家园合作教育方式的重要性。家庭就像社会中一个个组成细胞，重要而不可缺少，因此家庭教育在幼儿的成长中也是至关重要的。现在许多家长逐渐认识到家庭教育的重要性，也逐步加强家庭教育。由此可见，家园合作和家庭教育指导是幼儿园家长工作的重要组成部分。

1. 家园沟通与合作

家长也是幼儿园班级管理的主体，一般而言，家园沟通与合作的内容包括：了解不同年龄层次、不同经济条件、不同文化背景家长群体的教育观念与教育需求；与家长共同商量制订班级家长工作计划；针对幼儿在幼儿园和家庭中的生活、学习和营养健康等方面的情况进行信息交换；在活动中建立家长与幼儿的亲子互动关系等。

幼教故事

图书“保卫战”

我带的新小班刚刚度过焦虑期，我满心欢喜地打造起了活动区，但第一天就败下阵来，只一眼没照顾到，阅读区里就一片狼藉，书被扔得到处都是，大跌眼镜之余，我开始思考起了保护图书的办法。

我准备充分挖掘家长这一资源，通过为他们设计系列的亲子阅读和互动活动培养幼儿爱读书、爱惜书的好习惯。首先，我发起了亲子绘本大搜索，亲子齐出动，寻找爱护书本的绘本带到班级共享，让孩子们喜读书；其次，发起亲子修补小图书活动，亲子互动中有教育、有体验，增强幼儿爱惜书的情感；经过家园共同的努力，孩子们渐渐爱上了读书，不再破坏书，我的“图书保卫战”宣告胜利。

这次成功体验让我感受到家长资源是一块宝地，它的有效利用使幼儿的学习能有一致性、连续性和互补性，让家长和幼儿在活动中获得学习成长的共赢。

（本案例源于沈阳市北战区空军直属机关幼儿园，詹琳）

苏霍姆林斯基说过：“教育的效果取决于家庭和学校教育的一致性，如果没有这种一致性，学校的教学和教育过程就会像纸做的房子一样倒塌下来。”因此，幼儿教师应该充分利用家长资源，聚集起教师和家长两支力量，优化家庭教育指导，加强家园沟通交流，在教育理念上达成共识，在教育方式上协调一致，在教育行为上互动互补，从而形成强大合力，最大限度地提高教育实效。

2. 家庭教育指导

针对家长育儿理念、方法等方面的共性问题，幼儿园或教师可以组织专题教育讲座，如“游戏中幼儿的深度学习”“幼儿不良行为的分析与纠正”等。教师可以系统向家长传授科学的育儿知识，纠正家长对游戏学习的偏见，能通过解读幼儿的行为给予理解和教育，帮助家长树立正确的儿童观和教育观，获得科学的育儿方法。关注有特殊需求幼儿的发展，如感统失调幼儿、多动症幼儿、攻击行为幼儿、留守学前儿童、单亲幼儿等，教师不但应在幼儿园教育中给予特殊照顾，还应在力所能及的范围内，提供家长家庭教育的必要建议，帮助家长正确对待特殊幼儿的行为及情绪，同家长一道帮助幼儿健康成长。

相关链接

《幼儿园教育指导纲要（试行）》（以下简称《纲要》）中明确指出：“家庭是幼儿园的重要合作伙伴，本着尊重、平等、合作的原则，争取家长的理解和主动参与，并积极支持、帮助家长提高教育能力”。从《纲要》中不难看出，幼儿园的管理需要家长的配合，而幼儿园也要配合家长的家庭教育，因此，作为幼儿园的教师要懂得充分利用家长，优化家长资源，幼儿园与家长相互配合，充分提升幼儿园的班级管理能力。

二、幼儿园班级管理的原则

班级管理原则是对班级进行管理所必须遵循的普遍性行为准则，它对班级全面管理具有重要的指导意义。幼儿园班级管理有其特殊性，幼儿园班级是幼儿生活的情境，同时幼儿的心理和生理特点决定了学前教育的目的不是传授知识，而是对幼儿进行生活管理与教育，促进幼儿的自律与合作，最终促进幼儿的全面发展等。根据《幼儿园教育指导纲要》的精神要求，结合幼儿园班级管理实践，本书认为，以人为本原则、整体协调原则、保教结合原则、师幼互动原则、家园协同原则应该是幼儿园班级管理中应遵循的最基本原则。

（一）以人为本原则

以人的发展为本是幼儿园办园的根本。幼儿园班级管理应该首先遵循以人为本的原则，即一切以幼儿发展为本。

《幼儿园教育指导纲要》指出："幼儿园教育应重在幼儿的人格和权利，尊重儿童身心发展的规律和学习特点"。以人为本原则，就是要确立和尊重幼儿在班级中的主体地位，尊重他们的个性特点，让班级的一切活动都为满足幼儿的成长和发展而设计和组织，着力培养他们的自信心、全面而和谐的素质、鲜明的个性，尤其注重培养他们的创造力。

以人为本的班级管理，要充分考虑幼儿身心发展特点，实现"促进每一个幼儿在原有水平上得到充分的发展"。幼儿处在不同的年龄阶段，身心发展则处在不同的水平阶段，同时，不同的幼儿个体之间还会表现出发展水平、能力倾向、学习方式和原有经验方面的差异。在班级管理中，教师必须充分考虑幼儿的身心发展特点、尊重幼儿的差异性，在班级管理中，无论教育教学还是一日生活环节的设计与组织，都要为幼儿提供符合其身心发展水平的活动内容和方式，让幼儿在游戏、探究、操作、探索和交往中学习。

在班级管理中遵循以人为本原则，还体现班级纪律的约束、制度的建立等要建立在尊重和有利于促进幼儿发展的基础上，真正做到一切为了幼儿的发展。

（二）整体协调原则

整体协调原则是指班级管理应是面向全体幼儿并涉及班内所有管理要素的管理。整体协调原则保证了班级全体幼儿的共同进步而不是部分幼儿的超常发展，确保班级各种管理要素得到充分的利用。整体性原则指导作用的发挥应注意以下几点：

1. 教师不仅要对集体进行管理，也要对每个幼儿个体进行管理

教师应把班集体中的每个人都纳入管理工作的视野，切实地加以管理，把全班幼儿作为一个系统，作为一个整体来对待，这是当今科学的管理观、教育观所倡导的。班级保教人员应树立综合整体的教育观念，在教育过程中，注意途径与手段的全面

性，注意多种教育内容的有机结合，发挥教育的整体效能。

整体协调原则要求在班级保教过程中，教师应面向全体，既照顾到全班整体水平，提出基本要求，同时又照顾到个别特点，有针对性地加以引导，处理好一般与个别、统一与多样的关系，使全班每个幼儿都能在原有基础上得到尽可能充分的发展。另外，班级保教人员要对全班幼儿全面负责，要将幼儿全面发展的教育贯穿到各种活动之中。

2. 班级管理的要素不只是人，还涉及物、时间、空间等要素

在幼儿园，对人际关系管理冲击最大的往往是由空间、物质等要素引发的矛盾和冲突。因此，班级工作是全方位的，且是相互联系、相互制约的。要贯彻整体协调原则，必须平等对待所有幼儿，让每个幼儿都有参与活动的机会，对每个幼儿的活动又要有不同层次的要求，使每个幼儿在自己原有水平的基础上获得发展。在做幼儿活动评价时，教师应对幼儿多作纵向比较，肯定每个幼儿的自身发展，而避免过多与其他幼儿比较。此外，要协调班级中的多种管理要素，使班级管理资源的配置尽可能科学、合理，以减少矛盾、冲突，进而有效地促进幼儿的发展。

（三）保教结合原则

《幼儿园工作规程》和《幼儿园管理条例》明确指出：“幼儿园应该贯彻保育和教育相结合的原则，创设与幼儿的教育和发展相适应的和谐环境。”将保教结合确定为幼儿园教育工作的基本原则。保教结合原则不仅是教育工作的原则，也是管理工作的原则，坚持保教结合的原则，并将其渗透到幼儿园教育的各个环节是幼儿园保教管理工作的基本任务，是班级管理应遵循的基本原则。

“保”就是保护幼儿的健康。健康的内涵十分广泛，有身体方面的，有心理方面的，还有社会方面的。身体方面包括预防疾病，加强营养和锻炼，使幼儿有健康的体魄；心理方面是指培养幼儿良好的心理，注重其健康、积极的情感培育；社会方面是指培养幼儿探索环境、适应社会的能力，同时还要培养幼儿良好的交往能力，使幼儿不仅有与他人交往的勇气，还能掌握与他人交往的技巧。

“教”即幼儿园的教育教学。这是按照体、智、德、美、劳的要求，有目的、有计划地对幼儿进行全面发展的教育。如合理安排幼儿的饮食、睡眠，帮助他们养成良好的生活习惯；传授知识经验，发展智力、语言及社会适应能力；培养积极的情感、良好的个性品质。

根据幼儿身心发展需求，幼儿在班级中的一日生活，既需要生活中的保护，又需要受到启蒙的教育，所以，保教结合原则是幼儿园班级管理区别于中小学班级管理的本质特征。幼儿园班级管理中尤其要遵循保教结合原则，做到教中有保，保中有教。

坚持保教结合原则是促进幼儿身心健康发展的重要保证。班级教师和保育员首先要树立保教结合的管理观念，将保教结合原则贯穿于幼儿园班级整个管理过程中，确

立明确的保教结合目标，自始至终贯穿保育和教育相结合的原则。其次，在具体工作实施中要体现保教结合原则，教师在教育过程中要注重创设宽松的教育氛围，教师与幼儿之间应形成良好的人际心理环境，使幼儿能在愉快的环境中健康成长。同时还要做到保育中要有教育的因素，现代教育理念在强调保护和增进幼儿的健康的同时，还要求注重激发幼儿的积极自主性，增强幼儿生活自理能力和自我保护、安全意识，使幼儿变被动保护型为自我管理型，从而发挥保育的积极教育作用。

（四）师幼互动原则

师幼互动即发生在幼儿园班级的教师和幼儿之间的相互影响、相互作用的行为及过程。在此提出的师幼互动指向于贯穿在幼儿园班级的一日生活的各项活动之中，发生在班级生活中的所有场景中的教师与幼儿之间的有效互动。也就是说，教师要克服因为自己在班级管理中居于权威者地位而发生的以教师为中心的教育行为，要关注幼儿的需要，关注幼儿行为的意义，与幼儿建立积极有效的互动，而不是时时处处以教师为权威，幼儿必须完全听从教师的指令的单向管理行为。

有效和谐的师幼互动对幼儿身心发展至关重要，是幼儿园的教育职责。树立科学儿童观是在观念上确立启动师幼互动行为的基础，提高教师对幼儿行为的观察了解是改善师幼互动行为的质量前提，教师对自身教育行为的不断反思能够保证师幼互动有效和谐地持续发展。

教师要为幼儿创设一个宽松而又充满安全感的环境，允许幼儿有按自己的意愿进行活动的自由与选择的权利，能使幼儿产生积极活动的欲望。教师要树立科学的儿童观，把幼儿当作具有独立人格的人，爱护他们的自尊心，尊重他们的人格，建立和谐、平等、相互信赖的师幼关系，进而帮助幼儿建立安全感、归属感，保证他们与教师、同伴正常交往，开展有效和谐的师幼互动。

贯彻师幼互动原则，要求教师具备接纳的心态，善于观察了解幼儿的个性特征及结合其所处的场景对他们的行为做出全面的认识，理解幼儿行为的理由与意义，走进幼儿的内心世界，提高对幼儿行为的领悟能力以及对自身行为的反思能力，以便保证对幼儿的行为做出合适的反馈。

有效的师幼互动，可以促进幼儿主动发展，需要教师在新的教育观、儿童观的引导下，充分考虑班级生活和学习中各种因素对师幼互动状况的影响，在观察幼儿，了解幼儿的基础上有的放矢地与幼儿发挥互动作用，促进幼儿在原有基础上得到主动、和谐的发展。

（五）家园协同原则

幼儿园班级管理工作的有序开展离不开家长的支持和配合。《幼儿园教育指导纲要》明确指出："家庭是重要的合作伙伴，应本着尊重、平等、合作的原则，争取家长的理解、支持和主动参与，并积极支持、帮助家长提高教育能力。"

遵循家园协同的原则，能有效提升幼儿园班级管理的效度，更好地促进幼儿的健康成长。家庭是社会的细胞，随着社会的进步，科学的发展，家庭教育在幼儿的成长过程中越来越显示它的特有地位。在幼儿园的班级管理中，教师应多征求家长的意见，或让家长参与其中，指导家长配合开展班级管理工作，同时帮助家长转变教育观念、行为，提高家庭教育能力；向家长宣传幼儿教育的目标、要求，以便家园合作，形成合力，促进幼儿身心健康发展。

幼教故事

让班级群"热闹"起来

疫情期间，为了贯彻教育部"停园不停学"的要求，让幼儿"宅家"也成长，幼儿园开展了一系列的"微课堂"活动。起初的课程链接很受欢迎，但渐渐地，李老师发现，家长们的热度渐减，阅读量也从原来的几百下降到了几十……

究其原因，李老师认为除了家长复工这一客观因素外，更多的原因可能在于教师的引领不够，靠新鲜感维系的热度终会下降。于是，经过对家长的采访和深入研究，班级老师发现家长也需要引领，于是将家长分为三种类型："积极型""进阶型"和"排斥型"，数据分析"进阶型"的家长占比85%～90%，这种类型的家长经过引导后，往往愿意并能够积极参与。于是，在每个主题活动开始之前，李老师都会在班级群中以语音或文字的形式向家长们说明课程意义，在每天的"微课堂"链接中，会给出活动目标和导语，活动结束后也会给出相应的拓展建议和温馨提示，给了家长可操作的专业化引领。一段时间后，班级群又热闹起来了，课程点击量也明显提高，家长们再一次回归了。

（本案例来源于沈阳市北战区空军直属机关幼儿园，丁起名）

疫情下，互动模式改变的不仅仅是教师的授课工具，更考验的是教师从"线下"对幼儿的单项引领延伸到"线上"对家长、幼儿的双向引领的能力和意识，这是一种新的挑战，也是新的发展契机。教师在进行班级管理过程中，要与家长之间建立经常的双向沟通，在家园双方随时互通信息、交流看法，全面了解幼儿的发展情况，并吸引家长真正参与到班级管理与活动组织中，从而在教育上达成共识，提高班级管理质量。

小 结

对于幼儿园教师而言，班级管理是每天必须面对的事情与责任，是老师在一个班级的管理中，运用教育智慧、运用各种方法将幼儿带向良好社会化的过程。幼儿教师对班级管理的认识等观念直接影响幼儿园班级管理的效度。班级管理具有一定复杂多变性和挑战性，令教师必须持续不断地研究与探索。

第三节　幼儿园班级管理的结构及功能

传统的幼儿园对 3～6 岁的幼儿进行保教管理。随着时代进步和社会的发展，学前教育已经逐步延伸到 0～3 岁的早教（许多地方把托管这个年龄段的幼儿园取名为早教中心），本书中只对托管 3～6 岁幼儿的幼儿园进行探讨。幼儿园班级管理的基本结构主要包括人员结构、组织结构和物质设施设备。

一、人员结构及功能

（一）保教老师

《幼儿园工作规程》第三条规定，“幼儿园的任务是实行保育与教育相结合的原则，对幼儿实施体、智、德、美诸方面全面发展的教育，促进其身心和发展”。这也就是说幼儿园的主、配班教师和保育老师都是幼儿园班级管理的主要承担者。作为幼儿园班级管理的主要承担者，主、配班教师和保育老师肩负着对幼儿进行教育和保育的任务，应该说任务很重，作用也十分关键，保教老师的教育教学及保育水平和个人的综合素质等因素将直接影响幼儿园保育和教育主要目标的实现。

我国的幼儿园人员配备是这样规定的：主、配班教师，全日制幼儿园和寄宿制幼儿园平均每班 2～2.5 人；保育老师，全日制幼儿园平均每班配 0.8～1 人，寄宿制幼儿园平均每班配 2～2.2 人。而现实情况是，一般幼儿园每个班级按“两教一保”配备保教老师，全托班级一般按“两教两保”配备，但是不少农村地区幼儿园只有“一教一保”或“两教”，极个别地方只有一位教师。幼儿园的保教老师其作用和工作职责各不相同，但他们既分工又合作，主班教师要对本班幼儿的保育和教育工作全面负责，配班老师协助主班教师工作。保育老师主要是做好卫生和管理幼儿生活工作，还要协助主班老师做好幼儿的教育工作。

《幼儿园工作规程》第三十七条规定，幼儿园教师对本班工作全面负责，其主要职责如下：

(1) 观察了解幼儿，依据国家有关规定，结合本班幼儿的发展水平和兴趣需要，制订和执行教育工作计划，合理安排幼儿一日生活；

(2) 创设良好的教育环境，合理组织教育内容，提供丰富的玩具和游戏材料，开展适宜的教育活动；

(3) 严格执行幼儿园安全、卫生保健制度，指导并配合保育老师管理本班幼儿生活，做好卫生保健工作；

(4) 与家长保持经常联系，了解幼儿家庭的教育环境，商讨符合幼儿特点的教育措施，相互配合共同完成教育任务；

(5) 参加业务学习和保育教育研究活动；

(6) 定期总结评估保教工作实效，接受园长的指导和检查。

《幼儿园工作规程》第四十二条规定了幼儿园保育老师应当符合本规程第三十九条规定，并具备高中毕业以上学历，受过幼儿保育职业培训，其主要职责如下：

(1) 负责本班房舍、设备、环境的清洁卫生和消毒工作；

(2) 在教师指导下，科学照料和管理幼儿生活，并配合本班教师组织教育活动；

(3) 在卫生保健人员和本班教师指导下，严格执行幼儿园安全、卫生保健制度；

(4) 妥善保管幼儿衣物和本班的设备、用具。

(二) 幼儿

《幼儿园教育指导纲要》明确指出：“尊重幼儿在发展水平、能力、经验、学习方式等方面的个体差异，因人施教，努力使每一个幼儿都能够获得满足和成功。”所以幼儿园的保教人员必须明确和清楚幼儿是幼儿园教育的对象，是幼儿园班级人员结构的主体，每一位幼儿既是班级的被管理者，又是班级管理的参与者，保教老师必须知道幼儿的性格、习性和脾气，关注并尊重每个幼儿的个体差异，注重每一位幼儿的全面发展。

我国的政策和法规对幼儿和幼儿班级都有明确的规定，主要如下：

(1) 幼儿编班：目前我国一般是按幼儿年龄进行分班，3～4 岁幼儿编为小班，

4～5 岁幼儿编为中班，5～6 岁幼儿编为大班，在有些地方还有大大班（学前班）、综合（混合）班等班级形式，我国现在已经明确指出幼儿园和小学不得设立学前班。

（2）班级人数：《幼儿园工作规程》第十一条明确规定："幼儿园规模以有利于幼儿身心健康，便于管理为原则，不宜过大。幼儿园每班幼儿人数一般为：小班（3 至 4 周岁）25 人，中班（4 至 5 周岁）30 人，大班（5 周岁至 6 或 7 周岁）35 人，混合班 30 人。寄宿制幼儿园每班幼儿人数酌减。幼儿园可按年龄分别编班，也可混合编班。"目前我国一些示范性幼儿园一般都能坚持按上述班级人数标准分班，但是由于各种原因，在一些私立幼儿园和一些经济不发达地区的幼儿园，班级幼儿人数大大超过了规定的人数，有的甚至超出规定人数的一倍。造成这种现象的原因有多方面，主要是幼儿园资源稀缺和经济利益驱动两方面的原因。

（3）性别比例：我国婴儿出生比例总体是比较合理的，男女比例为 116.9∶100，男性比女性稍多点。一般幼儿园的男女生大体相当，因此，每班幼儿男女性比例也应该大体相当。因为只有合理的性别结构才有利于幼儿的健康发展，有利于班级各项活动顺利开展。

在对幼儿个体管理时应注意幼儿个体差异。现在的幼儿大部分是独生子女，由于各方面的原因从小娇生惯养，他们有优越的物质生活条件，有长辈们充分的关爱与呵护。但是，由于一些家长存在不正确的教育观念和教育态度，一个家庭几个成人围绕一个小孩转，容易造成过分溺爱、迁就，使一部分幼儿养成一些不良习性，如：不合群、自我中心意识太强、有独占习性、缺乏合作意识等。因此，幼儿园班级管理应从以下几个方面关注幼儿个体差异：

（1）每个领域的教育内容的选择要体现"以幼儿健康发展为本"的观念。

（2）在教育活动过程中各种素材和教具的选择要体现"因材施教"的原则。

（3）在师生互动教育活动中教师的引导和点拨要"充分尊重幼儿个体差异"。

（三）家长

《幼儿园工作规程》第三十七条明确指出，幼儿教师要"与家长保持经常联系，了解幼儿家庭的教育环境，商讨符合幼儿特点的教育措施，共同配合完成教育任务"。也明确指出："家庭是幼儿园重要的合作伙伴。应本着尊重、平等、合作的原则，争取家长的理解、支持和主动参与，并积极支持、帮助家长提高教育能力。"这些都说明对幼儿的教育是幼儿园的保教老师和家长的共同责任，家长要积极配合幼儿园做好幼儿教育工作。我们这里所说的家长是指幼儿的监护人和管理者，如：父母、爷爷奶奶、外公外婆等，要建设一个好的幼儿班集体，家长的关心、支持和积极参与是十分重要的。有效发挥家长在幼儿班级管理中的作用应注意以下几点：

（1）保教老师要经常和家长联系、沟通、交流，互通幼儿在幼儿园情况和在家情况。

（2）加强家园管理，不仅要让每一位保教老师不断学习和更新幼儿教育理念，而且要求幼儿家长也要了解和掌握适应社会发展需要的新的幼儿教育观念，让幼儿园教育和家庭教育结合起来，形成一个全方位的整体教育。

二、组织结构及功能

组织是指按照一定的目的和要求，有秩序地组合起来的团体。幼儿园班级是一个具有共同目的的常规性组织。幼儿班级管理是对幼儿进行有计划、有组织、有目的的教育过程。班级组织教育活动通常以班集体、小组、个体活动为基本形式。

（一）班集体

班集体是幼儿园班级最基本的组织形式，它是由保教老师和幼儿共同组成的。开展班集体活动是我国当前幼儿园教育的主要形式。班集体在组织幼儿活动时有非常重要的作用。

1. 可以降低教师的劳动强度

对于那些能够统一教授、统一要求的教育内容，通过班集体活动可以比较集中、有效地达到教育全体幼儿的目的，免除了教师简单重复的工作，既提高了工作效率，又减轻了教师的工作负担。但要注意，不要为了减少麻烦而将所有活动都采取班集体教育形式，应该根据幼儿的特点和个体差异，对于一些不适合集体活动的，就应采取其他教育组织形式。

2. 有较大的影响力

班集体要充分利用集体的组织力量、竞争力量，对幼儿进行教育和引导，通过集体活动对幼儿施加有形和无形的影响，使班集体在管理工作中发挥更大的作用。如树立榜样与典型，这是有形影响；一个班集体长期生活在一起，由于教师的引导会形成一些约定俗成的“规则”，幼儿都会自觉地遵守这些规则，通过建立良好的班风和规则来影响幼儿，这是无形的影响。

（二）小组

小组也是班级的基层组织形式，一般可分为固定小组和随机组合小组两种具体形式。教师根据幼儿的情况及教育需要将班级划分为几个单位，并将一些教育活动分别落实到每个小组中。固定小组是幼儿尤其是中、小班幼儿主要的生活、学习和游戏单位，也是幼儿最喜欢的教育形式之一，幼儿的许多交往、合作行为一般是在固定小组中发生。随机组合小组是根据一定的需要临时组织起来的小组。根据教育活动的要求、内容的不同，它又可以分为教师指定小组和幼儿自由组合小组。指定小组是教师根据幼儿的特点、能力和个体差异等因素指定若干幼儿组成的小组；自由组合小组是由幼儿自愿组成的。无论是固定小组还是随机组合小组，小组活动比班集体活动更灵活、更分散，也可以有更多的机会让幼儿进行互动，并且更容易培养幼儿的合作意识，以及对活动目的达成共识。因此，幼儿教师应加强对小组活动的引导和管理。

（三）个体

个体是班集体的细胞，是班集体构成的最基本单位。个体对小组、班集体都具有重要影响，没有个体就不可能有班集体，班集体是由保教老师和幼儿组成的。幼儿个体都有其不同的特点，班集体应该促进幼儿个体全面发展，同时，还应注意发挥幼儿的个性与特长。在幼儿园班集体管理中，既要发挥幼儿的自主性、独立性，充分给予幼儿个体活动的自由，又要求幼儿个体努力适应集体的活动与生活。班集体、小组、个体都是班级活动中不可缺少的组织层次，教师可以根据教育内容选择不同的组织层次实施教育。

相关链接

培养教育人和种花木一样，首先要认识花木的特点，区别不同情况给予施肥、浇水和培养教育，这叫“因材施教”。——陶行知

三、物资结构及功能

幼儿园班级管理的物资结构是幼儿园班级实施全面管理教育的前提和基础，它对保教质量具有重要影响。构成幼儿园班级的物资要素主要有以下几个方面。

（一）空间环境

空间环境主要指幼儿园的房舍和活动场地。空间环境相对较大，幼儿就能在班级中自由地进行各种活动，充分发挥环境与幼儿之间的相互作用。如果由于客观条件限制，空间环境相对狭小，园方则应想办法巧妙设计并充分利用空间，变不利为有利。比如某地区幼儿园限于场地紧张，未留有户外活动场地，幼儿园就在每个教室的墙壁上设计攀爬绳索，地面上搭建高低不平的坡地以供幼儿运动，将走廊设计为跑道让幼儿骑车玩耍。

班级的环境主要指班级室内的活动空间，是幼儿学习和活动的重要场所。幼儿活动室以东向或南向为宜，平均每个儿童应占地面积为 2.5 平方米，过于狭窄拥挤的环境易让幼儿感到压抑、烦躁，由碰撞、踩踏引起的攻击性行为也会上升。室内高度至少达 3 米，最好对侧设窗，保证室内通风良好。室内采光面积为地面的 1/5，光线充足，室内要干燥、通风，墙壁以淡色为宜。

室外环境是指班级外的活动场地。《幼儿园工作规程》第三十一条明确规定：“幼

儿园应有与其规模相适应的户外活动场地，配备必要的游戏和体育活动设施，并创造条件开辟沙地、动物饲养角和种植园地。应根据幼儿园特点，绿化、美化园地。”因此，幼儿园一般要提供足够的活动场地，最好选择地势较高、地面较平坦的地方。活动场地以人均 3 平方米为宜。

（二）物资设备

《幼儿园工作规程》指出：“幼儿园应配备适合幼儿的桌椅、玩具架、盥洗卫生用具，以及必要的教具、玩具、图书和乐器等。”寄宿制幼儿园应配备单人床。幼儿园的教具、玩具等应符合安全、卫生、教育的要求。幼儿园可因地制宜，就地取材，自制玩具、教具。具体地说，班级玩具、图书、桌椅等必要设施配备的要求是：

1. 玩具、教具

（1）各班要配备一定数量的不同种类的玩具及教具。包括：拼插建造技能的玩具，角色游戏的玩具，发展绘画、工艺等艺术技能的玩具教具等。

（2）幼儿玩具不必追求技术上的高精尖，而应考虑其使用价值，如经久耐用，一物多用的玩具和游戏材料；积木、套叠、镶嵌、拼插等玩具；沙、泥土以及因地制宜的自制玩具等。

（3）一些成品、半成品材料也是必不可少的。班级教师需细心管理玩具教具，注意安全。

2. 图书

（1）各班要配备一定数量的图书，陈列书籍至少人均 1～2 本（种）。

（2）图书内容装帧要适合幼儿年龄特征，图文并茂，富有教育意义。

（3）教师应教会幼儿阅读图书的规则。活动室陈列的图书要定期更换。

无论是玩具还是图书都应尽可能摆放在幼儿所及的视线以内，便于幼儿随时取拿、自由取放，而不能让图书只供观赏陈列。

3. 家具

（1）各班应有足够数量的桌、椅、午休用具（折叠床或垫子等，寄宿制幼儿园应配备小床）等。

（2）各类家具包括玩具架和挂毛巾架等都应方便幼儿使用。各班有流动水盥洗，做到一人一巾一杯。

（3）自然角、活动角的设置更是不可或缺的。

小 结

班级作为幼儿所处最密切的环境和最具体的生活场所，对幼儿的发展具有直接的影响。因此，对幼儿园班级结构及功能的认识有助于教师整合班级中的各种要素来积极推动班级活动的开展，高效顺畅推进幼儿园班级管理的工作，为幼儿的健康成长创造和谐有序的班级环境具有积极意义。

拓展阅读

[1] 钟鸣. 幼儿园班级管理的策略研究 [D]. 东北师范大学，2010.

[2] 卫岚. 教师的情感艺术在幼儿园班级管理中的实践研究 [D]. 上海师范大学，2009.

[3] 唐淑，虞永平. 幼儿园班级管理 [M]. 南京：南京师范大学出版社，1997.

[4] 金晓梅. 幼儿园班级管理 [M]. 武汉：华中师范大学出版社，2012.

[5] 于婷夙. 幼儿园班级管理的策略研究 [J]. 中国校外教育，2016 (S1)：486.

[6] 贾中平. 如何做好幼儿园班级管理工作 [J]. 课程教育研究，2019 (43)：21-22.

思考与练习

1. 什么是幼儿园班级管理？班级管理包括哪些内容？
2. 班级管理对于幼儿园教育有何意义？
3. 请写出一个幼儿园教师人员配备的案例，并分析其合理性。
4. 请谈一谈按年龄编班和混龄编班两种编班形式的优缺点与适宜条件。

第二章　相辅相成，相得益彰
——幼儿教师合作管理

幼儿园的教育对象是3～6岁的幼儿，他们的身心发育还处于未成熟阶段，需要成人的保护和照料。因此幼儿园的工作要实行保育和教育相结合的原则。幼儿园教师对于幼儿来说，既是教育者，又是生活的照顾者。班级的教师既要能组织班级幼儿一日生活活动、游戏活动和教学活动，做到面向全体幼儿，又要注意个体之间的差异。这仅依靠教师单独的力量是难以达到的，因此需要班级教师之间的相互合作，既能明确自身的职责，又能相互配合，共同完成班级管理的工作。

学习目标

1. 了解幼儿园班级各岗位教师工作的职责。
2. 掌握幼儿园班级中各岗位教师的分工与配合。
3. 明确幼儿园班级教师间的合作类型。
4. 掌握幼儿园班级教师间的合作策略。

思维导图

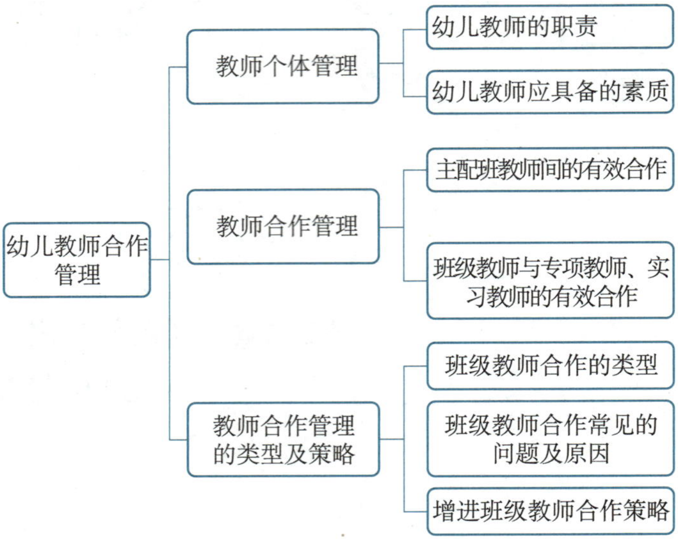

典型案例

半盒牛奶

走班时，园长发现小一班的保育员王老师蹲在走廊的角落里偷偷抹眼泪，园长立即上前询问情况。原来吃间点时，主班刘老师在垃圾桶里发现了孩子未喝完的半盒牛奶，在询问孩子、老师无果后便严厉地批评了保育员，她认为身为保育员，这个工作搞不清楚，属于工作失职。王老师则表示自己既要收拾餐后卫生，又要照看盥洗室刷餐盘的孩子，根本照顾不过来，检查牛奶盒的工作不应该由自己负责，为此两人发生了争吵。

（本案例来源于沈阳市浑南区花语幼儿园，刘佳鑫）

案例中看似一件小事，却能直接折射出教师之间分工配合存在的问题。汉字“山”可以比喻班级中三人的关系。主班教师就像中间的一长竖，身先士卒、指引方向；班级中的副班教师和保育员就像两短竖，如同左膀右臂，三人看似彼此独立却要相互协作、缺一不可。连接三人的那一横便是工作中的共同目标，需要大家团结一致，才能形成一座坚不可摧的“大山”。并且每个班级都是一个小家庭，教师之间只有相互配合、相互理解、相互补位才能够把班级这个家庭经营得更好。

第一节 幼儿园班级管理中教师个体管理

幼儿教师个体管理是幼儿园班级管理的重要组成部分，教师通过自我管理，明确自身的工作职责与要求，才能做好班级的教育教学工作，保证班级各项工作的顺利展开。

一、班级管理中幼儿教师的职责

《幼儿园工作规程》中明确规定了幼儿教师在班级管理中的职责。幼儿园教职工应当贯彻国家教育方针，具有良好品德，热爱教育事业，尊重和爱护幼儿，具有相应的文化和专业素养以及专业知识和技能，为人师表，忠于职责，身心健康。幼儿园可以依据本园的实际情况，依据《规程》，对幼儿教师及保育教师等职责进行细化和补充。

（一）主班教师

幼儿园主班教师是班级中的主要责任人，需要对班级一系列的工作，如：保教任务、家长沟通及对班级其他教师的指导与管理等负责。主班教师的教育观、儿童观会直接影响班级其他教师的教育理念，从而影响幼儿的教育质量，并将影响幼儿身心全面健康发展。幼儿园主班教师在班级工作中发挥着重要作用，统筹全局，保证班级工作的正常运转。因此，幼儿园主班教师的职责可以细化为以下几个方面。

1. 教育教学工作

（1）制订计划：根据《幼儿园工作规程》《3—6 岁儿童学习与发展指南》《幼儿园教育指导纲要》、幼儿园培养目标和园务计划等，遵循幼儿身心发展的规律，结合本班幼儿的特点，以此制订适合幼儿发展的保育教育计划，按照教育工作计划，认真制订每日的活动计划，按计划来组织教育教学工作，并注意一日生活中的随机教育。

（2）环境创设：创设与教育目标相适应的、幼儿能够主动参与的教育环境（墙饰、活动区角、家园联系栏等），并按教育目标来投放活动区的材料（成品、半成品材料）和户外活动材料等。需要注意的是，材料的投放与活动指导要分层次，适应不同能力与水平的幼儿。

（3）观察与评价：每学年、学期初对全体幼儿进行观察、了解、分析，制订个别教育方案。每周有计划地针对个别幼儿进行观察、记录、评价，促进幼儿发展。

（4）总结：每周针对教育教学中的一些特殊案例进行剖析与思考，定期撰写教育教学案例，其中可以包括：幼儿的行为、幼儿的发展、幼儿的反馈，教师的引导、分析评价与总结。

2. 对待幼儿

（1）热爱幼儿：平等对待全体幼儿，给予他们积极的关怀。允许幼儿之间存在差异，不损害幼儿的自尊心。

（2）理解幼儿：了解幼儿的年龄特点、个性特点，以及家庭情况，从幼儿的角度出发去考虑问题。

（3）相信幼儿：每个幼儿自身都具有巨大的发展潜力，应放手让幼儿去活动，重视幼儿的自主性。相信每个幼儿都有一颗向上的心，鼓励幼儿，以正面的、积极的评价为主。

（4）与幼儿做朋友：经常与幼儿聊天，善于用情感性的动作与幼儿身体接触，鼓励幼儿主动接触自己。

（5）保护幼儿：一日生活中教师要防止幼儿伤害事故的发生，不让幼儿做危险的事，确保幼儿的安全。

3. 科研及学习

（1）参加课题：在保证正常的教育教学活动开展的前提下，参与科研工作，开展相关研究。

（2）参与教研：在业务学习中，认真学习幼教理论知识并详细记录；与班级教师进行分享。

（3）终身学习：主动对班级中的现实需要与问题进行探索和研究，并出色地完成工作。

4. 协调与管理

（1）根据幼儿的发展状况分析，召开班务会，制订教育工作计划和家园联系内容，提前一天做好第二天教学、游戏材料的准备。

（2）协调好与班级教师们的关系，安排具体的工作任务和要求，促进团队合作。

（3）协调好与班组间的关系，促进资源共享。

（4）承担指导班级其他教师及实习教师工作。

（5）负责管理本班一切人、财、物。

（6）主动配合幼儿园完成工作并积极反馈工作情况。

5. 家长工作

（1）主动亲切地与家长沟通。充分利用送园和接园的时间与家长交流，使家长了解孩子的在园情况。

（2）定期进行家访、电访。了解幼儿在家的情况，有针对性地开展教育教学工作，促使老师跟家长的相互理解，促进家园合作。

（3）鼓励家长参与班级活动，如：主题教学活动、亲子活动、开放日等。

（4）深入开展家长工作。有针对性地做好家长工作，根据不同类型家长的需要，指导家庭教育、育儿经验及亲子游戏等。

6. 卫生保健工作

（1）严格执行幼儿园安全、卫生保健制度。

（2）配合保育教师做好本班房室、设备、环境及包干区域的清洁卫生工作，保证幼儿活动环境舒适、整洁。

（3）配合保育教师保管整理好班级财产和幼儿的物品（被、衣服、鞋子、玩具）、教具。

（4）带领配班教师及保育教师检查班内各种设施的安全情况，并采取有效措施。

相关链接

《幼儿园工作规程》第四十一条中规定，幼儿园教师对本班工作全面负责，其主要职责如下：

1. 观察了解幼儿，依据国家有关规定，结合本班幼儿的发展水平和兴趣需要，制订和执行教育工作计划，合理安排幼儿一日生活；

2. 创设良好的教育环境，合理组织教育内容，提供丰富的玩具和游戏材料，开展适宜的教育活动；

3. 严格执行幼儿园安全、卫生保健制度，指导并配合保育员管理本班幼儿生活，做好卫生保健工作；

4. 与家长保持经常联系，了解幼儿家庭的教育环境，商讨符合幼儿特点的教育措施，相互配合共同完成教育任务；

5. 参加业务学习和保育教育研究活动；

6. 定期总结评估保教工作实效，接受园长的指导和检查。

（二）配班教师

幼儿园配班教师是指配合班级主班教师、保育教师共同完成班级的保教任务、管理工作等的专业人员，主要有以下职责：

1. 教育教学工作

（1）自觉执行幼儿教师职业道德规范，遵守各项规章制度。

（2）在主班教师的指导下，根据班级计划及每周安排配合老师组织教育、游戏、生活活动。（如：区域活动、课前准备、教具的制作等。）

（3）能独立组织班级的活动。

（4）在幼儿活动中做好观察、引导。

（5）与主班教师一起为幼儿创设良好的班级环境。

（6）定期接受领导的检查与指导。

2. 卫生保健工作

（1）严格执行幼儿园安全、卫生保健制度。

（2）配合保育教师做好本班房室、设备、环境及包干区域的清洁卫生工作，保证幼儿活动环境舒适、整洁。

（3）配合保育教师保管整理好班级财产和幼儿的物品（被、衣服、鞋子、玩具等）、教具。

（4）配合主班教师、保育教师检查班内各种设施的安全情况，并采取有效措施。配班教师的家长工作、对待幼儿与主班教师职责一致。

（三）保育教师

由于3～6岁的幼儿身心发展不完全，幼儿园一贯坚持着保教结合的原则。保中有教，教中有保，两者不可分离。幼儿园中的保育教师主要是班级中负责照顾幼儿生活的教师，作为一名保育教师，在幼儿的发展中扮演着照顾者、教育者等多种角色，也承担着具体的岗位职责。

1. 清洁与消毒

（1）负责本班活动室、寝室、盥洗室、包干区的清洁卫生工作。做好物品、用具、设备等的清洁与消毒工作。（包括：地面无尘埃、桌面、窗台等无积灰；厕所清洁、干燥，无污垢、无臭味，玻璃窗清洁明亮；设备安全完好；用具、物品保持清洁、定点定位，安放整齐等。）

（2）接受保健人员的指导，严格执行幼儿安全卫生保健消毒制度，熟练掌握消毒卫生技能与方法。

（3）随时开窗换气，保持室内空气清新，光线充足。

(4) 按要求做好每天、每周、每月、每学期的常规工作。每天：清洁卫生、消毒、日常生活管理等工作。每周：大扫除、消毒幼儿毛巾（数次），暴晒被褥，擦洗茶杯，消毒玩具等工作。每月：清洗被单、被套一次，清理被褥储藏室一次。每学期：给地板打蜡两次。

2. 卫生保健工作

(1) 严格执行幼儿园安全、卫生保健制度。

(2) 在班级教师配合下，负责保管整理好班级财产和幼儿的物品（被、衣服、鞋子、玩具等）、教具。

(3) 配合主班教师检查班内各种设施的安全情况，并采取有效措施。

3. 协助教育活动

(1) 为幼儿开展户外活动做好场地布置和运动器械的准备工作，活动前检查幼儿的服装、鞋子，备好干毛巾、水壶等，对体弱幼儿进行个别照顾。

(2) 协助教师完成教育教学工作，配合教师开展教育、游戏、生活活动，做好活动前的准备工作以及活动后的收拾整理工作，坚持正面教育，耐心细致地做好保健、教养工作；协助教师制作玩教具，布置活动室和各区角；需要时代理教师组织活动。

除此之外，保育教师还应该在主班教师的指导下，积极参加本班教育教学研究；主动参加各种学习和培训，利用业余时间自学，不断提高文化和专业素质，适应现代教育的需要；做好每学期的保育、教育工作的反思与总结。

相关链接

《幼儿园工作规程》第四十二条规定：幼儿园保育员应当符合本规程第三十九条规定，并应当具备高中毕业以上学历，受过幼儿保育职业培训。

幼儿园保育员的主要职责如下：

1. 负责本班房舍、设备、环境的清洁卫生和消毒工作；
2. 在教师指导下，科学照料和管理幼儿生活，并配合本班教师组织教育活动；
3. 在卫生保健人员和本班教师指导下，严格执行幼儿园安全、卫生保健制度；
4. 妥善保管幼儿衣物和本班的设备、用具。

（四）实习教师

幼儿园实习教师是指经过两年或以上学前教育理论学习的学生进入到幼儿园实地

中继续向一线教师学习实践，力求将理论与实践相结合，为日后成为一名合格的幼儿园教师做准备。作为实习教师，进行实践学习的同时也要有自身的职责：

1. 积极向本班的教师学习，虚心求教

（1）学习班级的一日常规、班级工作、教育教学、家长沟通技巧；配合保育教师完成班级卫生保健工作。

（2）学习在工作中发现问题：反思自己的教学，每周记录教育教学中的困难并搜集相关资料，寻求解决办法。

（3）在活动中学习观察幼儿的一言一行及其对事物的反应、行为态度、学习状况，并进行一些记录，提高自身的观察、记录技能。

2. 制度要求

（1）严格遵守园内的各项规章制度。

（2）按时完成学校要求的实习手册。

3. 努力提高自身专业素质

（1）在理论学习中成长：主动关心国内外学前教育信息和专业理论，通过多种途径，如幼教刊物、多媒体技术、观摩、讲座等，吸取教育学科的新知识、新技能；积极参加专业学习培训、教研活动，参与课题的研究等。

（2）在实践中成长：尊重孩子、走进孩子，多与孩子亲近，尝试组织教学活动、游戏活动、生活活动。

4. 重视师德修养

（1）关心和热爱每一个幼儿，关注每一个孩子的点滴成长，尽自己最大的努力满足孩子发展的需求，树立起“一切为了孩子”的崇高思想。

（2）为人师表，在日常生活中时刻提醒自己，加强自身修养，为孩子做表率；关心集体、关心他人，团结协作，进一步提高自己为人处事的能力；为自己树立正确的人生观、价值观、教育观和儿童观。

（五）专项教师

幼儿园的专项教师是指除了本班的固定教师之外，幼儿园聘任的教师负责幼儿除五大领域外的一些活动，为了促进幼儿的全面发展并培养幼儿创造创新能力、意志力、独立动手能力、逻辑思维能力、审美能力等。常见的专项教师有美术类、体育类、艺术表演类、益智类等，主要负责以下课程：美术类专项教师负责创意绘画、传统水墨画、陶艺黏土、纸艺手工、创意沙画等；体育专项教师负责各种球类、跆拳道、轮滑、武术等；艺术表演专项教师负责舞蹈类、口才类、器乐类等；益智专项教师负责棋类、绘本学习类、科学类等、系列课程类（如蒙氏教育、情商教育、品格教育等）。专项教师具体职责如下：

1. 制度要求

专项教师应严格遵守园内的各项规章制度。

2. 教育教学

（1）专项教师应积极不断学习，提高自身的专业技能。

（2）专项教师应结合班级幼儿具体情况制订计划：专项教学计划，各项学期计划、月计划、周计划。期末时有针对性地进行工作总结及反思。

（3）专项教师应认真钻研教材，加强备课，根据幼儿实际情况设计活动内容，及时调整计划，课后认真进行教学反思，不断提高教学水平。严格执行课程计划，按照课程时间上课。

（4）教师要不断改进教学方法，课堂中通过多种形式来培养幼儿多方面能力的发展。

3. 对待幼儿

专项教师应有足够的耐心、爱心和责任心，注重幼儿的个别差异，采取个别辅导，认同理解幼儿园的办园理念，儿童观教育观等。

4. 常规工作

（1）专项教师应做好幼儿的考勤记录，及时向本班教师了解情况。组织好课堂秩序，抓好安全卫生，并及时注意幼儿的身体情况。

（2）专项教师应定期与家长沟通，汇报幼儿的学习情况，得到幼儿家长的认可；期末时进行幼儿的学习汇报展示活动。

（3）专项教师应负责班级的有关布置与相关活动，并保持班级的整洁和美观，教育幼儿爱护设备等。

二、班级管理中幼儿教师应具备的素质

幼儿园与其他年龄阶段的教育有所不同，由于幼儿教师所面对的教育对象年龄段是 3～6 岁的幼儿，因此在班级管理的内容和方法上与中小学的教师有较大差异。“爱孩子，能带班”是每个幼儿教师应具备的基本素质。部分幼儿教师在工作中，不知道如何管理班级，导致班级纪律混乱，并在面对活泼好动的幼儿时因缺乏有效的管理方法而采用一些不恰当的方式来压制幼儿，这使幼儿家长对幼儿园充满期盼的同时也会感到担忧。《中共中央国务院关于全面深化新时代教师队伍建设改革的意见》第 11 条特别提到：“全面提高幼儿园教师质量，建设一支高素质善保教的教师队伍。”《幼儿园工作规程》中也明确规定了幼儿教师在班级管理中的职责。可见，幼儿教师不仅在教学方面要具备必要的专业知识和能力，在班级管理方面更需要具备较高的管理素质。

（一）专业能力

专业能力是指从事某种职业所需要具备的特定的知识、经验与技能。首先，当代

幼儿园教师需要具备“弹唱跳画写编”这些基本功。其次，应具备一定的知识储备如：3～6岁幼儿发展知识、幼儿保育与教育知识、通识性知识、管理理论等；还需掌握班级环境的创设与利用、一日生活的组织、游戏活动中的支持与引导、教育教学活动的计划与实施、激励与评价、沟通与合作、反思与发展等方面的基本要求。最后，幼儿园教师扎实的专业能力是建立在以“幼儿为本”基础上开展各项活动，要以3～6岁幼儿的年龄特点为基础，一切管理活动都应遵循幼儿身心发展特点。因此，幼儿园教师具备了扎实的专业能力才能更好地完成班级管理工作，组织好幼儿的各项活动。

（二）组织与沟通能力

幼儿园教师所面对的都是3～6岁的幼儿，受年龄特点的制约，幼儿的身心发展不完全。这就要求教师具备良好的组织与沟通能力，能根据不同的年龄段设计组织多样化、游戏性、趣味性的教学活动，吸引幼儿主动参与到活动中来，并激发幼儿学习与探索的欲望。教师在日常的工作和生活中要注意积累，既要以集体为中心，又要因材施教，同时加强自身的知识储备，能从容地面对每个幼儿提出的问题以及一些突发情况，让幼儿能够信任教师并且敞开心扉。比如，有些幼儿在园不善于表达，这就要求老师多与幼儿进行沟通。其次，组织沟通还有重要的一面是更好地团结本班的家长进行合理有效的家园沟通，达到家园共育。良好的家园沟通能够促进教师工作顺利地展开。除此之外，幼儿园教师在工作中与同事的良好沟通也是必不可少的。多向同事虚心请教、利用同事资源互动交流、团结本班教师共同成长，与班级教师合理进行沟通完成班级各项工作。教师只有具备了良好的组织与沟通能力才能在班级管理中做到游刃有余。

（三）分工与合作能力

幼儿园班级管理工作是一项比较复杂的工作，有各项零碎细小的工作，既有对人的管理；也有对物的管理；既需要班级各位教师各司其职、各尽其才，也需要各位教师的相互合作，相互配合，共同来完成班级内的各项工作，促进幼儿的全面发展。从幼儿园班级教师的配备上来看，一个班级至少有两位负责教学的教师，至少有一到二位负责幼儿生活的教师。三位教师具备分工与合作的能力，本着相互尊重、互帮互助、团结协作的精神共同教育幼儿，完成班级工作。

（四）学习能力

华东师大叶澜教授曾经说过这样一句话：“在学校中没有教师的发展，难有学生的发展。”有着多年经验的幼儿园教育教学实践工作管理者也深深地意识到幼儿园的发展应以人的发展为中心，幼儿园的发展是以教师和幼儿为中心的发展。而教师的发展与成长是幼儿园发展的核心，幼儿发展与成长，归根结底还是要靠教师专业素质的优化和提高。教师主动的学习意识及良好的学习能力是促进教师专业成长的重要手段。幼儿园教师要学习班级管理的相关知识。除此之外，教师也应该花更多的时间去钻研自身的专业知识与专业技能，更多从心理学的角度探索幼儿心理的变化，从心理学的角度学习与人相处，这样才能在教学的过程中，或在日常生活中很好地处理突发情况，成功地组织教学，管理其他班务工作。

小 结

幼儿园班级教师个体管理是班级管理中的重要一环，班级中的各位教师需明确自身的职责，了解班级管理中教师所需要具备的素质，分工与合作，共同完成班级工作，完成班级幼儿保育与教育的任务。

第二节 幼儿园班级管理中教师合作管理

《辞海》中对合作的解释是："合作是社会互动的一种方式，指个人或群体为达到某一确定目标，彼此通过协调作用而形成的联合行动。参与者须有共同的目标、相近的认识、协调的活动、一定的信用，才能使合作达到预期效果"。[①]《心理学大辞典》中指出：合作是为了共同的目标而由两个以上的个体共同完成某一行为，是个体间协调作用的最高水平的行为。[②] 所谓幼儿教师合作，是指幼儿教师基于共同的教育目标，自愿积极地去参与各种教育实践和研究实践，通过经验传递和讨论创新来促进专业发展，继而实现教师群体的共同发展。这要求教师全身心投入，相互信任，共同进步，需要教师积极思考、交流商讨、共同实践和反思。从而优势互补，形成教育合力，产生 1+1>2 的效应。

---

① 辞海编辑委员会．辞海［M］．上海：上海辞书出版社，1979：185.

② 朱智贤．心理学大辞典［M］．北京：北京师范大学出版社，2010：25.

一、主配班教师间的有效合作

幼儿园的每个班级会配备两教一保三位教师，这是幼儿园区别于中小学教育的显著特点。在中小学的课堂中只会由一位教师负责。而幼儿园则不然，三位教师会同时出现在教室里，相互配合进行教育教学活动与照顾孩子。为此，合理地分工与合作既能调动教师的工作积极性，促进教师间和谐关系的发展，还能为幼儿的健康成长营造一个团结友爱的氛围。

（一）生活活动中的有效合作

幼儿园的生活活动是指满足幼儿基本生活需要的活动，它主要包括入园、盥洗、饮食、睡眠、离园等，目的是培养幼儿的生活自理能力、与人交往、规则意识以及养成健康良好的生活卫生习惯等。同时，在一日生活活动中也需要班级三位教师的有效合作，才能保证班级幼儿生活活动的有序开展。

1. 生活活动的常规制订

生活常规活动包括：用餐、就寝、如厕等很多细小的环节和工作。这些活动虽然微不足道，却环环相扣，是幼儿养成良好的生活习惯和幼儿园一日活动得以顺利开展必不可少的环节，可以称得上是幼儿园一日活动的润滑剂。因此认真制订好班级的生活活动常规，让幼儿养成良好的生活习惯就显得尤为重要。在制订生活活动常规时要依据国家出台的相关政策，还要依据班级幼儿的实际情况、年龄特点等。

2. 生活活动中的分工与合作

幼儿园班级中的生活活动管理工作非常琐碎，需要三位教师的共同努力来完成，在默契合作的基础上进行具体的分工，具体见表 2－1。在生活活动管理中，每位教师之间分工合作的连接直接影响着管理的成效以及幼儿的发展。

表 2－1　一日生活中各教师站位及工作内容

活动环节	主班教师	配班教师	保育教师
入园	1. 主动、热情、礼貌地迎候幼儿和家长。 2. 观察幼儿身体、情绪和精神面貌；察看是否携带不安全物品，是否按要求带齐当日所需用品。 3. 有针对性地向家长了解幼儿情况。 4. 查看幼儿出勤情况，做好记录。及时与未到园的幼儿家长取得联系，了解原因。 5. 建立早值班制度，对早入园的幼儿进行照料。 教师站位：班级门口	1. 热情接待幼儿与家长（核对幼儿物品，交接送卡）。 2. 做好个别幼儿的依恋情绪工作。 3. 照顾好进入活动室的幼儿，负责幼儿安全。 4. 组织幼儿开展观察、劳动、值日、自选活动等。 教师站位：活动室	1. 开窗通风、保持空气流通。 2. 做好班级卫生消毒工作，整理班级桌椅，摆放物品。 3. 准备好孩子们的毛巾水杯等。 4. 准备好当日足量的、安全的饮用水。 教师站位：盥洗室

续前表

活动环节	主班教师	配班教师	保育教师
饮水	1. 指导幼儿安全有序地取水。 2. 提醒并允许幼儿随时喝水。 教师站位：活动室	1. 观察幼儿饮水量，保证幼儿日饮水量达 400～600 毫升。 教师站位：保温桶旁	1. 提醒、帮助幼儿正确取放水杯。 2. 引导和帮助幼儿按需饮水。提醒有特殊需要的幼儿多饮水。 教室站位：水杯或保温桶旁
盥洗	1. 将正确的盥洗方法、爱清洁、节约用水等图示呈现在盥洗处，提醒幼儿遵守。 2. 组织幼儿有序地盥洗。分组进行，男孩一组，女孩一组。 3. 指导中、大班值日生检查盥洗结果。 教师站位：活动室	提醒幼儿正确进行盥洗，不玩水、浪费水，不在盥洗室打闹。 教室站位：盥洗室门口	做好盥洗准备，保证幼儿用肥皂、流动水洗手，用消毒毛巾洗脸。 教师站位：盥洗室里
饮食	1. 营造愉快、安静的进餐环境，介绍当餐食品。 2. 组织幼儿按时进餐，餐前餐后半小时不做剧烈运动。坚持餐后 15 分钟的散步。 3. 鼓励幼儿独立进餐，提醒幼儿进餐速度及食量适当。 4. 观察进食量，对特殊幼儿给予个别照顾，及时处理异常情况。 5. 纠正不良进餐习惯。 6. 督促指导幼儿餐后擦嘴、洗手、漱口。 教师站位：活动室	1. 掌握每个幼儿的食量，根据饭量随时添加。 2. 指导幼儿正确使用餐具，学习正确进餐方法，逐步养成文明进餐习惯。 3. 组织吃完饭的幼儿漱口、散步。 教师站位：活动室、盥洗室	1. 进行桌面的消毒工作，幼儿的餐具摆放。 2. 配合教师组织餐前活动。 3. 为幼儿分发饭菜，关注幼儿进食量。及时为幼儿添饭菜或汤。 4. 指导幼儿进餐时，桌面保持干净，将饭渣拾入餐盘。 5. 注意照顾个别特殊幼儿。 6. 及时清理幼儿洒在地面的食物。 7. 餐后收拾餐具，餐桌及地面，清洗毛巾。 教师站位：活动室、盥洗室
睡眠	1. 睡前：组织幼儿安静进入寝室。营造良好的睡眠环境，遮挡过强的光线等。 2. 睡中：巡视观察，帮助幼儿盖好被褥；纠正不正确睡姿；照顾入睡困难、有特殊需要的幼儿。 3 睡后：指导或帮助幼儿穿衣服、鞋子，保证幼儿服装整齐，并提醒幼儿如厕。对部分女孩进行头发梳理。 教师站位：寝室	1. 组织幼儿统一进行睡前如厕。 2. 指导或帮助幼儿有序地穿脱、折叠衣物，放指定位置。 3. 检查幼儿有无携带异物情况。 4. 写好交接班记录。 教师站位：活动室、盥洗室	1. 提前做好寝室通风，遮光等工作，创设安静的睡眠环境。 2. 整理好幼儿衣裤做好起床准备。 3. 协助教师指导幼儿起床，观察幼儿穿衣服的顺序，及时纠正，帮助有需要的幼儿。 4. 协助教师检查幼儿起床后的仪表，帮助个别幼儿整理。 5. 做好寝室清洁工作。 教师站位：寝室、活动室

续前表

活动环节	主班教师	配班教师	保育教师
如厕	1. 有序组织幼儿如厕。 2. 不限制幼儿如厕次数。 3. 提醒容易遗尿幼儿解便。 教师站位：活动室	1. 指导幼儿正确使用便纸，提醒幼儿整理好衣裤，便后洗手。 2. 观察幼儿大便情况。如发现异常，及时与家长联系并做好记录。 教师站位：盥洗室	1. 准备好肥皂或洗手液，督促幼儿便后流水洗手。 2. 准备好卫生纸，方便幼儿随时取用。 3. 帮助有困难的幼儿擦屁股，整理服装。 4. 及时为遗尿的幼儿更换和清洗衣裤袜等。 5. 保持盥洗室随时清洁通风，无异味，保持地面干燥整洁。 教师站位：盥洗室
离园	1. 检查幼儿服装穿戴是否整齐；提醒幼儿收拾需带回家的物品。 2. 严格确认接幼儿的家长，如有陌生人来接，做好电话确认工作。有重点地与个别家长沟通，做好生病、情绪异常幼儿的家长沟通工作。 3. 提醒幼儿有礼貌地向教师和小朋友告别。所有幼儿离园后，做好次日各项活动的准备。 教师站位：送园处	1. 稳定幼儿情绪，组织开展安静的自选区域活动。 2. 照看晚接幼儿的安全。 3. 做好次日各项活动的准备工作。 教师站位：活动室	1. 清理幼儿衣物用品，做好幼儿离园的准备工作。 2. 待幼儿完全离开活动室后开始做活动室清洁工作，及时清除垃圾、污物、清洁用具等。 3. 协助教师做好次日各项活动准备。 4. 关好门窗水电，做好记录。 教师站位：活动室

幼教故事

烫伤的手指

俊俊和阳阳一起去喝水，只听俊俊大喊一声：“老师，杯子好烫啊！”只听“咣”的一声杯子掉在了地上。旁边的阳阳拿起杯子，坚持把一杯水喝完才把杯子迅速放回柜子。听到响声，云云老师瞬间意识到了什么，连忙跑过去摸杯子，大人都感觉很烫，这时阳阳举起小手说：“老师，我手疼。”云云一看孩子的手，手指肚出现了水泡，按园所程序第一时间汇报保健医和园领导，后联系送医就诊，面对孩子缠着绷带的小手，云云老师无比难过，头脑中不断画着问号，到底问题出在哪儿呢？

事后，园领导、保健医也找到了班级三位老师，一起回忆、分析事件发生的原因。原来，当天园里临时通知开会，生活老师从消毒柜中取杯子晾凉摆放的时间还没到，为了不给主班老师添麻烦，提前拿出杯子摆到杯子架上，但她临时接了一个电话就到了开会时间，忘了与主班教师交代此事就去开会了，才导致惨剧的发生。

（本案例来源于沈阳市北部战区空军直属机关幼儿园，孔玲）

此案例中由于班级教师之间缺乏及时的沟通与合作，导致幼儿受伤。事故发生后园领导与班级教师一起分析事故发生原因，针对此事件分析出了教师的安全意识问题、幼儿的安全教育问题、幼儿园衔接制度的问题，随后进行了制度的完善、加强了教师及幼儿安全意识的培养，并找出解决预防的策略。一日活动中要谨记：有效的沟通、密切的配合、无缝的衔接，才能确保工作的缜密、无疏漏，真正为幼儿保驾护航。

（二）教学活动中的有效合作

幼儿园教学活动是教师以多种形式有目的有计划地引导幼儿，进行生动活泼主动的教育过程，以促进幼儿同伴分享交流，提升幼儿经验，强化学习体验，引导幼儿主动探索，促进每个幼儿在不同水平上得到发展为目的。从幼儿园教育活动的结构出发，主要有学科领域结构的教育活动，五大领域的教学内容有语言、科学、艺术、社会、健康领域。为了更好地完成幼儿教育目标，需要班级教师的分工与合作来达成。

1. 教学计划的制订

幼儿园班级教学计划的制订是指班级教师为班级幼儿未来所要达成的教育目标所制定一系列的教学步骤、方法与措施。撰写班级教学计划是班级教师的重要工作，也是更好地完成对班级幼儿教育教学的有效方式。班级教学计划按形式可分为：主题教学计划、区域教学计划；按时间可分为：周计划、月计划、学期学年计划等。

2. 教学活动的分工与合作

幼儿园的教学活动一般分为：集体联合活动、小组合作活动、结伴互动活动等组织形式，为幼儿提供交流和表现能力的条件与机会。教学活动时间次数严格执行幼儿园课程规定，每周不能超过 10 次，每次活动小班 15～20 分钟，中班 20～25 分钟，大班 25～30 分钟。

教学活动中的分工与合作：在幼儿园的集体教育活动中一般由一位教师讲授，主要负责根据本班幼儿实际需要和经验结合本园实施课程的要求，制订、修改、调整、补充切实可行的活动计划，根据活动目标准备教具，提供满足每个幼儿活动需要的活动材料。教学过程中耐心倾听，理解幼儿的想法与感受，支持鼓励幼儿大胆活动。关注幼儿在活动中的表现和反应，敏锐地察觉幼儿的需要，及时做出回应。另外一位教师辅助配合，帮助组织活动的教师准备教具、活动材料。维持纪律，分发材料，处理一些突发情况，照看个别有需要的幼儿，关注活动中的个别幼儿，因人施教，满足不同幼儿的需要。活动中注重培养幼儿的良好行为习惯。关注活动中幼儿是否在原有水平上有所发展。活动后分析活动过程中幼儿的实际发展，并收集实证材料。如需分组教学时，则一位教师负责一组幼儿完成教学活动。配班教师、保育教师在活动前应向讲授教师了解需要配合的事项。协助教师做好活动前准备，摆放活动所需材料，安排场地等。协助教师指导和帮助个别幼儿参与活动。处理活动中的突发事件时，方法适宜。指导或帮助幼儿做好活动结束后的收拾整理工作。活动过程中指导幼儿时走动位置恰当，声音适度，不影响幼儿和教师的交流。

教学活动内容的分工与合作：幼儿园的教学活动主要分为五大领域的内容，语言、科学、艺术、社会、健康。班级中的两位教师应该分工协作，一位教师负责二至三个领域的课程，进行有针对性的教学活动，也可以互相配合，共同探讨活动设计。

（三）教研活动中的有效合作

幼儿园教研活动是以幼儿教师为主体，对教师在教育教学活动中遇到的现实问题进行分析、探讨、研究的过程，在此过程中也要求发挥班级教师的积极主动性及发挥班级教师团体合作的力量，如：时间的分配，教研后的讨论与分享。通过教研活动的开展可以更好地促进班级教师的专业成长，以及更好地解决班级中出现的一些问题，做好班级管理工作，并提高班级的教育教学质量。

1. 教研活动的类型

（1）幼儿园的集体教研活动。

这种教研活动是指全幼儿园的老师都参加的集体教研活动，有时会组织老师进行最新的法规和政策的学习。为了提高老师的业务水平，还可以组织老师们进行多种形式的交流活动，如观摩课、交流学习体会、专题讨论、竞赛等。不定期研究一些教育实践中遇到的热点、难点问题，比如，幼儿学数学好不好，是否可以教幼儿学数学。通过讨论大家会更加关注这些问题，会主动地寻找各种材料，由此会产生一系列针对性极强的科研课题。

（2）幼儿园的年级组教研活动。

这种教研活动是指同年龄组的班级教师一起进行教研的活动，由于年龄段大致一样，使教研活动更加有针对性。如集体备课，平行班的教师可以一起备课。大家在一起共同探讨可以加深对教学内容的理解。通过集体备课大家可以认真钻研教材，研究教育对象，对教学中的重点、难点共同研究，为组织活动做好充分准备，也可对能力较弱的教师起到引领作用，达到共同提高的目的。还可以一起创造、编写教材，设计教学活动。由于各地区之间有很大的差别，任何一本教材都难以完全符合本园或本班幼儿的特点，因此可以组织教师们编写一些园本教材。这样既提高了教师的教研能力，又丰富了教学内容。教师们应发挥主观能动性，集体探讨，结合教学实际，创设一些新的教学活动。

（3）班级中的教研活动。

这是班级内部教师组织的教研活动，更具有针对性，教师们可以根据本班幼儿的实际情况，进行探讨交流，对于班级内出现的一些问题进行及时的沟通解决，较常见的如班会活动。

幼教故事

离职风波

“阳阳老师，保健主任说我们班王老师申请离职了！”

“啊？为什么？”

“不知道。”

“好的，我再了解一下。”

听完副班老师的话，作为主班老师的我，心里“咯噔”一下！

王老师是班上的保育员，平时在工作中认真负责，是一位非常优秀的保育员。接手新托班半个月，孩子和家长还没有完全适应，如果班级教师发生变动很容易引起家长的骚动。尤其是托班时期，保育员在班级中承担的幼儿保育和卫生工作更是重中之重，这个时候，王老师怎么会突然提出离职呢？我反思了一下，最近班级幼儿的“入园焦虑”情绪比较严重，我的精力都集中在孩子身上，忽略了班级中教师的情绪变化。所以，我决定在中午孩子们睡着后召开一次班级教师的班会，缓解一下老师们因为接新托班承受的压力，也弄清楚王老师离职的真正原因。

在班会上，班级中的几名教师围坐到一起，轮流分享自己近期在班级工作中发现的问题，并共同讨论出解决方法。王老师也发表了自己的意见，同时也说出了自己离职的原因，是因为班级孩子哭闹较多，她觉得身心疲惫，才提出的离职。经过班会上大家的开导，她打消了离职的念头。

（本案例来源于沈阳市浑南区花语幼儿园，潘阳）

案例中三位教师通过班会活动解开了心结，提出近期班级出现的问题，共同商议提出解决的策略，避免了一次班级教师的流失。通过班会，不仅找到并解决了所有的问题，也让教师们的心离得更近了。帮助教师们有效地解决班级中存在的问题，将教育观念达成一致，增强班级的凝聚力。由此可见，班会活动是非常必要的，每周总结一下自己在工作中的问题，大家共同探讨，会使日后的工作更加轻松愉快。

2. 教研活动的分工与合作

幼儿园的教研活动较多，也有各种形式，比如有主班教师参与、配班教师参与或保育教师参与等。有时也会在中午幼儿午睡的时间进行教研。这就需要班级教师们协调好时间，如果是需要实践性的教研活动，要求两位教师都参与的话，就需要提前和保育教师协调好时间，让保育教师帮忙看幼儿午睡，另外两位教师参与教研活动。如果不是必要两位教师都参与的话，就一位教师先去，另一位教师看午睡。回来之后再给看午睡的教师传达教研的内容。如果是请外面的老师进行教研的情况下，需要班级两位老师协商好，一位教师带班，另一位教师去学习，回来后向班级教师传达教研内容，进行分享。等到下次教研时，两位教师换一下。相互配合，互相学习，得以共同成长。

其次是教研后的分享与讨论。教师在教研活动前应根据将要教研的内容，通过多种渠道学习相关知识、搜集有关资料，梳理自己的观点，在教研时主动地参与到教研活动中去，积极讨论，教师间没有地位的差别、位置的高低，有的只是对待问题的认真。教研活动后应与本班教师积极分享与讨论，按照本班幼儿的情况进行分析，将探讨的策略付诸实践，更好地合作完成班级各项工作。

二、班级教师与专项教师、实习教师的有效合作

除了班级教师承担对幼儿教育教学的职责，园所内还有其他教师也承担着幼儿教学活动任务，如专项教师，实习教师。为了使幼儿的学习与活动达到最佳效果，班级教师需要与幼儿园内其他教师合作，共同完成教学活动。

（一）班级教师与专项教师的有效合作

1. 专项教师的基本类型

（1）美术专项教师。

幼儿园美术活动是幼儿园美术教育途径之一，在幼儿观察物体的形象、颜色、结构等的基础上，培养他们运用绘画和手工（泥工、纸工、自制玩具等）表现自己对周围生活的认识和情感；初步培养幼儿的美术兴趣，对大自然、社会生活及美术作品中美的欣赏力。根据使用材料不同进行分类，可以分为：创意绘画类、传统水墨画类、陶艺黏土类、纸艺手工类、创意沙画类等美术专项教师。

（2）育能专项教师。

幼儿园体育活动是幼儿园体育的实施途径，是遵循 3～6 岁幼儿生长发育的特点和规律，以增强其体质，发展身心素质和初步运动能力，提高幼儿健康水平为目的的所

进行的一系列的体育活动。

（3）艺术表演专项教师。

幼儿园艺术表演专项活动是幼儿园艺术教育与表演教育的实施途径，是遵循 3～6 岁幼儿生长发育的特点和规律，培养其审美能力和表现能力，以提高幼儿专项艺术表演技能为核心，所进行的一系列的艺术表演活动。幼儿园艺术表演专项活动具体可以分为：舞蹈类、声乐类、口才类、器乐类等。

（4）益智专项教师。

益智专项活动是指为了激发幼儿尝试与探索，锻炼幼儿的思维能力，根据幼儿身心发展规律所开展的系列专项教学活动。目前幼儿园益智活动有如下几类：棋类、绘本学习类、科学类等、感统训练类、系列课程类（如蒙氏教育、情商教育、品格教育等）。

2. 班级教师与专项教师配合的基本形式

（1）分组教学。

《幼儿园工作规程》第二章第十一条规定：学前幼儿班不超过 40 人。一般幼儿园小班（3～4 周岁）每班 20～25 人，中班（4～5 周岁）每班 25～30 人，大班（5～6 或 7 周岁）每班 30～35 人，混合班每班 30 人。由于幼儿人数较多，为了保证教学活动的质量，部分园所选择将班级幼儿分成两组，分别参与相同的专项活动，以保证每名幼儿能够充分参与教学活动，达到活动效果。分组教学活动中，由于班级内教师对幼儿脾气秉性、知识理解能力、已有经验掌握情况较为熟悉，为方便管理，促进教学活动有效开展，因此在专项活动过程中，需要一名班级教师与专项教师配合，共同完成专项活动。此时，班级的另一位教师就需要带领未参与教学活动的另一组幼儿，留在班级开展其他教学活动。

（2）配合教学。

在教学活动中，主要由专项教师主导，班级教师一般担任助教老师的角色，负责帮助专项教师看护本班幼儿的纪律、照看专项教师看护不到的幼儿、帮助专项教师分发材料等。当幼儿在活动室中出现身体不适、材料不足等突发情况时，班级教师负责带幼儿离开专项教室，解决幼儿的突发情况。这就要求班级教师与专项教师有效配合，合理分配活动中的任务。

（3）跟踪学习。

跟踪学习是指专项活动后，班级教师在幼儿日常活动中，观察幼儿完成专项活动相关任务时的行为表现，是否达到了专项活动中的要求，是否掌握了专项活动教授的技能，并将幼儿知识掌握情况以记录表（册）、照片、视频、谈话等形式，及时反馈给专项活动教师，以便专项教师合理控制下一次专项活动的难易程度。同时，专项教师没有更多与幼儿家长直接接触的机会，需要班级教师将幼儿在专项活动中的表现情况，及时反馈给家长，寻求家长给予配合。

(4) 延伸活动。

延伸活动是指在专项活动后，引导个别在活动时间内没有完成任务的幼儿利用活动后其他空余时间继续完成未完成的任务，或引导幼儿完成专项教师布置的巩固复习任务的过程。这些任务需要活动后班级教师带领幼儿完成。因此，需要具有相关经验的教师及时留出空余时间，引导幼儿尽早完成任务，以免时间过长导致幼儿遗忘，无法顺利衔接。需要家长配合时，应及时与家长取得联系，告知需要家长配合完成的延伸活动，做好家长与专项教师间的信息传递工作。

3. 班级教师与专项教师配合的注意事项

(1) 使用统一的教育方法。

班级教育氛围主要受到班级教师影响，幼儿在班级教师的长期引导下，会形成与之相符的，独特的学习习惯，对班级教师的教育方法产生心理上偏向与依赖。因而专项教师在教育过程中，应与班级教师商讨交流，了解本班幼儿的实际情况、学习风格，使用与班级教师相类似的方法展开教学活动，更易于幼儿新进技能的吸收与掌握，达到事半功倍的效果。

(2) 形成系统教育内容。

专项教师选择的教学活动，应与教学主任、相对应的年龄班组长等负责规划教学工作的教师商讨，选择与本学期幼儿教育计划、活动目标、主题活动相关的内容开展专项教学。缺乏商讨容易产生以下问题：

第一，重复学习。主要指专项活动与班级活动教学内容重复，导致幼儿多次学习某一项知识技能的现象。一般情况下，专项活动由幼儿园专职教师、特聘教师来完成教学，较少出现与班级教学活动重复的现象。但幼儿乐于探究、勤于思考，当幼儿对教学计划之外的，涉及某专项活动内容感兴趣时，班级教师会组织相关活动，帮助幼儿了解相关知识。如果专项教师没有与班级教师良好沟通，便有可能出现重复教学的情况。

第二，活动偏离。主要指专项活动与幼儿园活动主题偏离，且不成体系的现象。导致幼儿专项活动后，没有巩固复习的机会，无法进行知识的衔接，遗忘专项活动所学到的知识技能，没有体现专项活动开展的价值和意义。

以上两种错误的教学内容设计，均因没有与幼儿园教学规划、幼儿园活动目标、主题活动相适宜，与幼儿园教学负责人缺乏沟通所致，造成专项活动流于形式，无法帮助幼儿获得更多的专项知识经验。

(3) 形成科学一致评价。

班级教师与专项教师要在评价幼儿上确定统一标准。幼儿由于天赋、兴趣、认识的不同，对各活动内容所表现出的兴趣也不尽相同，这就要求专项教师与班级教师对幼儿采取协调一致的评价方式，从不同角度给予幼儿公正全面的评价，以保证幼儿身心和谐发展。实践证明，幼儿在受到不公正、不恰当的评价后，往往会失去对该活动的兴趣，对该教师产生抵触情绪。因而各位教师应根据幼儿的活动情况进行分析讨论，对每名幼儿进行科学、准确的分析，并给予相对一致的评价，以帮助幼儿增强活动兴趣、更有效地参与活动。

（4）高质高效开展活动。

幼儿园专项活动是园所为培养幼儿某方面技能所开展的专门活动，具有不可替代的作用与意义。因而要求班级教师与专项教师正视专项活动的重要作用，高效地协调配合，陪伴幼儿高质量地完成专项活动，帮助幼儿在有限的时间中尽可能多地获得相关知识与技能。杜绝敷衍了事、活动中闲聊、等待，出现管理真空和时间真空现象。

（二）班级教师对实习教师的引领指导

近年来国家对于学前教育专业的重视，对学前教育人才实践能力的高标准要求，高校毕业生会被分配到学校挑选的、质量较好的公办及私立幼儿园开展见习、实习活动。通过实习过程中指导教师的指导，实习教师将所学的专业基础知识、基本理论和基本技能尝试综合运用于教育实践，为就业打下基础。一般而言，实习教师会被分配到幼儿园内各班，参与班级一日活动。而负责实习教师指导工作的教师一般由幼儿园按照一定的标准选派，选择具备丰富实践经验的主班教师，全面负责实习教师全程指导、监督和管理工作。

1. 班级教师与实习教师的引导与配合

（1）引导实习教师开展生活活动。

第一，经验交流。实习教师初入幼儿园，对幼儿生活活动缺乏了解，如生活活动中的站位问题，其重要的是自己视线的角度、所站位置视线能够最大限度地看到幼儿为最佳。由于实习教师缺乏相关经验，只注重关注局部而顾及不了全局。因而需要指导教师讲解对于站位的把握和指导语的合理使用，丰富实习教师相关经验。除此之外，要引导实习教师掌握幼儿的生活活动的具体内容要求、如何建立生活常规、如何组织生活活动各个环节、如何恰当使用指导语等。具体指导时，应引导实习教师思考，将生活活动每个内容细化为单独的指标，分阶段实施，并及时根据幼儿的表现进行跟进、指导和调整。

第二，适时引导。生活活动繁杂琐碎，指导教师要在实习教师指导前适当提醒，避免过程中介入太多。发现问题时避免立即指出，应利用其他空余时间交流讨论，并给出改进意见。更能有效帮助实习教师自我反思与自我总结。

（2）引导实习教师开展教学活动。

第一，材料准备。幼儿实习教师专业理论的建构是一种量的积累，是演变式、渐进式的孕育过程。材料选择与准备是活动开展的第一步骤。包括环境创设的物质材料、成长学习的个别化记录材料、主题活动预先准备材料等，都需要仔细斟酌。实习教师不曾参与相关活动，没有明确的材料数量概念，不了解幼儿园的相关规定及材料的摆放位置。因此指导教师应通过耐心的示范，讲解，帮助实习教师得到相关信息，做好教学活动的铺垫工作。

第二，活动设计。在实习教师职前准备阶段，其专业理念以学校学习的理论为主要依据，是稚嫩的、不成熟的、未经检验的。在教育活动设计上，需要立足于园所文化、理念展开设计。实践过程中，其原有的专业理念开始接受，同时需要将原有的专业知识理念与实习园所的文化理念相统一，完成新旧理念的冲突与重构。因此在活动内容选择上，指导教师应引导实习教师仔细学习《幼儿园教育指导纲要》《3～6 岁儿童学习与发展指南》等文件后，根据园所教育理念、当下主题活动、幼儿兴趣点，充分考虑活动的可行性和恰当性后，展开活动设计。在这一过程中，指导教师应授之以渔，不拘泥于对单个活动设计进行价值判断，而要引导实习教师掌握正确的活动设计思考方式，明确活动设计的思考步骤，有效提高实习教师实操能力。

第三，活动把控。指导教师应引导实习教师牢记幼儿为主体的理念，在活动中扮演启发诱导的角色，而非“牵引者”角色，并帮助实习教师根据不同类型的教学活动选择相应的组织与实施策略，引导实习教师灵活把握不同类型的活动。基本思路为“寻找兴趣点—设计—说课—修改—试教—完善—示范课”，并建议实习教师将上课过程进行录像、录音以便于反复观看与倾听，发现问题、反思设计及组织与实施过程。在教案撰写方面，提醒实习教师采用详案的方式记录活动中的关键性语言和问题，并特别注意教案不要写得过于小学化或成人化，引导实习教师谨记从幼儿角度进行活动设计。

第四，有效提问。提问环节应当在观察幼儿的行为后，围绕活动主题，用简洁的语言提问并设计开发性问题，引导幼儿思考。并在活动前为如何跟进幼儿的行为和语言做出预设，避免被个别幼儿的行为所干扰而偏离活动，充分提高活动效率。

幼教故事

顺势而为——做懂孩子的实习老师

实习教师小吴老师在该学期有一个新任务——公开课教学活动展示，她正为选择什么活动主题而苦恼着。上午，园里组织幼儿观看消防器械的操作演示，这是本班幼儿第一次近距离观看消防车以及各种消防设施，孩子们回班后兴奋地讨论着，对班级附近的灭火器、消防水管产生了极大的兴趣。面对小吴老师之前“精心”准备的教学活动，反倒没有表现出太大的积极性。活动结束后，我询问小吴老师“孩子们的回应如何”，小吴老师表示孩子们参与的积极性不高，我继续追问：“那你觉得孩子们今天对什么讨论最热烈”，小吴老师马上想到今天的消防演习活动，于是她决定将公开课主题改为科学领域的“小小消防员”。这次公开课展示中，本班幼儿和小吴老师配合很好，活动中孩子们积极开动脑筋、师幼互动良好，小吴老师在此次展示中也获得大家的肯定。实习教师将“教什么”视为棘手问题，殊不知社会也是孩子们的“老师”，及时捕捉孩子的兴趣点，挖掘课程与生活的结合点，这正是实习教师需要学习的一点，只有把孩子装在心里，教育才能绽放精彩的火花。

（本案例来源于苏州工业园区新加花园幼儿园，张瑜）

实习教师缺乏幼儿园一线教学经验，在活动内容设计上存在经验不足、把控不好活动等情况。班级指导教师应引导实习教师关注幼儿生活，发现幼儿兴趣点，开展有针对性的教学活动。案例中小吴教师起初选择的话题没有引发幼儿强烈的思考兴趣，反而在第一次近距离观看消防车以及各种消防设施后，对消防设施产生了极大的兴趣。在班级指导教师的引导下，实习教师小吴决定围绕幼儿对于灭火器、消防水管等灭火设施的兴趣点展开活动，得到了园内教师的一致好评。幼儿在生活中的行为、言语看似随机，却是幼儿的兴趣所在，是实习教师展开活动的最佳契机。

（3）引导实习教师开展游戏活动。

第一，细心关注。对幼儿游戏活动的指导要建立在观察的基础之上，并结合幼儿的实际情况进行分析。如果看不出幼儿游戏中的情绪、问题等就没有办法进行指导。班级教师要提醒实习教师着重关注幼儿的年龄特点及该阶段的游戏目标、已有游戏经验及兴趣点，而后再创设相应的幼儿游戏环境，提供游戏材料。

第二，环节把控。在游戏中，实习教师要掌握如何把控游戏环节时间；如何过渡游戏环节；如何引导幼儿自由、安全地玩耍；如何培养幼儿规则意识；尽量将游戏活动交由幼儿自主控制，引导幼儿在游戏中的主动发展。

第三，适时介入。对幼儿游戏的指导具有不确定性和个体差异性。教师对幼儿游戏的指导可以粗略分为言语指导和非言语指导。言语指导的方法主要包括建议、评论、描述、询问、重述、提问等；非言语指导主要分为面部表情和动作指导，动作指导主要包括阻止式、指示式、示范式、辅助式。幼儿是游戏的主体，幼儿需要充分的游戏时间、空间和自主权。教师并非游戏的教育者、管理者、领导者，不能将幼儿置于被教育、被管理的地位。应引导实习教师适时给予语言指导，启发幼儿的思维，不要过度地使用非言语干涉幼儿的游戏行为。给予幼儿充分的想象与创造空间，推动幼儿的自发性游戏行为。游戏后通过幼儿的分享与教师讲评帮助幼儿梳理思路，树立榜样，激发幼儿游戏兴趣。

第四，同伴交往。提醒实习教师在幼儿游戏中主要关注孩子的交往行为，如幼儿是否会与同伴交往，出现交往障碍与矛盾后幼儿是如何解决的、游戏中遇到问题是否能有效配合、如何将幼儿的游戏经验和生活经验转化为幼儿自己的游戏情节等。但由于幼儿年龄特点，性情多变，缺乏稳定性，因而游戏的过程和结果是难以预设的，需要灵活应对并在具体实践中进行经验积累，结合当天的游戏情况和游戏过程中的价值，选择有价值的关注点。

第五，区域游戏。指导教师应首先引导实习教师发现区域活动创设的规则，根据当下活动主题和幼儿的年龄、兴趣、需要进行创设，并确保不同层次、不同区域之间的平衡性。引导实习教师掌握布置区域和组织活动要遵守的方法与技巧，区域的构思过程及物品的制作方法与技巧。在区域活动观察上，要求实习教师学会在幼儿的个别化学习活动中观察幼儿，关注幼儿的动作技能、认知发展水平和规则意识的发展。活动后，组织实施区域活动分享，引导实习教师掌握分享环节的要领、方法与技巧。在这一过程中，只有让实习教师参与区域创设中，才能明白每个区域的创设意图及材料准备意图。

第六，户外游戏。首先要引导实习教师掌握各年龄段幼儿的运动特点和能力；如何在运动中把握运动的强度、密度及适宜性；组织体育活动的方法；如何结合场地提供相应材料；器材的摆放要领与技巧；如何在幼儿的运动过程中进行指导，适时介入等内容。此外，还要注意在运动中如何做好安全和保育方面工作让幼儿学会保护自己；明确不同年龄段的幼儿适合开展哪些体育活动；如何整体安排一学期、一个月、一周甚至一日活动的开展；如何避免幼儿受伤或发生其他安全事故等问题。引导实习教师在组织体育活动前要备详案，制订计划时要求明确：地点、器材、安全问题、场地划分、游戏种类、游戏要求和时长。

（4）引导实习教师开展家长工作。

在处理家长工作问题上，实习教师缺少相关经验，需要指导教师进行示范，而后可以引导实习教师由简入繁地尝试，如从负责喂药、换衣服、记录物品、设计家园联系栏等简单的工作开始，得到家长信任后，逐步提升难度，适当与家长沟通幼儿一日活动中的真实表现情况。在得到有助于班级保教工作开展的相关信息后，应及时与班级教师进行交接。对于涉及班级重要任务布置、重要物品发放等相关事宜，除经班级教师特别委托，应由班级教师主要负责，以便于班级后续工作的开展。

（5）引导实习教师增进情怀。

实习教师初入幼儿园，由于不具备教学经验，接触到复杂烦琐、强度较大的幼儿园工作，很可能产生职业理想与现实的心理落差。实践表明，幼儿园班级指导教师提供的学习支持策略方面的直接指导，在教学态度、教学经验、教学专长等方面对实习生有积极影响。① 指导教师应多给予情感关怀，建立亦师亦友的指导关系，理解实习教

---

① 霍力岩，高宏钰，姜珊珊．导师制在美国幼儿园教师职前培养中的应用［J］．学前教育研究，2015（2）：42－49．

师因为缺乏实际教育教学技巧、管理技能等方面的经验而产生的困惑和无措，给予实习教师足够的尊重和及时的鼓励与指导。在教育教学活动或者一日活动的计划与组织中，指导教师应安排实习教师做一些稍微轻松简单的工作，然后有步骤、有计划地增加实习教师的工作量、提高工作难度。在实习教师适应了实习教师角色后，指导教师应为其提供更多的实践机会，鼓励其参与教育教学和科研活动。引导实习教师发现生活活动特有的教育价值，鼓励其在完成生活活动中敢于思考，善于发现。

2. 班级教师与实习教师配合的注意事项

实习教师起初对于班级工作、幼儿性格习惯、班级主题活动等信息缺乏系统了解，实习教师和幼儿也需要磨合适应。实习教师初入班级，更多参与幼儿生活活动，在教学活动中多为观摩、见习。随着对班级各项工作的熟悉和长期生活活动的参与，实习教师逐渐被幼儿接受、信任，在教学活动中可以辅助班级教师的教学工作，在主配班教师活动中担任助教任务、在活动衔接时看护幼儿、陪伴看护个别特殊幼儿。随着经验积累、幼儿好感的产生，能力较强的实习教师可以逐渐陪伴幼儿参加专项活动课程、协助班级教师完成班级的教学活动和延伸活动、尝试组织简单的教学活动。

（1）双向学习。

双向学习是指班级教师和实习教师分别作为观察者，将对方作为学习对象，通过观察、模仿与讨论，丰富自身专业能力的过程。班级教师具有娴熟的幼儿保教经验与技能，能够帮助实习教师在实践过程中尽快适应环境，提升技能；而实习教师具有深厚的理论积淀和灵活现代的教学风格理念，能够科学丰富地引领班级的教育氛围。因而，相互学习是班级教师与实习教师专业理念生成与发展的重要途径。

（2）正向引导。

班级教师具有丰富的教育阅历与经验，相比实习教师更具有班级管理的发言权和决策权。因此是实习教师的榜样与模仿对象，需要对实习教师的行为、技能起到纠正、引导、支持的作用。如果班级教师存在问题行为且没有及时纠正时，通过对实习教师的经验传递及整个班级教育氛围的影响与渗透，很可能会影响正常的班级教育氛围，错误地引领实习教师的专业成长。因此，班级教师必须不断地自我批评反思，剔除根深蒂固的、不适应新时期幼儿学习与发展的理念，接受科学的、符合时代的理念，尽可能地发挥正向的、核心的影响作用。

（3）加强沟通。

相比实践经验较为缺乏的实习教师，班级教师的行为与语言更具权威性和决策力。因而实习教师与班级教师交流过程中，很容易产生非平等交流的误区。事实上，交流必须建立在平等的基础之上。唯命是从、机械接受、礼貌认可，内心却各执己见的交流，都不能称作真正意义上的交流。实习教师初入班级，缺乏实践经验，在专业理论与现实实践磨合统一过程中，容易走入教育困境与误区。这就需要班级教师及时发现问题，耐心引导。实习教师敢于发现并提出问题。双方及时平等地沟通，以保证班级幼儿教育质量的优化、实习教师的专业发展。

小　结

幼儿园班级管理中教师能否有效合作，直接影响班级氛围、幼儿受教育情况、教师团队及个人发展。因而需要班级主配班教师、生活教师、专项教师、实习教师能够协调配合，高质高效地完成幼儿的保教任务。

第三节　幼儿园班级管理中教师合作管理的类型及策略

在幼儿园班级中，常见的是主班教师、配班教师、生活教师各一名，当日主班教师负责上午的教学活动，配班教师进行配班；下午的教学活动则由配班教师负责，主班教师配班。生活教师以卫生负责、照顾幼儿的生活为主，三位教师职责分明。教师的主配班搭配一般先由教师自行自选，再由幼儿园领导商讨，结合教师的教龄时长、擅长领域、性格特点等因素，统一调配，编入班级。有些园所确定主班教师后，由主班教师自行挑选搭档，确定配班教师和生活教师，以提升班级教师合作的效率。为确保每个班的师资力量相当，促进幼儿的全面发展，一般会在每个班至少安排一名有经验的教师。

一、班级教师合作的类型

衡量人际关系形态的重要指标是共同心理领域与情感融合范围。伴随着交往双方彼此间情感的不断融合，共同心理领域会逐渐扩大，良好的人际关系就会逐步形成。依据共同心理领域和情感融合程度可以将人际关系形态划分为轻度卷入、中度卷入和深度卷入三种类型。

“轻度卷入”的人际关系形态主要表现为交往双方共同心理领域较小，双方心理世界只有小部分重合。“中度卷入”的人际关系形态主要表现为交往双方具有较大的共同心理领域，双方的心理世界有较大的重合，彼此的情感融合范围也相应较大。“深度卷入”的人际关系形态则主要表现为交往双方已发现的共同心理领域大于相异的心理领域，心理世界高度融合，甚至其范围覆盖了大多数的生活内容。

（一）积极合作的幼儿教师合作类型

中度卷入与深度卷入这两种人际关系形态都属于积极合作的幼儿教师合作类型。主要表现为班级合作中主班教师、配班教师与生活教师彼此间的共同心理领域较大，彼此间心理世界高度融合，而且情感融合的范围覆盖了他们大多数的教育生活内容。合作过程中，主班教师并没有将自身置于权力中心而高高在上，并能够首先在心理上尊重、认可其他教师。主班教师、配班教师和生活教师三人基本上都具有较强的主体意识，能够平等和谐相处，他们虽在职务职责上有所侧重，但在心理地位上却是平行的。他们不仅能够在工作环节精诚合作，团结一致，而且在生活环节也能和睦相处、关系融洽。

1. 主班教师主导型

主班教师主导型是指在班级活动中，主班教师处于班级主导地位，负责分配、协调班级内的各项事务，且被班内其他教师所认可。主班教师由于教龄相对较长、资历深厚，特别是在复杂任务面前，老教师往往更愿意亲力亲为。对于初入职场的新手教师，主班教师承担“引路人”的角色，事无巨细地启发引导，帮助新手教师尽快提升能力。因此，其丰富的经验和娴熟的技能取得了班级内另两位教师的信任与敬佩，权威地位得到认可，从而处于主导地位，合理地分配协调班内各项事宜。

2. 平等互助型

平等互助型是指班级内三位教师以平等互助的原则，相互协商，共同成长。在这一类型的团体中，教师言语多为尊重协商的口吻，避免强加自己的想法于他人。在遇到问题时，能够用合作协商的方式共同承担，发挥班级群体的最大合力。在这种环境中，每位教师都能够扬长避短，发挥自己的长处，并能够有效帮助新手教师积极表达自己的想法，主动承担班级事务，将新想法和新思路带入班级教学和管理。

3. 优势互补型

优势互补型是指班级内几位教师根据自身性格特征、擅长领域，承担最胜任的教学工作的过程。在这一类型团体中，教师能够做到术业专攻，充分发挥个人特长优势，最大限度地服务班级，达到人尽其才的效果。如教育风格上，教师可以根据自身性格特点及教育风格，适度宽严并济地引导幼儿，形成松弛适度的班级氛围；在教育活动上，教师发挥个人擅长领域的技能优势，起到榜样引领作用，提升幼儿技能学习的质量。

（二）合作失调的幼儿教师合作类型

轻度卷入型属于失和型的人际关系形态。一般幼儿教师群体内部所呈现的轻度卷入型的人际关系形态主要发生于班级组建初期。此时班级教师彼此间还不太熟识，他们的共同心理领域较小，因而相互间只是处于表层接触阶段。因此在配班初期，轻度卷入型的人际关系形态的存在属于正常现象。如果相互配合较长时间后，人际关系若仍处于轻度卷入状态，教师组合则处于合作失调阶段。主要表现为班级教师间的人际交往缺乏积极的情感性投入，交往具有较强的工具性特征。从关系表面来看，三人虽能够顺畅地完成保教工作，也很少出现人际冲突现象，但是他们平淡的关系背后却涌动着社会惰化、地位失衡的暗流。

1. “2＋1”合作型

“2＋1”合作型是指班级教师由于教龄差异、性格差异、合作意识缺乏等原因，拒绝相互合作，而导致某位教师被孤立排斥，班级内三位教师缺乏有效沟通合作的现象。社会学家斯麦尔认为在人群体中，任何一人的退出都可能导致群体的解体，这一事实迫使群体成员不断参与，相互依存。以班级为单位的幼儿教师群体关系中，如若有人不愿参与集体合作，即便班级教师集体仍然存在，但彼此间的亲密感、责任感也会有所减少；同时，成员群体沟通和行为不再面对面和公开，有了一定的匿名性和隐私性，不能同步协调地开展工作，不利于班级活动的有效开展。

2. 角色错位型

角色错位型是指教师在班级管理过程中，由于错误的角色认知或受到能力水平的限制，出现工作业绩明显低于或超出本人职务要求，造成班级合作失调的现象。角色是个体在一定的社会背景下所表现出的行为特征。班级教师的合作行为是主班教师与配班教师、生活教师之间的角色互动，三者只有相互配合才能取得更好的效果。班级教师通过角色来认识并判断自己或对方的地位、身份及行为规范，并按照符合自己角色的行为模式来实现自己的权利和义务。错误的角色定位、错误的扮演方式，都会造成教师间的合作不当。

3. 各自为政型

各自为政型主要指班级教师由于缺乏沟通或受个人因素影响，造成班级教师缺乏合作，互不干涉，独立完成各自工作的现象。许多幼儿园采取两位主班教师半日轮班承担保教工作的教学方法，两名主班教师也通常有各自相对稳定或擅长的课程领域。在这种分工明确的制度下，教师的沟通相对较少。生活教师主要负责班级幼儿的保育以及班级卫生清洁工作，也较少参与到教育教学活动之中。因此在常态的保教工作中，班级教师基本是独立自主的。只有在创设班级环境、组织开展大型活动等，需要多人参与时才会相互配合。事实上，班级教师的关系并非是割裂的，而是相互渗透、相互影响的，需要教师灵活协调地配合，才能保证班级教育工作顺利运转。否则将会造成班级内工作衔接困难，教学氛围压抑，严重影响教学质量与教师发展。

二、班级教师合作常见的问题及原因

班级教师有效合作是保证幼儿教学质量、促进教师发展的重要因素。但在教师合作中，难免出现意见不一致情况，造成这些问题的主要原因有以下几点。

（一）教师间差异导致合作不当

1. 幼儿教师已有经验差异

幼儿教师的知识与经验是幼儿教师开展合作学习的认知基础，幼儿教师作为合作的主体，其知识与经验主要是指幼儿教师自身的教龄、学历和学习经历以及幼儿教师关于合作学习的认识、理解等方面。由于经验积累不同，老手教师经验相对丰富，更愿意遵循经验、按部就班；而新手教师更渴望尝试创新，二者已有经验不同，处理问题的方法、态度、评价方式各有不同，因而容易产生摩擦。

幼教故事

新老的交锋

萌萌是一名新入职教师，她既有扎实的专业理论基础，又有饱满的精神活力，唯一不足的是缺乏实际教学经验。相反，她的搭伴教师是一位教学经验丰富、专业技能过硬，但是缺乏教育理论基础的园中骨干，深受领导家长认可。表面上两位教师是珠联璧合、互补互利，实际上两位教师的关系颇为紧张。

萌萌对幼儿园的一日流程不熟悉，面对初入园哭闹不止的小班孩子显得束手无策，与家长沟通时略显稚嫩，无法面面俱到，一时得不到孩子和家长的认可。每天既要应对孩子和家长，又要完成园里要求一日活动，一天下来手忙脚乱，水都喝不上一口，与之搭班的老教师表面上彬彬有礼，实际上内心对经验不足、事情处理不完善的萌萌满是嫌弃。长此以往开始对萌萌冷言冷语，与生活老师二人为伍，逐渐孤立萌萌，萌萌感到身心疲惫，开始对工作失去信心。

（本案例来源于内蒙古霍林郭勒某幼儿园，霍妍妍）

在这种情况下，被压抑孤立的配班教师容易产生负面消极情绪，不仅不利于个人发展，对班级幼儿的教育也产生影响。事实上，迷茫与困惑是每位新入职教师必经阶段，一方面对工作岗位不够熟悉，所学知识与实际工作有出入，另一方面新教师缺少管理孩子方法、家园沟通不成熟、突发问题解决不到位，给老教师带来额外的工作负担。幼儿园应对新教师进行充分的岗前培训，对一日工作流程、一日常规熟记于心，开展案例座谈会，对师幼沟通、家长沟通、孩子磕碰等常见问题，分享解决方法。此外，主班教师应主动分享经验，帮助新手教师顺利度过新入职迷茫期。新教师也应主动向老教师虚心请教，结合个人特点，找到自己的教学风格，让自己迅速成长，减少他人的负担。

2. 幼儿教师教育观、教学风格差异

价值观是基于人的一定的思维感官之上而作出的认知、理解、判断或抉择，是人认知事物、判定是非的一种思维或价值取向。幼儿教师的教师观表现方式也有所不同，小到做事态度，大到影响职业规划。观念不同难以激发教师主动的合作行为。教学风格是教师在长期教学活动中，积累的教学思维与教学习惯。幼儿教师自身性格特点为细腻、谨慎、敏感。因而在关注幼儿的同时，更易于察觉同一班级环境内其他教师的教学言语、教育行为。幼儿教师发现与之教学风格不一致，便不愿进行深度合作，以免发生更深度冲突，造成“井水不犯河水”，各谋其政的尴尬局面。

幼教故事

“有个性”的刘老师

小2班的主班教师何老师最近在班级团队管理上遇到了问题，之前的保育员老师离职了，新来的保育员老师刘老师是位年轻的实习教师。在与这位年轻教师相处中确实没少让何老师伤脑筋。刘老师年轻气盛，对于何老师安排的任务总是潦草干完，质量欠佳。何老师多次沟通无果，只得向保健主任反映情况，不料，在向保健主任反映后，刘老师的“叛逆”心理愈发严重，不仅工作质量没有提高，还总是顶撞何老师，终于有一次，两人发生了言语冲突。

保健主任和教学主任知晓后，分别与两位老师谈话，何老师也从自身找原因，何老师是急性子，说话特别直，平时说话声音也比较大，不了解她的人可能会不知道其本意而产生反感，刘老师是新到班级的老师，彼此还不太了解，导致了沟通不当的情况。之后何老师调整了沟通方式，召开班级会议，班级四位老师坐下来，心平气和地把想说的话都说出来，解决了沟通中、工作中的问题，新年到了，作为主班教师的何老师还为班级的教师准备了新年小礼物，感谢她们这些日子的付出，并一起许下新年愿望，新的一年一起努力，为更好的小2班一起努力。

（本案例来源于北京市某幼儿园，靖赛兰）

班级主配班教师缺乏班级生活教师的配合，表面上似乎对幼儿教育活动的影响较小，实则打乱了幼儿生活常规，为幼儿一日生活带来一系列问题。案例中的何老师由于个性特征，性子急、讲话声音略大引起了刘老师的误会。通过谈话了解，才发现了问题所在，逐渐解除误会。而矛盾源头，仅是两位教师缺乏必要的沟通，因而产生合作问题。幼儿教师由于工作特点，没有时间进行深层次交流，因而很多矛盾都源自缺乏彼此间的有效沟通。有效交流能帮助教师发现自身问题，减少教师间的矛盾误会。班级教师与生活教师共同承担幼儿的保教任务，团结一致、积极沟通，才能确保幼儿一日活动的有序开展。

（二）园所管理制度欠佳

班级教师能否有效合作，取决于园所管理者的领导行为。园所管理的核心是将教育的责任与权力分配给教师，发挥教师的自主性和创造性。但如果缺乏系统合理的管理制度，教师将不能发挥效用，难以实现预期教学效果。

1. 分工缺乏责任制

班级缺乏明确的责任分工，或分工制度不全面时，造成班级管理中主班教师掌控全局，作为班级总领导者。由于缺乏统一管理制度，班内职务可以由主班教师随意分配。此时如若任务强度较其他班级稍微有失均衡，都易引起被分配教师的矛盾与猜疑。

2. 选拔缺乏民主性

在选择主班教师、组长教师时，其确立多数是园所安排，多指派，少公开选举。被硬性指派使得主班教师的言语行为带有更多的强制性，导致主班教师与配班教师、生活教师处于上下级关系，权威性较强，会造成沟通和交流受阻，不利于教师交换经验，解决实际教学问题，教师的专业能力提升较为困难。民主性的缺失会导致其他相同年限、经验的教师权力受限，不能人尽其才，实现自身价值。长此以往会造成工作成就感和幸福感缺失。如若被选拔的领导者无法胜任职务，更容易激起教师矛盾。

3. 评价缺乏科学性

错误的评价导向造成了教师之间“消极的互依关系”。教师竞争的结果造就了“胜利者”和“失败者”，直接决定教师的个人利益。如若评价缺乏科学性，会造成教师间的消极合作，盲目不健康的竞争。

4. 群体内聚力不足

群体内聚力主要是指群体对成员的吸引力和成员对群体的向心力以及成员之间人际关系的紧密程度综合形成的，即群体成员固守在群体内的内聚力量。教师团队缺乏凝聚力，使其缺乏职业安全感，教师普遍没有归属感，进而造成教师彼此之间的封闭。如果合作成员认为自己的劳动成果在群体中不能被识别、被认可时，便容易产生社会惰化现象，即个体活动积极性与效率下降的现象。最终结果是教师之间合作受制于强权制度，形式过多而实效过少，难以高效合作。

5. 合作缺乏目标引领

幼儿教师个体的目标和集体合作学习的目标不一致、共同目标的缺失，从而导致缺乏行动的引领。幼儿教师缺乏具体目标的指导，更多只是跟着组长做实际工作，缺乏深入的思考和思想的引领，这将不利于实际合作的开展和推进，无法实现教师更好的成长和园所整个学习氛围的形成。

（三）缺乏合作意识导致教师合作深度不够

教师的合作意识决定着教师的合作行为，如果教师缺乏应有的合作意识，将直接影响班级合作能否顺利进行。合作意识的缺乏主要对以下几方面造成影响。

1. 缺乏合作学习

合作学习是教师间经验传递、共同成长的最佳途径。但现实生活中，很多园所的合作学习流于形式，缺乏有效讨论交流。首先，缺乏合作学习组织者、领导者不利于合作学习的开展。在合作学习任务布置后，教师没有按照预设要求进行讨论，没有思想共鸣，难以合作沟通。其次，教师的意识缺乏是活动能否开展的主要因素。教师的合作意识是教师合作的根本动力，只有教师主动、自愿的合作才能取得实质性的成效。教师敷衍、走过场的行为，不利于合作的深度开展。

2. 缺乏有效沟通

合作就意味着与他人的交流与沟通。教师的人际交往与沟通的能力也影响着教师间合作的进行。虽然班级教师工作大部分时间都在统一活动室中度过，但大部分幼儿园将班级教师分为“上午班教师”与“下午班教师”，班级教师分别在两个时间段带领幼儿开展活动。午休时间需要班级教师参加园内会议和教研活动，或交替看护幼儿。如果园内没有组织促进沟通的活动，班级幼儿教师的沟通时间少之又少，只能选择幼儿离园后进行。但除非需要处理重大事宜，很少有教师选择占用私人时间进行沟通，这就造成了班级内教师有效沟通的缺乏。

3. 私人矛盾影响工作

班级教师内部利益冲突，造成个人利益严重损失后，往往会产生私人矛盾。从而产生嫉妒、自傲等心理因素，妨碍了教师之间的合作。私人矛盾既不能使自己得到提高，也严重影响了教师整体的成长。如果产生矛盾而不及时解决，往往会将私人恩怨带入工作中，造成矛盾愈演愈烈，影响班级教育教学活动的开展，对班级幼儿带来消极影响。

三、增进班级教师合作策略

合作是教师适应现代教学和追求专业发展的必然要求，班级教师能否有效配合也是幼儿园班级管理成败的首要问题。幼儿园教师缺乏合作意识、合作情感、合作技巧，园所缺乏管理制度等问题，严重制约了幼儿园教师群体专业发展水平。通过总结分析，得到提高班级教师的合作水平的措施如下。

（一）赠权赋能，发挥最大潜力

适当赠权赋能，可以激发教师教育教学智慧，使每一位教师敢想、敢言、敢做。除了对班级主班教师的职权自主，园长应该重视配班教师这个特殊的团体，给予教师教学自主的权利来激发教师的主动性和创造性，在教学上留给教师较大的弹性空间，使配班教师可以根据幼儿发展需要选择教育内容，根据幼儿的兴趣把握最佳的教育时机，促进于本班教学质量的提高。把管理的责任真正委托给实际管理者和行动者，“权力下放”① 才能发挥配班教师的最大潜能，摆脱配班教师“受制于人”“低人一等”的尴尬角色。

（二）同化知识理念，促进教师发展

教师之所以需要合作是因为教学工作已经失去了挑战性，合作可以满足对教学环境进行挑战的需要。长期的教学过程能够使教学活动成为日常的责任，工作起来不再具有热情，而合作能够使教学工作更加新鲜和具有活力，激发个人的创造力和热情，教师可以摆脱与其他教师相脱离的孤独感。因而，合作为教师自由表达自己关心的问题、为提高自己的教学技巧而向同事寻求帮助提供了一个重要的社交环境。对于新手教师来讲，通过合作可以帮助新手教师将教师个人拥有的以教育理念与保教实践经验为核心的资源系统，与他人的文化等信息进行相互作用和融合，从而获得相关知识，提升专业水平。

（三）增进沟通，深度合作

由于合作的需要，教师倾听时要有移情和判断的能力，设身处地为他人着想，做到主动倾听和清楚表达相结合，能全身心地倾听对方的意见和感受，区分讲话人信息中的情感内容和理性内容，在对话中形成共识和行动方案。并把过去的知识经验应用到新的环境中，通过多感官搜集资料，创造、想象和创新，怀着好奇和敬畏，相互依赖地进行思考，保持不断学习的开放性。因此为达到增强教师间的沟通，促进深度合作的目标，幼儿园应积极为教师创造交流沟通和展示自己的机会，建立合理的激励和奖惩制度，如团建以班级为单位开展教师游戏、设置班级信箱、评选最美搭档等。通过树立教师合作榜样，增强教师对自身合作行为的反思，为其工作中的合作奠定基础。同时，班级教师不仅需要在内部相互沟通，还需要与园内其他教师进行信息交流、经验分享，才能使班级教师之间的合作保持新鲜。对于教师而言，恰当的表达、人际交往会帮助教师在合作中获得惊喜和赞美、深入学习的记忆、独特的学习经验以及继续努力的渴望。相反，冷漠、拒绝合作等行为不利于合作的有效开展。

---

① 龙君伟．校本人事开发与管理［M］．广州：广东高等教育出版社，2002.

（四）树立正确合作观与竞争观

合作的框架是：第一，信任与尊重；第二，配合与协作；第三，适应与创造；第四，反思与沟通。幼儿园教师的劳动具有个性和共性相结合的特点，每位教师在教育实践中都具有独特的个性化色彩。鼓励教师发挥个性的同时，要帮助教师树立整体教育的观念，将自己负责的工作看作是教育整体的一个部分，必须与别人相互合作才能完成。同时需要尊重不同个体各方面的差异，做到互谅、互信，才能形成有效合作。同时，教师应正确认识积极竞争的作用，理解其对班级保教目标的实现以及促进个体专业和身心发展等方面皆具有深刻的意义，开展积极的累积性竞争，切勿恶性排他性竞争，为了一己私利而损害集体的共同利益和目标实现。通过树立积极的自我效能感与自我价值感，不断努力，最终达到超越自我的目标。

（五）合理用人，形成合力

园所应营造以人为本、和谐发展的环境，给予教师充分的信任和权利，创建积极合作的教师文化，形成教师学习共同体和分享学习的机制。确保教师评价结果的公正性、客观性及教育的整体性，以免因为错误的评价机制造成教师不当竞争。幼儿园领导更要深入细致地了解每位教职工的思想状况、文化业务水平、工作态度与能力、个人爱好特长，以及健康状况和家庭情况等，从中发现各自所长，优化教师组合。

小　结

由于班级教师的组合与分配并非教师自身选择，在合作过程中难免产生摩擦与矛盾。通过沟通协商，巧妙地化解矛盾，能够保证班级教学活动的有效开展，教师专业能力的高速提升。

拓展阅读

[1] 张莅颖．幼儿园班级管理 [M]．北京：高等教育出版社，2010.

[2] 罗钧耀，石磊．幼儿园班级管理 [M]．北京：科学出版社，2014.

[3] 邢丽娅．幼儿园班级管理 [M]．北京：高等教育出版社，2010.

[4] 秦旭芳，向海英．学前教育管理学 [M]．长沙：湖南大学出版社，2015.

[5] 金晓梅．幼儿园班级管理使用教程 [M]．武汉：华中师范大学出版

社，2015.

[6] 肖智泓．幼儿园主班教师胜任力模型的构建 [J]. 学前教育研究，2010 (3).

[7] 杨克霞．浅谈幼儿园班级管理的策略 [J]. 学周刊，2019 (11)：169.

思考与练习

1. 班级管理中幼儿主班教师有哪些职责？
2. 班级管理中幼儿教师应具备哪些素质？
3. 幼儿园班级管理中教师合作具有哪些类型？
4. 假如生活教师与配班教师发生矛盾，主班教师应如何做？
5. 假如实习教师初入班级，班级教师应该如何引导？

第三章 日新月异，因地制宜
——适应工作管理

新生入园时，幼儿的入园分离焦虑是幼儿园必须关注的问题。入园分离焦虑在幼儿身上表现为焦虑不安、哭闹、拒绝进食、默默不语等。新生入园是教师们最辛苦，孩子们最爱哭，家长们最担心的艰难时期。怎样做才能让孩子们尽快适应新环境，喜欢上幼儿园呢？不仅幼儿需要适应，教师也需要适应，刚从学校毕业的新手教师如何快速适应幼儿园工作？本章将围绕这一系列问题进行详细阐述。

学习目标

1. 了解新生入园适应和离园适应的概念。
2. 了解新生入园过程中易出现的问题，学会用正确方法和策略应对。
3. 能够了解幼儿升小学过程中出现的问题，运用相关策略缓解幼儿焦虑情绪。
4. 掌握教师入职适应的常见问题及对策，并结合案例提供实践指导。

思维导图

- 适应工作管理
  - 幼儿适应工作
    - 新生入园适应
    - 离园适应
  - 教师适应工作
    - 班级适应
    - 教师入职适应

典型案例

分离焦虑不慌张，家园合力有妙招

妮妮是一位活泼开朗的小女孩，在入园前的家访中，她热情好客，表现得落落大方。初入园的前几天她的情绪较稳定，一周后妮妮突然爆发入园焦虑的一系列表现，从周日晚上开始担心，和家人商量不去幼儿园，与姥姥分别时大哭大叫，紧紧抓住姥姥衣服不肯进班。

出现这一反常情况后，我们及时和妮妮妈妈进行了电话沟通，妮妮妈妈反映，目前爸爸在外地工作，自己最近又在准备考试，对于妮妮的关心不如之前，但对于妮妮这些“反常”的表现并不能理解。于是我们首先对妮妮妈妈普及了幼儿入园焦虑的几个阶段特征，表示不必过于担心，并提出几点家园配合、关注妮妮心理变化的几点妙招。接下来的一周，妮妮很快渡过了焦虑的状态，在班级里也结交了新朋友。

（本案例来源于苏州工业园区新加花园幼儿园，张瑜）

案例中妮妮的入园问题在幼儿入园初期极为常见。那么幼儿出现这些问题的原因是什么？教师应该如何应对呢？

第一节　幼儿适应工作

每年一到开学季，新生来幼儿园报到，幼儿园里都会回荡着绵延不绝的哭闹声。如何应对新生入园适应和离园适应出现的问题？本节内容将为你答疑解惑。

一、新生入园适应

新生入园适应是指新入园的幼儿在从家庭到幼儿园这个转折过程中，能够逐渐认识到幼儿园环境的要求，从而从心理上和行为上做出调整以达到接纳幼儿园生活的过程。

（一）新生入园适应工作的原则与要求

1. 新生入园适应的原则

（1）循序渐进原则。

循序渐进原则是新生入园工作最重要的一个原则。梯度入园是较为合理的一种方式。梯度入园是指将幼儿入园的时间逐渐延长，将幼儿入园适应难度进行步步分解，从“晚来早走”到“早来早走”再到全体入园的一种坡度入园方式。梯度入园时短时间的分离重聚能够有效缓解幼儿的分离焦虑，这让幼儿明白分离之后还会重聚，分离的紧张水平会适度下降。所以，梯度入园分解了入园适应的任务难度，使幼儿能够逐渐应对不同的焦虑内容。

梯度入园分为五个环节，在每个环节中，要充分挖掘其内在的教育价值，抓住与家长互动的机会，来有效缓解孩子因环境陌生和能力不足带来的入园焦虑。第一步：重点是让幼儿熟悉教师及班级环境，为独立入园奠定基础。第二步：重点是帮助幼儿认识自己的物品，熟悉如厕、喝水、洗手等生活环节。第三步：重点培养幼儿独立进餐的习惯，教师熟悉每个幼儿的进餐情况，探索出纠正幼儿挑食的适宜方法。第四步：重点培养幼儿良好的午睡习惯并教给幼儿穿脱鞋袜及简单外套的技能。第五步：重点让幼儿熟悉幼儿园的一日生活作息制度，着重培养幼儿的一日生活常规以帮助幼儿重新建立新秩序感，新秩序感形成及建立将会给予幼儿归属感和熟悉感。

在梯度入园的方式中，将幼儿的焦虑原因进行分解，着重解决幼儿因环境陌生感和自立能力不强带来的焦虑，遵循了循序渐进原则。同时将目标层次分解放置于不同阶段的不同活动中实现，将幼儿的焦虑减到最低，缓解了入园焦虑。

（2）家园共育原则。

新生入园，家长担忧，这是一种普遍现象。作为家长都想了解孩子在幼儿园的情况，为了减轻家长的焦虑与不安，采用多种方式与家长互动，赢得家长信任和认可，实现有效的家园共育。可利用现代技术手段与家长沟通。可以建立班级微信群、QQ群等，将幼儿来园后学会的本领，如：叠衣服、卷袜子等拍照在微信群分享，引起家长的共鸣，做到家园统一目标，让家长及时看到孩子在幼儿园里的真实状态，减轻其担忧和焦虑。还可以召开阶段性家长会，总结每一阶段的工作，达到让家长理解班级教育、班级工作的目的。

新生入园是一份艰巨而细致的工作，其主要工作是幼儿园提升家长教育观念、寻求家长支持，以实现一致有效的家园共育，最终达到帮助幼儿提升信心及能力，缓解焦虑、顺利入园的目的。

2. 新生入园适应的要求

（1）要求家长采取适当措施参与。

要想消除幼儿新生的焦虑情绪，就需要家长采取恰当的教育方式，给予幼儿更多的信任。幼儿园可以通过主题家长会、园长讲座、主班教师谈话等途径进行家长教育，使家长对孩子新入园分离焦虑既有理论认识，又明确知道家长该如何与幼儿园携手陪伴孩子顺利渡过这一特殊时期，由此形成有力的家园教育同盟。另外，教师每天要与新生家长进行一次电话或当面交谈，反馈幼儿在园情况，了解幼儿在家表现，指导家长配合教育。对于个别情绪极端的“极力抗拒型、忧郁内向型、尿床型”幼儿，教师要定期进行家访和上门家庭指导，帮助幼儿尽快熟悉教师、适应幼儿园生活。这些家园沟通举措能有效地帮助孩子缓解分离焦虑症状，缩短分离焦虑期。①

（2）要求教师采取适宜的教学方式。

教师在日常教学时，要多与幼儿进行沟通和交流，开展趣味化的游戏活动，转移幼儿的注意力，使其能通过玩游戏逐渐爱上幼儿园的生活。对待不同性格的幼儿应采取不同的处理方法，教师需要让幼儿感受到来自教师的关心和爱护，同时还要让幼儿之间能和谐相处，告诉幼儿要懂得尊重他人，礼貌待人、相互礼让。

---

① 徐建华．有效缓解新生入园焦虑的策略：提前入园与混龄体验［J］．学前教育研究，2015（12）：58-60．

（二）新生入园适应的问题与策略

幼儿入园适应性问题，是指幼儿从家庭环境转移至幼儿园环境，通过自我调节及幼儿园环境的相互作用，提高生活自理能力，理解集体生活规则，形成人际交往等的过程而产生的问题。主要表现在以下几个方面。

1. 新生入园适应的问题

（1）环境适应问题。

幼儿自出生便生活在家庭环境中，在幼儿有了自主意识之后所熟悉的环境也是家庭环境，因而当幼儿进入幼儿园后，环境上的变化便可能引发幼儿的焦虑，事实上对于大多数幼儿来说，基于其年龄特点等因素，生活环境上变化所引起的幼儿焦虑是一个非常普遍的现象。就幼儿这一年龄心理特征来说，环境上的变化可能会使幼儿造成一种恐惧感，而且幼儿本身也会对新环境产生一定的抵触感，因而当环境发生变化时，幼儿便可能紧张、不安、哭闹等，也会产生恋家等情绪。

（2）人际交往问题。

幼儿在家庭中的主要人际交往对象为父母等亲人，而在幼儿进入幼儿园之后，其主要的人际交往对象就是教师、其他幼儿等陌生的人，人际交往对象发生了很大的变化。由于幼儿对父母有着很强的依赖性，当幼儿离开父母后必然会产生很强的恐惧感，这种恐惧感便是由人际交往变化带来的。

（3）生活习惯变化问题。

在家庭和幼儿园这两个不同的生活环境中，幼儿的生活方式也就发生了很大的变化，由于在家庭生活中幼儿已经养成了固定的生活习惯，如饮食习惯、休息习惯、娱乐习惯、活动习惯等。而当幼儿进入幼儿园之后，这种生活习惯就会发生相应的变化，幼儿园的环境和家庭环境差别很大。生活习惯上的变化对于幼儿来说，在焦虑情绪方面影响较大的有饮食习惯、娱乐习惯、休息习惯等，特别是当幼儿在家庭中的饮食同幼儿园饮食发生冲突时，就很可能造成幼儿产生焦虑情绪，甚至是拒绝吃饭。

2. 新生入园适应的策略

（1）努力营造和家庭相似的温馨环境。

对于环境变化所带来的幼儿园新生入园焦虑问题来说，这种原因是一种客观性存在的因素，幼儿园是解决这一问题的主体，因而幼儿园应当积极营造出较为温馨的家庭环境，特别是在同家庭环境的比较方面，应当着重靠拢家庭环境。环境变化给幼儿所带来的焦虑情绪是客观的，这一问题并不是环境的好坏造成的，对于幼儿来说，对于环境的认知主要在于熟悉程度上。因而对于幼儿园来说，在改善环境方面并不需要营造豪华的物质环境，而是应当尽量营造出与家庭类似的温馨环境。

(2) 鼓励幼儿结识朋友，发展新的人际关系。

在幼儿园新生入园后，鼓励幼儿积极和其他幼儿交朋友，发展新的人际关系是解决新生入园焦虑问题的一个有效途径，幼儿本身对于新鲜的事物和人都有着很强的好奇心，利用幼儿这一心理特点激发幼儿对于新的人际交往的兴趣，就能转移幼儿的注意力，从而解决焦虑问题。在幼儿园中，幼儿和同伴之间相互结识、交朋友也是培养幼儿人际交往能力的主要方式，可以让幼儿学到和同伴进行交流的方式，在这之中，幼儿也可以体验到友情。这样一来，针对幼儿园新生入园由于人际交往发生变化而产生的焦虑就起到了很好的缓解作用，利用人际交往对于幼儿的兴趣转移幼儿注意力，这一方法也是幼儿园中解决新生焦虑问题的十分普遍的方法。①

(3) 制订科学的幼儿成长方案。

幼儿园是专业的幼儿教育机构，拥有着比家长更为丰富的专业知识和经验，因而幼儿园应当制订出更加科学、合理的幼儿成长方案，包括活动、娱乐、健康等各个方面。科学的幼儿成长方案对于幼儿的身心健康发展有着重要作用，幼儿在进入幼儿园之前，其家庭教养方式和生活习惯的养成未必是正确的，幼儿园应当从专业的角度进行更正，并且及时同幼儿家长进行沟通，加强相关方面的指导。

幼教故事

插班生的格格不入

西西是2019年9月新插入中班的孩子，虽然和班上的孩子年龄相仿，但是西西的举动和这个集体显得有点格格不入，大家正在安静的上课，西西会趴在椅背上，发出尖叫，吸引老师和小朋友的注意；和同伴发生一点矛盾，西西会号啕大哭，嚷着要妈妈；午睡的时候，会在床上打滚，直到老师在一旁安抚，才会慢慢入睡……

随着学习环境、人际关系等方面的改变，西西来到这个新的集体，有着诸多的不适应，作为老师，有责任让班里的每一位孩子快乐地学习和生活，相信只要我们付出更多的爱，西西肯定会很快融入集体，喜欢班级。

（本案例改编自网络）

西西作为一名新插入班级的孩子，与班级小朋友有很多相处不融洽的地方。作为

① 庞丽娟．幼儿同伴社交类型特征的研究［J］．心理发展与教育，1991 (3).

幼儿园教师，不仅要对插班生进行家访，了解幼儿的相关情况，还要关注插班生与班级小朋友交往过程中的问题，适时介入，进行正确引导。

（三）插班生的适应工作

插班生是指非正常招生时段由于某种变化，从原本的幼儿园转入另一所幼儿园继续学习生活的幼儿。这一类幼儿具有一定的幼儿园生活经验、学习能力和社会交往能力。那么面对新来的插班生，教师应该如何应对呢？

1. 插班生的家访工作

插班生尽管少了许多对家庭的依恋，却因看着自然融合的“老生”们而多出些许“班外人”的孤独感。因此，插班生的家访，除了和新生家访一样做好诸多准备工作以外，必须明确它的目标不同于新生家访，而是旨在了解插班生的长处，开学后利用各种机会在班级展示，使其能够自信、主动地融入班级集体；同时了解插班生插班的原因：是由于搬迁等客观原因需要更换幼儿园，或是其他原因导致换园插班。最后，要了解幼儿的家庭背景、生活环境、亲友情况，做到心中有数，教育有的放矢。

2. 插班生融入班级的策略

对于每一位进入班级的插班幼儿，首先要根据报名的相关资料、家长的访谈、幼儿的行为观察等方式，对幼儿进行全面的评估和分析，做到对幼儿的发展水平、家庭背景、插班缘由等熟记于心，为下一阶段工作开展打下坚实的基础。

（1）了解插班幼儿发展水平。

每一位插班幼儿因为个性特征不同、学习习惯不同、心智不同等原因，以及原本学习生活过的幼儿园的办学理念不同、班级常规不同、教师的执教风格不同等客观原因，使得每一位插班幼儿处于不同的发展水平。教师只有对插班幼儿的发展水平有一定的了解，才能做到因材施教，创设出最有利于幼儿发展的学习情境，也能让幼儿更快地适应新的班级。

（2）熟悉插班幼儿家庭背景。

“家庭是幼儿的第一个学校，父母是幼儿的第一位老师。”为了更加完整地了解幼儿的个性特点，同时便于后期家长工作的沟通开展，需要对插班幼儿的家庭背景有所了解，更多地关注父母的知识背景、家庭教养模式和教育理念等。

（3）分析插班幼儿插班缘由。

综合来看，插班主要有两方面的原因：第一，当今社会经济不均衡发展，导致很多人面临着就业困难、工作调动频繁等问题，而对于这些人员的孩子来说，跟随着父母流动，进入新的幼儿园也就在情理之中；第二，随着家长自身素质的提升，对于幼儿的早期教育更加的关注和重视，各类型的幼儿园也处于高度竞争的状态，幼儿园的不断发展和提高也为一些家长提供了更多的选择机会。

二、离园适应

离园适应是指刚从幼儿园离开的幼儿容易产生一系列不适应的行为，比如焦虑、哭闹等，继而从心理上和行为上做出调整以达到适应离开幼儿园生活的过程。

（一）常见的离园类型

幼儿离开幼儿园的原因有很多种，这里介绍几种常见的离园类型。

1. 毕业离园

毕业离园是指幼儿毕业升入下一个教育阶段。随着孩子年龄的增长，幼儿园大班的孩子就要进入小学，这对于幼儿来说是人生发展中一个重大的转折点。教育家指出，儿童心理发展既有阶段性又有连续性。阶段性指不同阶段心理有不同特点。连续性指儿童心理发展的新特点是在原有特点基础上逐渐出现的。在儿童从幼儿园跨入小学的时候，儿童既保留着幼儿期的某些特点，又具有学龄期刚刚出现的某些特点，如果不考虑儿童心理发展的阶段性和连续性的规律，就会造成孩子在入学上的不适应。

2. 大班离园到幼小衔接机构

近些年来，大班幼儿离园到幼小衔接机构的现象愈演愈烈。幼小衔接问题也成为众多幼儿家长心中的紧绷之弦。幼小衔接机构爆热的背后，反映出的是家长普遍持有传统的教育观念，以及存在着学前教育误区。

针对这种情况离园的幼儿，首先，教师要与家长进行沟通，了解家长退园去幼小衔接机构的原因。其次，针对家长提出的问题，幼儿园提供相应的改善方案。最后，与幼儿进行沟通，并安抚幼儿的离园焦虑情绪。

3. 其他原因离园

幼儿有可能因为家庭住址变动、园所和家长的部分意见不合等突发原因导致幼儿离园。针对这种情况下离园的幼儿，首先应该与家长进行沟通，了解幼儿离园的根本原因。其次，针对幼儿离园的不同状况，与家长进行有针对性的沟通。最后，与幼儿进行沟通，并安抚幼儿的离园焦虑情绪。

（二）离园工作的内容与原则

1. 离园工作的内容

（1）幼儿园毕业典礼。

每一年幼儿园的毕业季不仅是送走即将毕业的孩子，同时也能展示园所的教学成果。大班的小朋友在老师的辛勤培育下顺利地完成了幼儿园美好幸福的学习生活，他们如同展翅的雏鹰要离开幼儿园，飞向更广阔的天空。为了让小朋友们表达毕业离园的惜别和感恩，可以为孩子们举行丰富多彩、具有纪念意义的毕业典礼，进一步激发小朋友们对幼儿园生活的留恋、对小学生活的向往。可参考以下活动形式：

第一部分：与幼儿园特色相结合的大型活动形式。

1）文艺乐器舞蹈类：

文艺汇演：传统大杂烩，几个节目按同一个主题串联；

音乐节：如果没有特别突出的乐器表演或者歌唱水平，便合在一起表演；

音乐剧：有较为突出音乐歌唱水平的表演形式，可以结合童话剧进行，水平要求较高；

家庭 show：以家庭出一个节目为单元的家庭团体 show。

2）美术类：

美术画展：突出美术特色的幼儿个人画展；

相片展：突出摄影摄像为特色的展览，可以结合家庭亲子参与的特定主题展；

涂鸦墙：以美术涂鸦的方式，在某墙体（园内或社区）上做出美术主题画；

主题绘画：以某个主题为框架的集体长幅作画；

纪念墙：以某种行为艺术（作品集、现场摆件、个人物品等）表现的主题纪念墙，长久保存。

3）体育类：

武术会：突出幼儿园武术特色的节目表演；

各项球类比赛：突出幼儿园某一项体育项目专长的班级、团体、个人比赛；

体能项目游园：体育项目尚未成熟，用体能游戏项目代替，作为集体参与的游园项目；

花式运动会：突出各项体能游戏、体育项目杂糅在一起的亲子运动会。

4）语言表演类：

童话剧：突出幼儿舞台表演的童话剧，对指导老师和排练水平要求高；

合唱团：突出幼儿团体歌唱水平的合唱节目，可比赛，也可作为歌会；

故事会：突出幼儿讲故事、口语表达水平的节目，可以比赛，也可以作为沙龙分享会的形式。

5）操作类：

陶艺陶瓷吧：集体操作陶艺陶泥制作陶瓷或成品摆件，并做展览的活动，突出幼儿园拥有的硬件特色，也可直接展出作品；

木工作品展：可自由也可主题制作木工作品的活动、展览或亲子操作，同样突出幼儿园拥有的硬件特色，需结合主题来体现。

义卖捐赠展：结合具体主题，将各种物品、玩具进行捐赠或义卖。

6）角色体验类：

孔庙开笔礼：结合幼小衔接做的毕业典礼成人礼仪式，突出仪式感。但此活动受限于孔庙组织方的条件与配合等。

第二部分：突出回忆、成长、感恩类的活动形式。

1）独立日：让小朋友独立住在幼儿园，自己刷牙洗脸、参加篝火晚会、赏烟花、看电影、讲心里话、谈未来理想。

2）角色体验日：在园内重温所有的第一次，升国旗、户外活动、穿衣服、吃饭，最后一次点名，模拟一路历程。最后通过一个仪式，迈过成长门。

3）游园拓展越野：深入了解幼儿园的角落，以拓展完成任务的方式回顾历程。

4）毕业旅行、远足、露营：和同伴一起经历一次独立考验，见证自己的成长。

5）植树纪念游：共同种下纪念树，欢歌笑语庆祝成长和收获。

6）走秀类：包括各种运动时装秀、卡通人物派对、环保时装秀等。

7）拓展体验营：参加主题式的户外拓展，体验成长历程。

8）慈善义卖活动：将三年积累的物品或自己做的美食、物件拿来拍卖或义卖，所得捐给慈善。

9）座谈分享会：同窗好友一起聊天、回顾、分享。

10）美食分享汇、自助晚餐：以吃为主题，可以分享美食，可以现场做菜，看主题需要还可以共享自助晚餐。

（2）做好入学准备。

幼儿在毕业离园进入小学后，需做好入小学前的准备。科学的幼小衔接是指依据儿童身心发展的阶段性和连续性规律，坚持以儿童为中心的视角，坚持顺应儿童未来发展的需要，做好幼儿园与小学两个学段的衔接工作。幼小衔接，一直是受到幼教工作者普遍重视的问题。《幼儿园工作规程》明确指出："幼儿园教育应和小学密切联系，互相配合，注意两个阶段教育的相互衔接。"① 对于幼儿来说，从幼儿园的小朋友成长为学校的小学生，角色变了，要求也变了。

小学和幼儿园的生活存在着一定的差异，如活动的组织形式，学习的习惯等，面临着许多不适应，所以幼儿园应进行有目的、有计划的社会性适应与学习适应教育，促进幼儿在入学前具有良好的心理准备，养成良好的生活习惯和学习习惯，认真做好幼儿园与小学的衔接工作，帮助孩子们顺利度过这个转折期，减少家长的焦虑和担忧，从多方面为幼儿入小学学习打好基础。

相关链接

2019 年全国学前教育宣传月"科学做好入学准备"视频

① 中华人民共和国教育部．幼儿园工作规程．北京：北京师范大学出版社，2001：12.

2. 离园工作的原则

（1）尊重的原则。

在教师与幼儿沟通的过程中，教师如果持有尊重的态度往往就像催化剂一样，会加速师幼沟通的进程，反之，则会打击幼儿与教师沟通的积极性。幼儿离园可能并不是出于幼儿自己的意愿，绝大多数是家长要求幼儿离园。如果是幼儿的意愿，教师可以与幼儿沟通，以积极的态度尊重幼儿，认真地倾听他们的诉说，对诉说的内容要做出积极的反应，点点头、微笑、询问、运用鼓励性的言语，身体的接触等表示，使幼儿感到与教师交流中有一份被关注、重视的尊重感，由此产生心理的极大满足，使幼儿与教师的情感产生共鸣，带给幼儿积极愉快的情绪体验。之后，再跟幼儿说明原因。

（2）平等的原则。

建立人格的平等关系，是师幼间沟通的基础。首先，教师必须尽可能地蹲下来同幼儿讲话，特别是幼儿同教师的身高反差较大，所以蹲下来同幼儿讲话，会给幼儿一种亲切感，就会拉近与孩子的距离，其次是幼儿年龄小，似懂非懂，因此，必须用幼儿能理解的方式与他们沟通。

（3）接纳的原则。

接纳的原则是指教师在与幼儿沟通中，对幼儿的情绪及发生的行为问题，不急于做出判断，而采取一种宽容的方式，表示接纳。即站在孩子的角度，用宽容的态度，在充分理解幼儿的基础上，进行沟通。这时，幼儿在情感上易于接受教师的启发和劝导，有利于问题的解决。

（三）离园工作存在的问题及解决策略

1. 离园工作存在的问题

离园工作中最常见的问题就是幼儿园正常升入小学后的衔接问题。幼小衔接是指依照儿童身心发展的特点，协助儿童顺利地从幼儿园阶段过渡到小学阶段。幼小衔接是儿童身心发展的客观需要，是由儿童身心发展规律决定的，它主要包括外在学习环境的衔接和儿童内在精神的衔接。幼儿园和小学有不同的文化和教学风格，既相互区别又相互联系。从儿童的内在学习而言，通过幼小衔接教育活动的设计，使得儿童即使经历从幼儿园到小学的过渡，依然受到一致的教育目标和期望的影响，仍然能够保持一种持续的状态。在幼小衔接过程中，可能会存在以下问题。

（1）单向性。

不少幼儿园把幼小衔接当作一项重要工作来做，积极开展幼儿入学前的准备工作，无论是在教学要求、内容、方法还是作息时间方面都主动向小学靠拢，而大部分小学不主动与幼儿园接触，也很少考虑初入学儿童的身心特点，造成了衔接工作的单向性。事实证明，双向准备才是解决幼小衔接问题的有效途径。

（2）片面性。

幼小衔接工作的片面性表现在重知识准备，轻能力培养，只关注儿童认识了多少字，会做多少算术题，不关心儿童的学习兴趣、学习习惯及学习能力，不关注孩子独立生活能力、交往能力、挫折的承受能力等；只关注儿童的生理健康，忽视儿童的心理健康。在非智力因素方面培养不够。广义的非智力因素指智力因素以外的一切心理因素，包括动机、兴趣、情感、意志和性格等。在学习中，非智力因素具有动力、定向、引导、维持、强化等一系列相互关联的作用。在幼儿园，由于教师较多地从幼儿的年龄特点出发，从他们的兴趣出发，采用游戏形式组织教育教学活动，主要利用儿童的无意注意。上小学后，需要儿童较多地进行有意注意，同时要有明确的任务意识、规则意识、自制能力、持续性、自我服务能力等，很多幼儿教师在这些方面都没有对幼儿进行有意识的培养。

（3）突击性。

有的小学在招收新生时，进行所谓的摸底测验，内容包括识字、计算等方面，并以此为依据决定是否接受新生入学或给新生编班。摸底测验的成绩也成为小学教师、幼儿家长衡量幼儿园教育、教学质量的标准。相应的，幼儿园则不得不在大班对幼儿进行突击训练。

（4）盲目超前性。

有的幼儿园为了迎合家长或过于考虑小学读写算的教育要求，将小学部分学习内容提前教给幼儿，背离《3～6岁儿童学习与发展指南》的要求，拼命在知识上加码，甚至用小学一年级课本进行教学，有的还把小学的一些做法如考试、留家庭作业搬到幼儿园，过早地让幼儿进行紧张的学习活动，致使儿童在入学后出现了下列一些情况：入学初感到学习很轻松，出现上课不专心、做作业不认真等现象，形成了不良的学习态度和习惯；随着学习内容的加深，难度的增加，“储备知识”用完，又缺乏认真学习的习惯，这时就出现了适应困难，导致学习“没后劲”等问题。

（5）表面性。

不少幼儿园的幼小衔接工作只停留在表面。如：在幼儿园大班，课桌的摆放形式有所改变，课间时间延长，游戏时间、活动数量减少，有些只组织幼儿到小学参观一下或请小学生回幼儿园介绍一下小学生活。而儿童的适应能力，有意注意的持久性，学习的主动性、积极性、自制力等常常被忽略了。学前教育的准备意识不强，没有具体措施。学前教育的性质是小学教育的准备阶段，《幼儿园教育指导纲要》中明文规定：幼儿园教育的任务是向幼儿进行德智体美全面发展的教育，促进幼儿身心和谐发展。《幼儿园工作规程》中明确指出：幼儿园是对三岁以上学龄前幼儿实施保育和教育的机构，属学校教育的基础阶段。① 但是仅停留在文件承认、法律规定上，缺乏具体实施措施。

---

① 中华人民共和国教育部．幼儿园工作规程．北京：北京师范大学出版社，2001：1.

2. 离园工作问题的解决策略

离园工作最常见的问题就是幼小衔接问题，那么幼小衔接问题有哪些解决策略呢？

（1）在观念上重视幼小衔接。

1）正确认识幼儿园和小学两种教育机构的不同。

从幼儿园教育到小学教育的转变过程中，儿童不仅面临学习环境的变化，还要实现角色期望及行为规范的转换。德国的哈克教授指出，处于过渡时期的儿童面临六个方面的断层问题：关系人的断层（教师形象的突然变化使他们感到压力和负担）；学习方式的断层；行为规范的断层（儿童进入小学后要重新认识自己，感性逐渐被理性和规则所控制）；社会结构的断层（儿童在与幼儿园伙伴分离后要建立新的人际关系）；期望水平的变化（家长和教师赋予儿童新的期望）；学习环境的变化。幼儿园与小学两种教育机构的不同表现在：

第一，学习环境的不同。幼儿园的活动室，一般布置得美观、生动、形象、富有儿童情趣，桌椅可移动，有自然角、图书柜、玩具，供儿童观察、游戏、劳动、娱乐之用。而小学的教室多数只有桌椅，座位固定，没有玩具、图书和其他设备，对儿童缺乏强烈的吸引力。

第二，师生关系的不同。《纲要》中指出：幼儿教师是幼儿的支持者、合作者、引导者。幼儿教师作为母亲的象征，总是保教并重，全天参加儿童的游戏、娱乐、日常生活等各项活动，对幼儿的冷暖、饮食、睡眠、如厕、清洁卫生各个方面都照顾备至，师幼之情往往形成亲密融合的心理气氛。在小学，教师主要精力放在教学上，重视完成各科教学大纲，注意教材的进度、作业批改及课堂纪律，增加了幼儿在适应中的心理距离，感到压抑和生疏。

第三，社会要求的不同。幼儿园以游戏为主要活动形式，游戏灵活，没有严格约束力、规范性，使每个幼儿在原有基础上得到最大发展，培养学习兴趣，学习的收获没有严格的评分标准，幼儿园教育是一种非义务教育。小学以上课为主要活动形式，须依据国家统一规定的教学计划、教学大纲和教材进行系统的文化知识教育，要达到一定的质量要求。小学生的学习是一种社会义务，必须系统地掌握关于自然或社会的基础知识、基本技能，接受基本的学习能力训练，这是社会赋予的责任。

第四，生活作息制度的不同。从睡眠时间来看，幼儿园大班的幼儿一天平均睡眠时间为 12 小时，小学一年级平均为 9 小时左右，两者相差两小时左右，幼儿的上课时间与小学差别更大，上课是需要意志控制的智力活动，幼儿园大班每天上 3 节课，自由活动、游戏时间较多。小学一年级学生每天上四五节课，游戏时间较少。小学生晚上一般都有家庭作业，往往做完后才休息。

第五，教育内容、教学方法的不同。幼儿园以发展口头语言为主，学习周围环境和日常生活中的粗浅知识技能，不强调系统性。小学以学习书面语言为主，强调系统的文化知识教育和读、写、算的基本训练。幼儿园从幼儿思维的具体形象性出发，较多采用直观教具和多样化的方法，而小学形象化的教学方法逐渐减少。

2）正确认识幼儿身心发展的客观规律。

第一，生理方面。儿童在不同发展阶段，机体各器官和系统发展成熟的程度不同，如在运动的技能方面，幼儿园的儿童会走、奔跑、跳跃、弯腰、下蹲及会运用脚、身躯和手指做各种动作。在入小学之前，他们的走、跑、跳、攀登、投掷等基本动作逐渐熟练和协调，但肌肉动作仍不够灵活和准确，进入小学后，还要经过一个发展、练习的时期。

第二，心理方面。儿童的注意、感知、记忆的随意性，思维、语言能力，情感和意志水平在不同发展阶段有鲜明的质的差别。在社会性发展方面，幼儿园的儿童自主性逐渐增强，对同伴交往的需要日益迫切，但集体意识、坚持性和自制力的进一步发展还要在小学阶段完成。

（2）在实践中可选择的策略。

做好幼儿园与小学的衔接，使幼儿尽快适应小学的生活，是一个较为复杂的问题，仅仅依靠幼儿园的力量是难以解决的，需发挥幼儿园、小学、家庭三方面的积极性，共同做好衔接工作。

1）幼儿园是做好幼小衔接工作的关键因素。

幼儿进入小学前必须达到一定身心发展水平，才能适应小学的学习和生活，而幼儿的身心发展水平在很大程度上取决于幼儿园的保教质量。因此幼儿园必须通过各种保教手段提高幼儿各方面的素质，增强环境适应能力。

第一，促进幼儿身心的全面发展。入小学后，学习环境、内容、节奏等发生很大变化，要求儿童从体力、精力到心理等方面适应。在幼儿园阶段要保证幼儿充足的营养和休息，防治疾病，注意安全，使幼儿身心健康；保护和训练幼儿的感官，培养幼儿独立生活能力；培养幼儿学习的兴趣和求知欲；发展幼儿的思维和语言能力；培养幼儿动手操作的能力；培养幼儿良好的个性品质，如保持愉快、饱满的情绪、活泼开朗，学会分享、合作、互助；重视幼儿非智力因素的培养。

第二，与幼儿家长、小学教师保持密切联系。《纲要》很重视家园合作。幼儿园要定期和不定期与家长交流育儿知识，提高育儿素质，经常保持联系，纠正不正确的态度、方法，家园教育一致。幼儿教师主动与小学教师联系，如通过个别访谈、组织参观活动、座谈会等，倾听意见，不断改进教学内容、方法，为小学一年级教师准备一份较为详细的幼儿各方面发展情况表，以便全面系统了解。

第三，做好幼儿园大班后期工作。幼儿园大班应更集中、更直接地对儿童进行入学准备教育，为幼儿做好体力、智力、品德、意志和生活习惯等方面的入学准备。幼儿教师要向大班幼儿介绍小学情况，并创设条件，使幼儿能与小学有直接接触机会。例如：组织幼儿参观附近小学，逐步熟悉小学环境，观察一年级上课情况，培养幼儿上小学的欲望；请一年级小学生回园谈学习体验与收获；向大班幼儿提出要求，逐步养成小学生应有的良好行为习惯和学习习惯；做好大班幼儿的毕业离园活动。举行毕业典礼，可邀请小学教师或小学生代表参加，会上有代表讲话表示祝贺和对孩子的美好祝愿，并提出希望。

2）小学是做好幼小衔接工作的重要因素。

第一，小学应全面了解幼儿、熟悉幼儿园工作。小学教师要深入了解幼儿园，了解幼儿在家表现、父母的态度、家教环境，指导家长为幼儿入小学做好必要准备，尽量与幼儿接触，谈论幼儿感兴趣的问题，消除幼儿的陌生感。

第二，科学制定小学初期的生活制度，努力减少“坡度”，一年级教师应根据本班儿童的实际情况和大班后期课程设计的特点，适当安排入学初的课程、课时，增加活动性课程，减少知识性课程，增加户外活动时间和儿童感兴趣的活动，尽量减少作业任务、控制家庭作业量，动静搭配，寓教育与游戏中，调动儿童的学习积极性。

第三，配合幼儿园做好大班后期衔接工作。小学教师要热情接待来参观的幼儿，开展活动时主动邀请大班幼儿，教育小学生热情照顾幼儿园小弟弟小妹妹，加深幼儿对小学的了解，并对小学环境、老师、同学产生亲切感。

3）家庭是做好幼小衔接工作不可缺少的因素。

第一，家庭要重视幼小衔接工作，激发幼儿入小学的积极性，家长要了解幼儿园、小学在各方面的区别，及小学对新生的要求，了解孩子的发展水平和存在的问题，调整教育方法，带幼儿参观小学，接触邻居小学生。

第二，安排好孩子的假期生活，制定科学的暑假作息时间表，安排好孩子的生活、学习，使之有规律。培养孩子的生活自理能力和良好的生活习惯。

第三，帮助孩子度过“困难期”。孩子即将进入陌生的学习环境，面临新的学习任务和与人交往，家长要助孩子一臂之力，照顾好孩子，保证充足营养；帮助孩子解决小学中的困难，进行正确启发、诱导；引导孩子正确处理学习与玩的关系，对待与同伴交往中的矛盾，学会商量，懂得谦让。如果遇到难解决的问题应主动向小学教师联系。

总之，幼小衔接是教育整体改革上的一个重要内容，只有搞好幼小衔接，才能使儿童身心健康发展，保证基础教育质量提高。教师应对处于衔接年龄阶段儿童的身心发展和学习规律做进一步探索，不断寻求符合我国国情的幼小衔接的途径，帮助儿童顺利地解决好其间的过渡和衔接，使千千万万儿童健康、活泼、愉快地成长。

小　结

在学前教育阶段，幼儿从家庭过渡到幼儿园，从幼儿园过渡到小学，幼儿容易出现诸多的不适应行为。在这两个重要阶段，若能把握好教育契机，提前对幼儿进行针对性的训练，会产生事半功倍的效果。

第二节 教师适应工作

教师作为幼儿教育的主要实施者，是否能够很好地适应自身角色，对其自身教学水平的提高与幼儿身心的健康成长均具有重要意义。幼儿教师刚从学校毕业，无法适应幼儿园教师角色且备感压力应该如何调节？从教多年教师接手他班工作应做好哪些准备呢？本节内容将为您解除疑惑。

一、班级适应

班级是幼儿园进行保教活动的基本单位。班级适应是指个体在班级内外部环境中相互协调的状态，是幼儿教师社会适应的一个重要方面。

（一）班级适应的内容及原则

1. 入园准备工作

入园准备工作是指在幼儿进入小班之前，教师为幼儿做好的各项准备。主要包括以下几点：

（1）家长会。

1）明确家长会的重要性及对家长的要求，并做好签到工作；

2）认真准备教师发言稿，尽量脱稿发言；

3）家长会内容：班级介绍、幼儿园作息、一日活动安排、新生入园前的准备工作、新生入园时有可能出现的各种情绪状态及家长的应对、家长的配合要求、如何缓解家长与孩子的焦虑情绪、家长与家长之间建立良好的关系、引导家长之间互相认识或介绍自己的孩子、如何站在孩子的角度看问题等。

（2）家访。

1）注意家访中礼仪，要提前商量好时间；

2）家访时要始终和孩子及家长一起，不探究家庭教育以外的内容；

3）以听为主，注意观察，适时提问，不多评价，可以给一些小建议。

（3）入园初期。

1）站在孩子的角度真正理解孩子的分离焦虑，才能更好地关爱孩子；

2）站在家长的角度理解家长的分离焦虑，安抚家长的焦虑情绪，以免家长的焦虑影响干扰孩子；

3）建议家长不要在工作时间打电话，使教师能更好地关注孩子；

4）教师以多种方式让家长了解孩子在园情况，以缓解家长的焦虑情绪，信任班级的工作；

5）发现有特别焦虑紧张状态的孩子，注意家庭教育环境情况，做好家长的引导工作，使孩子有更安全的感觉；

6）可以让孩子带一些最喜欢的、安全的物品，如玩具，书等，让孩子有特别亲近熟悉的感觉，有些孩子有对物品的依恋，不在分离焦虑期强行改变，可以放在孩子熟悉环境之后；

7）主动如实地回答家长的提问，满足家长的知情需要，决不可以隐瞒和欺骗家长，这是家园长期合作的关键；

8）与家长沟通时，绝不给孩子下定义、贴标签，要以发展的眼光，客观地看孩子，更有助于孩子成长；

9）沟通要具体化，以描述的方式介绍孩子在园的情况，不做主观评价。这一点非常重要。同时，当教师没有看到孩子的情况时，如实表达，但同时在今后的工作中更细致观察；

10）教师要尽可能调整好自己的心理，用正确的教育理念去面对孩子。①

2. 接手他班工作

接手他班工作是指旧班级的主班教师由于身体、工作变动等原因不能继续带领这个班级，需要新教师接手这个班级的日常事务管理。面对旧班，幼儿园教师首先要做的是怀有一颗平常心，认真地对待每个孩子与家长，有重点地开展工作，更好地促进孩子健康成长。主要包括以下内容：

（1）主动了解班级基本情况。

当教师接手一个旧班，首先要了解这个班级孩子与家长的情况，比如：本班孩子的性格特点，发展情况（学习、吃饭、睡觉等）；本班孩子的小名，主要接送人；孩子的家庭情况，父母是否离异，父母长期外出等；各个孩子的家庭电话、主要联系人；其次，与班级的主班/配班老师、生活老师熟悉起来，了解班级的常规，具体的工作分配等。

---

① 王玲艳．如何帮助幼儿做好入园准备［J］．教育导刊，2008（01）．

（2）主动召开家长会或座谈会。

在了解了班级的基本情况后，老师可以在开学初开一个家长会。在家长会上，老师应告知家长换老师的原因和幼儿本阶段的发育特点，让家长了解到教师教育风格的差异，明白这都是为了顺应幼儿成长的需要。

在家长会上，老师需要注意：介绍自己的教学情况，语气要平和、诚恳；适当地表现出自己的“不熟悉”，鼓励家长多与自己沟通，密切联系；重申幼儿园的规章制度，让家长能继续支持幼儿园的活动；留下联系方式，告知家长如何找到自己。

（3）耐心地对待每个孩子。

当老师接手旧班后，孩子们也需要一个适应新老师的过程。这时，老师不要操之过急，想着赶紧和孩子们打成一片，而是给孩子更多空间，让他们逐渐来认识、了解这个新老师。

所以，需要先去观察每个孩子，去抓准每个孩子的特点，然后再一步步去调整教育策略，去满足孩子的成长需要。教师要赏罚分明，切不可以新老师为由，而纵容孩子的各种行为，破坏班级常规。

（4）灵活处理班级事务。

刚接手这个班级，老师要学会与配班老师、生活老师相互配合。关于班级的事情，老师应多和自己的配班老师商量，共同分担；对于孩子的情况，应多与生活老师交流。

3. 班级适应的原则

（1）师生平等原则。

当前我国倡导管理型幼师转变为服务型幼师，该项举措更是体现了平等师生关系的理念。在公平合理、和谐融洽的班级环境中学习，有利于幼儿形成正确的社会常规。在保教工作中，要始终坚持师生平等的原则，结合教学实际，合理采用配套方法与措施，破除权威观念，在满足幼儿基本需求的同时，实现自我管理、自主探索、追求真理的目的。特别是在适应班级的过程中更要遵循该原则，树立正确教育理念，加快与新班级的适应时间。

（2）结合实际原则。

有效的班级管理必须结合实际，并将各项措施落到实处。每个班集体都是独立存在的，教师要把握各自的特点，在充分了解班级内部要素的前提下，切实做好常规班级的管理工作。在新班级中，教师要根据该班级幼儿的心理特点和生活习惯，制定科学合理的班级管理方案，提高管理工作的针对性，同时细化各项工作，确保班级管理工作的有效性。

（3）言传身教原则。

从教育效果的角度来看，言传身教的效果远远胜过口头教育。关于幼儿个性心理特征的研究中提到：在幼儿发展前期，幼师属于权威人物，与家长和朋友不同，其在幼儿心中有着无法比拟的崇高地位。由此可见，幼师在教学工作中应当严于律己，既要具备良好的保教能力，又要规范自身的言行举止，在幼儿面前树立起良好的教师形象，建立起家长对新教师的认可和信任。

（二）班级适应的问题及策略

1. 班级适应的问题

（1）未能及时适应班级的转换。

幼儿教师带领曾经的班级已经建立起了班级常规，突然间接手新班级会有些不知所措，发现接手新班级并没有想象中那么轻松，不仅需要组织活动、备课，还要负责幼儿的安全、卫生、饮食起居，工作十分烦琐、劳累，因此经常感到力不从心，由此产生失落情绪，自信心不足。另外，由于家长和幼儿不适应突然间更换的新教师，也会增加幼儿教师的心理压力。

（2）职业关系处理不当。

教师是否能够顺利开展教育活动，与其职业关系的处理能力有着重要的联系。教师若未能及时适应新的班级环境，再加上自身经验和能力不足，就无法做到同领导、家长和配班教师的有效沟通。另外，还有研究表示，家长对新教师存在不信任的心理，同时对事情的理解太过片面，只是听信孩子的说辞，有时会误解教师的行为，因此严重影响了幼儿教师的工作信心。还有在与同事关系的处理上，由于基本都是女同事，交流时易发生矛盾，会进一步增加幼儿教师的工作压力。

（3）职业能力不足造成压力。

幼儿教师的职业能力是多种职业能力的结合体，需要幼儿教师同时掌握环境创设与利用、游戏活动支持与引导、一日生活组织与保育、教育活动计划与实施、沟通与合作等七项基本专业能力。新入职教师由于自身经验不足，且刚接手一个全新的班级，与其他教师的工作能力有着明显的差异，易产生心理压力。

2. 班级适应的对策

（1）加强接手新班的教师的职业指导。

为使接手新班级的教师更好更快地适应自身的角色，幼儿园应充分发挥整体调控作用，定期开展新教师的初期适应、培训工作，帮助教师克服心理障碍，进而为日后的教育工作做好准备。同时，还可建立“一带一”的工作模式，由经验丰富的教师来带新教师，实现一对一的帮扶，提高新教师在歌舞、钢琴、语言等方面的能力，并使新教师学习到老教师的优秀经验，做到扬长避拙。

（2）构建完善的交流平台。

教师教育活动的顺利开展需要依靠教师同领导、家长、同事间的有效沟通与交流。对此，幼儿园应积极组建一些实践活动，为教师同领导、家长、同事沟通、交流搭建平台。新教师在与同事交流时，应本着谦逊的态度向其他教师请教。而在与家长交流时，教师应基于专业知识，站在不同角度来与家长交谈，实现家园共育。另外，园长也应放低姿态，多与新教师交流，打消其对自己的敬畏感，进而加强新教师的工作信心。

二、教师入职适应

教师入职适应是指教师进入幼儿园新环境所面临的适应问题，包括角色、专业能力、工作环境（物理环境与心理环境）等各方面的适应。良好的职业适应能力不仅有助于幼儿教师的专业成长，而且关系着幼儿园的发展和幼儿教育质量的提高。

（一）入职适应的内容

不同类型的教师有不同的适应内容及应对策略，下面介绍四种常见教师的入职适应：准幼儿教师的入职适应、新手教师的入职适应、转岗教师的入职适应、男教师的入职适应。

1. 准幼儿教师的入职适应

准幼儿教师的入职适应是指在校学习学前教育专业的学生，通过顶岗实习的方式参与到幼儿园实践中去。学前教育专业学生的顶岗实习是他们从学生转变为教师的桥梁。学生在这个过程中要通过观察和模仿完成专业技能实践，经过反思和内化形成教育观和教育信念。顶岗实习是幼儿教师职业生涯的第一步，也是职业适应过程中的一个环节。① 学生如果能够很快适应这个过程，就能进入专业成长期，为以后的职业生涯打下良好的基础，积极乐观向上的工作心态会伴随其教育生涯。相反，学生如果在这个过程中遇到障碍，又得不到相关的支持与帮助，适应过程就会停滞，他们即便能进入幼儿教师的行列，顶岗实习中的负面情感也会使其产生“入错行”的感觉。

2. 新手教师的入职适应

新手教师的入职适应是指首次接触到幼儿园教师工作的教师群体，普遍没有各方面的工作经验，逐渐成长成为有经验的幼儿园教师的适应过程。教师作为幼儿教育的主要实施者，能否很好地适应自身角色，对其自身教学水平的提高与幼儿身心的健康成长均具有重要意义。新入职教师大多刚从学校毕业，虽满怀热情，但其在角色适应上无所适从且备感压力，亟须探索有效的措施来解决这一问题。②

幼儿园新入职教师角色适应问题不仅关乎幼儿园的教育重量，还对幼儿的健康成长有着重要的影响。对此，幼儿园必须做好新入职教师角色适应的引导和管理工作，正确认识到其中存在的问题，切实提高新入职教师的适应能力和工作能力，推动我国幼儿教育事业的更好发展。

---

① 任平．新入职幼儿教师职业适应影响因素及应对策略［J］．陕西学前师范学院学报，2014，30（10）：10－14.

② 张筱良．新手幼儿教师的专业成长途径［J］．学前教育研究，2008（8）：20－22.

3. 转岗教师的入职适应

幼儿园转岗教师是教师群体在非正常流动下出现的一种特殊现象，一般指从非教师职业转入幼儿教师职业、从中小学教师职业转入幼儿教师职业的人员。

心理学研究发现，个体如果长期在某种环境中生活并适应该环境后，便会产生在思维方式和行为上的“固化”状态，一旦转移到新环境时，就容易产生某种程度的不适应。对转岗教师而言，变化的不仅是环境，更面临着教育观念的差异、教育模式的不同、教育内容与方法的错位，“固化”的状态极有可能成为加剧学前教育“小学化”的重要推手。因此，改变转岗教师的教育观念是至关重要的。

4. 男教师的入职适应

幼儿园男教师特指具备幼儿教师资格、通过幼儿园教师招聘考试并任教于幼儿园一线教学工作的男性教师。男教师加入幼儿教育队伍不仅能够促进幼儿身心和谐发展，而且能够推动幼儿教育事业的发展。

首先，幼儿园是男幼儿教师工作场所，幼儿园对男幼儿教师的科学定位和使用情况直接影响他们的职业认同和职业满足。幼儿园的一些保守思想和功利做法，限制了男幼儿教师的优势发挥，不利于他们的入职适应和价值实现。

其次，男幼儿教师进入幼儿园工作后，会面临来自社会、家庭、经济等多方面的压力，一旦处理不好，就容易迷失自我，失去职业幸福感，出现职业倦怠。男幼儿教师相对女老师而言，专业基础不牢，教育技能相对较弱。开始独立带班时，他们的缺点就暴露无遗，若职后培训机会不多，职业压力会不断增加，会影响他们的入职适应。男幼儿教师自身心理素质也是影响他们入职适应的重要因素。

最后，男幼儿教师入职适应是他们专业成长的必经阶段，也是一个需要关注的特殊时期。幼儿园需要关心男幼儿教师心理健康，科学定位，合理安排，扬长避短，充分发挥他们的性别优势，为他们营造快乐融洽的工作氛围，更好地促进男幼儿教师适应幼儿园工作。

（二）入职适应的常见问题及对策

大多数新入职幼儿教师在入职 3 年内会经历几个共同的阶段，即职业认同、职业规划及职业发展三个阶段。不同个体对各阶段的适应状况及适应能力存在明显差异。

1. 入职适应的常见问题

（1）职业认同阶段的适应问题。

1）预设工作状态与现实工作状态差异带来的失落。在正式进入工作后，大多数幼儿园教师觉得真正的工作状态与所期待的完全不同。预设的工作状态是组织活动、带班等带有主导性的任务，但现实状态却是类似保育员的工作。这种现实与预设的差距让很多新入职教师在不同程度上产生了失落，有被访者表示曾想过放弃，也确实有人因此离开幼师队伍。预设工作状态与现实工作状态差异带来的失落直接影响了新教师对于职业的认同。

2）理论与实践能力不足带来的挫败。在安全度过入职后第一个心理波动期后，新教师们逐渐获得带班机会，但是在获得机会之后都出现了不同程度的问题，如活动秩序、教研科研、技能不足等，这些问题直接影响了活动组织的效果，对新教师日后的工作产生一定影响。同时，理论与实践能力不足带来的挫败直接影响了新教师对于职业的认同。

3）人际与环境不和谐带来的困惑。很多幼儿园教师在首次入职时，见到领导及新同事前非常紧张，但大多数人表示这种紧张会在入职后渐渐消失，仍有小部分人表示这种紧张及压抑会伴随着工作，且会影响工作。另外，在工作之初的紧张除了园内因素之外，还有家长。家长对新教师的不信任、不认同会在很大程度上影响新教师的工作信心，也影响了新教师对于职业的认同与适应。

（2）职业规划阶段的适应问题。

1）认同、成就的推进与实际能力的矛盾。教师一般在 1 年左右完成对职业的主动认同，并在实践中提高了能力且获得了一定的成绩。但是个别的、偶尔的几次认同和成就让其对自己进行不合实际的目标定位，也因此产生不同程度的挫败。

2）不全面的自我认识与现实的矛盾。幼儿教师在具备独立工作的能力之后，希望获得不同程度的进步，如参加培训、参加评优评奖等。但在现实中发现，业务提高不是所想的那样片面，教研、科研不是所想的那样容易，家园合作也不是所想的那样轻松，事实上，新教师对于自我能力的认识是不全面的，也因此为自己制定了超出能力的目标。在屡次无法完成的状况下，挫败感油然而生。

（3）职业发展阶段的适应问题。

1）工作任务与理想的差距。顺利进入此阶段的教师认为应该为日后的发展做些准备，如提高学历、参加培训、考证等，但繁重的工作任务让相当一部分教师无法实现这些愿望。幼儿园的工作是烦琐的，除教育之外，保育也是一个非常重要的环节。幼儿的日常起居、幼儿的在园安全、环境创设、节日、开放日的准备和表演，都是不可缺少的重要环节，也都是幼儿教师肩负的任务。因此，在工作的压力下，新教师们表示有些理想在实现的过程中是存在困难的。

2）不合理的心态与成功的差距。虽有一部分教师能够克服外界问题，完成对自身的正确定位并为之努力，但她们也表示，在此过程中易烦躁难坚持，且自己在进步的时候未得到认同与鼓励，在很大程度上影响其坚持下去的信念。

2. 入职适应常见问题的对策

新入职幼儿教师在入职之后或多或少存在一些问题，主要来自入职初期的职业认同不良、自我定位与规划偏差、自我发展受多因素限制等，因此需要自身的努力改善和园所的支持。

（1）内部：个体自身方面。

1）注重“职前”阶段的能力培养与心理建设。新教师入职的起始阶段对职业认同存在一定问题。这种认同大多是对于幼儿教师角色认识不全面引起的。鉴于此，建议学生在各高等院校、职业院校等学校就读期间，对幼儿教师职业特点、要求进行普及，并锻炼综合素质与能力。

2）提高自身综合素质，灵活处理人际关系。新教师的综合素质是影响其职业适应的关键因素。很多教师会因业务、能力、心态不良等问题产生阻碍职业适应的因素，但这些问题大都是可以通过其自身调节予以解决的，且具有反思能力的新教师在适应过程中呈现良好的状态。因此，新教师应提高自身综合素质，通过自身能力的提高在一定程度上排除影响职业适应与规划的障碍。

3）对自身设置合理期望与规划。新入职教师在基本适应职业要求后大多会对日后工作有一定的期望与规划，但前提是新教师必须对自我有正确的定位与认识，这不仅包括对自身业务能力的定位，也包括对自身闲暇时间、园所条件、同伴关系以及自我协调能力等的综合认识，以完成合理的阶段性规划，目标制定得过高或过低，都将不利于自身的发展。

（2）外部：园所方面。

1）关注教师在入职初期遇到的问题与变化。新入职教师对于他人给予的认同是十分期待的，且会让其产生无穷的动力。因此，作为幼儿园管理者，应对入职初期教师遇到的问题与变化予以关注。这种关注并非简单的肯定，在其遇到问题和挫折时帮助其分析原因并寻找解决方式；另外，家长的态度会在很大程度上影响新教师的自信，因此在家长工作环节中，也应对新教师予以理念和方式的指导，同时恳请家长用正确的态度对待新教师。

2）尝试“老带新”的导师制培养模式。如今新入职幼儿教师大部分为应届毕业生或之前无工作经验的教师，在入职之后需要适应的问题较多。因此，在业务学习方面，可以安排一对一的“老带新”指导，以“导师制”的方式帮助其快速进入幼儿园教育环境。且除业务训练之外，对新教师的日常生活及人际关系处理也予以关注，这是帮助新教师快速融入集体、快速适应职业的有利方式。

幼教故事

新手教师，请多关注

Alice 老师是工作六年且有经验的教师，Amanda 老师大学刚毕业，只有学校的实习经历。Amanda 刚去班级的一两周，班级工作的重任都压在了 Alice 的身上。Alice 不仅要忙班级的事情，还有党建方面的工作，同时还需要指导 Amanda，每天回家都疲惫不堪，继续处理工作上面的事情，同时兼顾家庭琐事。利用回家路上的时间 Alice 在思考，如何能快速地让 Amanda 适应新环境并掌握基本工作流程，几天的相处，Alice 想到 Amanda 是一个极其认真和负责的教师，就是做事情比较慢，同时对流程很不熟悉。Alice 回到家第一件事情就是找到纸和笔将配班教师的一日职责和工作流程的重点用图文并茂的形式写了下来，并将纸整齐地装在了文件袋里，准备第二天拿给 Amanda。Amanda 拿到后很开心，每到不知道做什么的时候就找到这份流程指南，慢慢地随着越来越熟悉工作流程，就不再需要这份流程指南了，两个人之间的配合也越来越默契，工作也能更加顺利地进行。

（本案例来源于内蒙古包头市赫尔辛基幼儿园教师，张晓旭）

案例中 Alice 发现 Amanda 工作中存在的问题和工作特点后，巧妙地将一日工作流程用纸笔记录下来，这一方法有效地帮助 Amanda 熟悉工作内容，两人工作契合度也越来越高。老教师在指导新手教师过程中，能够发现新手教师的工作特点，设身处地地为其着想，悉心给予帮助，帮助新手教师快速适应幼儿园工作。这种“老带新”的培养模式为班级教学顺利开展提供了有力的支持，也为新手教师的专业成长提供了良好的平台。

3）满足幼儿教师职后学习的欲望与机会。如购置图书资料、团队业务学习、定期培训、鼓励进修等，在幼儿园学习氛围、学习环境上为新教师的职后学习提供条件。这种合理期望的满足会为其职业适应与职业发展奠下良好的基础。

小 结

幼儿园教师在职业生涯的不同时期所面临的问题不同，遭遇的职业困境各异。幼儿园教师的入职适应也是一个动态的、持续的过程，根据教师专业成长的不同阶段所面临的问题，应该采取灵活性、针对性的措施，除了教师自身做好“自我调适”外，幼儿园也应该给予更多的人文关怀，在最短的时间内帮助他们适应职业，找到归属感与安全感，稳定教师队伍，提高学前教育的质量。

拓展阅读

[1] 朱智贤．幼儿心理学 [M]．北京：人民教育出版社，2003.

［2］崔淑婧，刘颖，李敏谊．国内外幼小衔接研究趋势的比较［J］．学前教育研究，2011（4）：53－60．

［3］刘磊．澳大利亚幼小衔接中多元合作的实施策略［J］．学前教育研究，2015（6）：26－30．

［4］王小英，刘洁红．幼小衔接中大班儿童心理压力分析——基于儿童视角的研究［J］．学前教育研究，2018（2）：3－11．

［5］崔荣华．家园配合，做好幼儿入园前的准备［J］．幼儿教育，2000（11）．

［6］任平．新入职幼儿教师职业适应影响因素及应对策［J］．陕西学前师范学院学报，2014（5）．

思考与练习

1. 幼儿园离园工作存在哪些常见问题？常见的解决策略有哪些？还能想出更好的解决策略吗？

2. 教师在接手他班过程中需要注意哪些问题？

3. 新手教师在入职适应过程中还可以采取哪些方式适应新工作？

第四章　寓教于乐，以幼为本
——班级教育活动管理

班级教育活动管理是对幼儿生活活动、教学活动及游戏活动的管理，是幼儿园班级管理中的重要组成部分，直接关系着幼儿在园生活质量。班级教育活动管理是建立在科学合理的管理思想和方法之上，以幼教实际问题为基础的管理。如何将班级教育活动管理得井井有条，寓教于乐，以幼儿为本，成为许多幼儿教师关心的重点问题。通过本章的学习，我们来了解幼儿班级教育管理的核心及常见问题等基本知识。

学习目标

1. 了解班级教育活动管理包含的管理内容及班级教育活动的基本内容及基本要求。

2. 领会班级教育活动管理的重要性及意义。

3. 掌握班级生活活动、教学活动和游戏活动管理中的重点难点，熟悉这项工作的特点。

4. 运用理论知识对班级教育活动管理中的常见问题进行分析，提出解决策略。

思维导图

- 班级教育活动管理
  - 生活活动的管理
    - 一日生活活动的基本内容
    - 一日生活活动的基本要求
    - 一日生活活动常见的问题及对策
  - 教学活动的管理
    - 教学活动的基本内容
    - 教学活动的基本要求
    - 教学活动的常见问题及策略
  - 游戏活动的管理
    - 游戏活动的基本内容
    - 游戏活动的基本要求
    - 游戏活动的常见问题及对策

典型案例

“小卫士”修炼记

幼儿天性活泼好动，怎样才能避免每天盥洗环节中经常出现的争抢、推挤等现象呢？小月老师决定在班级开展“小卫士”守护活动，让小朋友们轮流担当盥洗小卫士，督促盥洗的秩序、检查小手洗得干不干净，孩子们都兴奋地举起小手参与。

自小卫士活动开展后，孩子们不光在盥洗时吵闹声变少了，在班级的游戏和教学活动中，也越来越有秩序地进行，懂得遵守规则了。

（本案例改编自沈阳市浑南区花语幼儿园，岳诗峰）

班级管理中的每个环节都发挥着重要的作用，班级教育活动管理包含哪些内容和环节呢？

第一节 生活活动的管理

幼儿园生活活动在幼儿教育中占有重要地位。幼儿园生活活动旨在培养幼儿良好的作息、睡眠、排泄、盥洗以及整理自己衣物玩具等良好的习惯；帮助幼儿了解基本的卫生常识，学会多种讲究卫生的技能，逐步提高其生活自理的能力；帮助幼儿学会用餐方法，培养其良好的饮食习惯等。幼儿园生活活动管理即是对以幼儿为主体所组织的与日常生活息息相关的全部活动的管理。

一、一日生活活动的基本内容

幼儿园一日生活的基本任务是为满足幼儿在园愉快、健康、有序生活，所要担负的全部职责及活动，是幼儿从入园到离园时间内全部的生活活动。幼儿园一日生活活动主要包括：入园、盥洗、进餐、如厕、饮水、睡眠和离园等几个方面。

（一）入园

入园活动是幼儿园一日集体生活的开始。由于幼儿是陆续到园，教师需要分别接待，因此早晨接待幼儿来园的时间，也是教师进行个别沟通、了解幼儿入园情况及开展家长工作的良好时机。

1. 入园准备

幼儿入园前的准备工作不仅包括物质准备，还包括知识经验的准备。教师要检查班内的桌椅等是否完整，开窗通风保持环境卫生。教师对当日甚至未来一周的教学计划要有充分的了解，提前布置好所需要的材料物品等，同时要较为详尽地了解每位幼儿的个体表现，以热情饱满的工作状态迎接幼儿入园。

2. 晨检

晨检是幼儿入园环节中非常重要的一环，是开启一日生活的保障，主要包括：

一看，看幼儿的精神状态、皮肤、眼神、喉咙等，是否有异常情况；二测，测幼儿的体温是否在正常温度范围内，同时要摸摸幼儿的腮腺是否肿大，尤其是换季及传染病易发的时节；三问，问幼儿在家的饮食及睡眠情况，大小便有无异常；四检，检查幼儿是否携带不安全的物品、家长的私有物品及不适宜带进班内的个人物品等。

3. 物品交接

物品交接多发生在幼儿上小班的年龄阶段中，家长时常需要为幼儿准备一些换洗的衣裤鞋袜等，在这过程中要注意观察幼儿所带衣物是否带有名字粘贴，是否方便识别；幼儿服药用药也是极其重要的物品交接，教师要仔细检查药品是否完整，是否有正规的服药说明及服药的用量及次数等。

4. 晨间活动

幼儿的晨间活动主要以分散活动和自由活动为主，如小游戏、照料自然角、绘画、看书等，一般以安静活动为宜，教师可适当放些舒缓的轻音乐，帮助幼儿稳定状态。随后让幼儿在活动中逐渐由静向动转化，使神经兴奋起来。

（二）盥洗

盥洗是贯穿在幼儿生活活动始终的一项基本活动，幼儿进餐前、如厕后、喝水前等都需要盥洗。幼儿在盥洗室滑倒、玩闹等事情时有发生，如何保证盥洗活动井然有序进行，是一日生活活动中不容忽视的一项。

1. 物品准备

幼儿进入盥洗室盥洗之前，保育员老师要提前准备好香皂或洗手液、纸巾、幼儿专属的消毒毛巾、牙刷、牙杯、温度适宜的冷热水等，以保证幼儿盥洗活动井然有序地进行。

2. 盥洗环境

盥洗室的环境问题是幼儿一日生活活动中容易忽视的问题，幼儿在盥洗室内跌倒、玩闹、碰伤的事情时有发生。保育员老师在保证盥洗室卫生环境的同时亦要保证盥洗室的安全问题，及时扔掉废旧的卫生用品，将消毒用品放置在幼儿触碰不到的位置，保持盥洗室地面干燥，勤通风，勤消毒。同班教师也要积极配合，保证教师视线范围内不落一人，照顾好每一位幼儿。

3. 洗手

幼儿洗手时常会有冲水和交谈的活动，这需要幼儿教师在一日生活中帮助幼儿树立良好的洗手习惯，掌握正确的洗手技能，如七步洗手法。教师可在墙面上贴上指示图片，同时教师还可以亲身示范，指导幼儿如何正确洗手，还可以安排洗手值日生，设置评比栏等方式，监督幼儿的洗手问题。

幼教故事

香喷喷的小手

老师将“七步洗手法”作为一个小动物儿歌，说给幼儿听，做给幼儿看，小朋友们也很感兴趣，跟着一起做，尝试着跟着说，可是当幼儿去洗手时，个别孩子“着急”吃食物，小手打湿，再一甩，匆匆忙忙就结束了。一时间很难保证每个幼儿都自己清洗得很干净，同时在地面上会出现很多水渍，存在着不安全的隐患，因此，老师们的分工合作很关键。

我们采用分小组进行，主班老师组织大部分幼儿进行安静的游戏，生活老师在盥洗室进行生活教育的学习，边说边做，跟着小动物一起洗手，督促小朋友按着洗手法认真仔细地清洗自己的小手，将细菌赶走，将手上的水滴弹到水池中，避免溅到地面上，及时清理地面上的水渍，保持干燥。“自己闻一闻小手，是什么味道的?”“香喷喷的。”鼓励孩子认真洗手，用香喷喷的干净小手去拿食物，食物也会更加美味。配班老师负责个别及盥洗结束的孩子的分餐工作，使得班级的盥洗环节能够平稳、有序、安全地进行。

（本案例来源于皇姑区实验幼儿园，于瑛瑛）

案例教师在组织幼儿盥洗时发现了问题，为此教师思考了解决的方案。首先，教师注意到了班级老师的分工是管理的关键，因此将幼儿进行分组，有序地组织幼儿洗手。其次，负责管理幼儿洗手的生活老师要组织幼儿认真洗手，养成良好的洗手习惯。最后，配班老师要负责洗手结束的个别幼儿及其余工作，班内教师分工合作，既培养了幼儿洗手习惯，又避免安全事故的发生。

（三）进餐

《3～6岁儿童学习与发展指南》提出：“为有效促进幼儿身心健康发展，成人应为幼儿提供合理均衡的营养，保证充足的睡眠和适宜的锻炼，满足幼儿生长发育的需要。”进餐是幼儿一日生活中极其重要的一环，它是幼儿能量及营养摄取的主要方式，幼儿的一日三餐包括间点都在园内进行，如何组织进餐活动，是每位幼儿教师不容忽视的问题。

1. 餐前准备

幼儿的进餐活动应该在整洁、轻松、愉快的氛围下进行，为此教师要做好各项进餐前的准备工作。教师要提前擦拭消毒餐桌，分发碗筷和餐巾，同时引导幼儿有序地进入盥洗室洗手，可适当放一些舒缓的轻音乐，使幼儿放松平静下来。

2. 进餐活动的组织

在幼儿进餐过程中，教师要细致观察幼儿的进餐情况、坐姿、咀嚼食物的方法等，发现问题及时示意沟通解决。要避免大声音讲话，尽量保证进餐环境的轻松安静。对食欲不佳的幼儿要进行安抚及沟通，问清缘由，尽量纠正幼儿的挑食情况，保证幼儿少盛多添，营养均衡。

3. 特殊幼儿的护理

教师在照料幼儿进餐的同时，也要保证对特殊幼儿护理到位。有些幼儿存在部分食物过敏，这要求教师在每周食谱确定之后第一时间同厨房工作人员沟通幼儿的食物过敏情况，并记录幼儿食物过敏的详细信息上报园领导。肥胖幼儿进餐时要提醒幼儿先喝汤，多食用蔬菜及粗粮，不宜饮食过量。同时要给予进食困难儿童特殊照顾，保证其饮食充足。

（四）如厕

如厕是幼儿一日生活的基本环节，它能反映幼儿的自理能力发展情况和卫生习惯。幼儿期是人生的起点，是幼儿生理、心理发展的关键时期，具有巨大的潜力及可塑性，如厕能力的发展对幼儿日后的发展具有重要意义。

1. 准备工作

幼儿在如厕前，要保证盥洗室干净整洁，每个便器都有充足的纸巾，便器完好可用。同时要引导幼儿分批如厕，避免空间狭小过于拥挤发生碰撞，引导幼儿主动提出如厕，有问题及时呼叫老师，便后主动洗手。

2. 如厕活动的组织

教师在组织幼儿如厕时要提醒幼儿不要在厕所嬉戏交谈，指导幼儿学习简单的自护方法。避免多个幼儿同用一个便池，幼儿在如厕时要避免“空人”的情况，避免只看盥洗不看如厕或只看如厕不看盥洗的情况发生。

3. 如厕活动的指导

教师要指导幼儿掌握正确的擦拭方法，女宝宝如厕后由前到后擦拭两次，废纸丢进纸篓便后冲洗；男宝宝如厕时一手尽量向下拉住裤子露出生殖器，另一只手扶住生殖器，小便向前挺起，如厕后默数 5 个数再提上裤子。

（五）饮水

饮水是幼儿一日生活中水分摄入的主要途径，也是幼儿健康生活的必要保证。尤其是在炎热的夏季和幼儿户外运动后，常常由于饮水引发问题。

1. 准备工作

教师在日常生活中要培养幼儿良好的饮水习惯，培养幼儿能够主动喝水，喜欢喝水，能够饮用适量的水。幼儿在饮水前，教师要调节好水温，保证水温在 30°左右为宜，引导幼儿安静有序地排队喝水，注意养成良好的饮水习惯，少量多次地饮用。同时要对幼儿用过的杯子进行消毒，避免滋生细菌。

2. 饮水活动的组织

教师在组织幼儿饮水时，要提醒幼儿遵守规则，不嬉戏交谈；不在剧烈运动后直接饮水，教师可以先带领幼儿做律动或讲故事等，避免幼儿运动后直接饮水，餐前餐后及午睡前不宜饮水。教师应注意在每日饮水活动中培养幼儿的饮水常规。

3. 饮水活动的指导

教师在一日活动中要指导幼儿自主饮水，要保证幼儿每日充足的饮水量，不以口渴为信号，在一日生活中养成常饮水的好习惯，指导幼儿少量多次饮用。水温过高或过低时不引用。可绘制小水滴环创，记录幼儿的饮水量及饮水次数。

（六）睡眠

幼儿午睡的管理，直接影响幼儿午睡质量及幼儿的生长发育，高质量的午睡能使幼儿精神饱满、食欲旺盛、减少疾病，促进幼儿的全面发展。充足的午睡既能消除上午集体活动、游戏活动带来的疲惫，又能保证下午活动精力旺盛、注意力集中。为提高幼儿的睡眠质量，需要为幼儿提供良好的睡眠条件。

1. 准备工作

幼儿午睡前，教师需要为幼儿创设舒适安逸的物质环境和心理环境。幼儿午睡前教师要将睡眠室开窗换气 15 分钟左右，以保证睡眠室空气新鲜，同时将幼儿的床铺铺好，拉上遮光帘，为幼儿提供舒适安逸的易睡环境。睡眠前教师应组织一些安静的活动，如散步、桌面游戏，避免使用激烈的言语批评幼儿，使幼儿在睡前保持轻松愉悦的心情，同时可为幼儿放一些舒缓的轻音乐、简短的小故事等。教师也要提前安排好交接工作，保证午睡时间段不空人。

2. 组织幼儿上床

幼儿午睡前的组织工作是培养幼儿午睡良好习惯的好时机。随着幼儿年龄的增长，自理能力逐渐提高，要培养幼儿有序穿脱衣服、鞋子的好习惯，知道午睡前要主动上厕所，利用儿歌帮助幼儿掌握生活技能。同时指导幼儿正确的睡姿，避免俯卧睡、蒙头睡等不安全的睡姿。保证幼儿睡眠时呼吸顺畅，血液循环顺畅。

3. 午检

幼儿在园午睡时间大约为 2 小时，通常在 12：15—14：30，睡眠时间随年龄的增长逐渐减少。午睡也是意外事件多发的时段，对幼儿教师来说，午睡间的巡视和观察记录是不容忽视的。制定午睡巡视记录是非常必要的，如有个别幼儿存在异常，做好记录，以便以后观察、纠正和指导。同时要为幼儿盖好被子，纠正错误睡姿，及时发现幼儿的不适宜情况，在第一时间给予帮助。

幼教故事

“老师，我疼”

和往常一样，小高老师正在巡视小朋友们午睡。因为是炎热的夏季，所以总有些小被子被踹到地上，还有些小朋友睡得七扭八歪。只见小高老师拿个小本子，一边记录，一边纠正小朋友们的睡姿。就在这时，她发现闪电小朋友的表情看起来似乎有些难受，走近了一看真是这样，她拍了拍闪电，以为是他做了可怕的噩梦，这时闪电弱弱地说了一句“老师，我疼”。仔细观察后才知道，原来是男性小朋友在生殖系统发育过程中常会出现的问题。小高老师连忙安抚哭闹的闪电，并与其家长取得联系。闪电妈妈对此表示感谢，并称平时由于工作忙，家里都是保姆在照顾，未发现孩子有这样的问题，多亏老师细心发现了此事。自这件事后，闪电妈妈对班内教师的态度更加亲和了，家园合作也变得更加愉快。

案例中闪电小朋友的生殖系统发育问题，是教师在午检过程中发现的。在实际生活中，类似事件也是时有发生，常有幼儿在午睡过程中发生惊厥、食物逆流、发烧等情况。这都需要幼儿教师在幼儿午睡期间保持警觉，细心观察每一位幼儿，及时发现、及时指导解决。案例中的小高老师，便是在幼儿午睡期间，细心观察每位幼儿，及时发现了闪电小朋友不舒服的情况，并将此告知家长，使得后期的家园合作更加默契愉快。每位幼儿教师都应认真对待幼儿午睡，采取适时适当的观察策略，杜绝意外事件发生，促进幼儿养成良好的睡眠习惯。

4. 起床

起床是幼儿下午在园美好时光的开始，教师要注意用轻声叫醒幼儿，渐渐拉开窗帘。幼儿起床后教师应先对幼儿的身体状态进行自查，查看幼儿有无发热、喉咙不适等症状。指导幼儿自己穿衣、鞋袜、喝水、上厕所、吃间点等，开启下午的美好时光。

（七）离园

离园是幼儿在园一日生活的结束，离园环节的时间很短暂，但工作却非常复杂。一天的幼儿园生活即将结束，幼儿往往会异常兴奋，这使得教师的组织工作变得比较难做，怎样才能让一天的生活在愉快而有序的环境中结束呢？

1. 整理工作

要引导幼儿在离园前主动将玩具归位，检查幼儿的衣物，并将其整理好，放入柜子内。为安抚幼儿的情绪，教师可组织幼儿唱歌、讲故事、玩桌面游戏等，还可以安排值日生，给幼儿做小主人的机会，整理班级活动室等，同时培养幼儿整理物品的好习惯。

2. 家长工作

离园时间段内的家长工作是家园沟通、家园共育的重要环节，教师可根据幼儿在园一日生活的情绪状态、集中教育活动中的行为表现、家园共育目标、自身表现出的优势和不足等与家长进行沟通。这时的家长工作时效性最佳，反馈更为直接有效，教师要注意与家长沟通的艺术。

3. 离园安全

幼儿离园的安全问题是幼儿园和教师都应密切关注的问题。常常有幼儿在离园过程中发生追逐、玩闹不小心发生磕碰的现象。教师要提醒幼儿离园后不要在园内逗留，同时为家长提供离园后的活动建议，与小伙伴相约一起玩耍，制作离园指示牌提醒幼儿离园等。

二、一日生活活动的基本要求

幼儿一日生活活动是幼儿从入园到离园的基本活动，幼儿园的一日生活活动应秉持保育与教育相结合、集体施教与个别施教相结合、稳定与灵活相结合、动静交替的基本要求，为幼儿提供科学、全面、愉悦的一日生活。

（一）保育与教育相结合

《幼儿园工作规程》第三条规定，幼儿园的任务是“实行保育与教育相结合的原则，对幼儿实施体、智、德、美诸方面全面发展的教育，促进其身心和谐发展”。保育与教育相结合是幼儿园一日生活的基本要求，也是幼儿园历来工作所应遵循的原则之一，幼儿一日生活不仅有教育问题，而且还有同等重要的保育问题。衡量幼儿教育质量，既要看教育，又要看保育，二者相辅相成。

保育与教育相结合是幼儿身心发展的需要。幼儿是正在成长中的个体，身体健康是幼儿成长的物质基础，也是心理发展的必要条件。幼儿身心发展的特点决定了教师必须给予其特别的关注，既要精心照料，爱护和保护他们，又要为他们创设良好的条件及环境，满足他们身心发展的需求，给予保育与教育相结合的一日生活。

（二）集体与个别相结合

幼儿园教育的特点决定了幼儿的一日生活，要求教育将集体与个别相结合。幼儿园是幼儿成长的直接环境，幼儿从早晨入园到下午离园的一日生活都是在幼儿园中度过，这就决定了幼儿园的教育是集体式教育，幼儿生活在各自的班集体中。但这并不意味着幼儿园教育只是集体教育，在教育的同时，教师要尊重每位幼儿的个体差异，因材施教。

幼儿从小班逐渐成长到大班，她（他）们在集体教育中学习人际交往，从以自我为中心到集体意识的养成，这都是幼儿园集体教育所赋予幼儿的成长。同时，在幼儿教育及其个体发展中，也逐步成长为独立的个体，塑造属于他们自己的特质。世界上没有两片相同的叶子，同样，世界上也没有两个完全一样的个体。幼儿的个体差异性及幼儿园教育的集体性决定了幼儿的一日生活要将集体与个别相结合。

（三）稳定与灵活相结合

幼儿园工作规程第二十三条规定：“幼儿园日常生活组织，要从实际出发，建立必要的合理常规，坚持一贯性、一致性和灵活性的原则，培养幼儿的良好习惯和初步的生活自理能力。”稳定与灵活相结合是幼儿园教育的基本要求。

为了给予幼儿适宜的教育，幼儿园则根据幼儿的发展制订学年计划、学期计划、月计划、周计划及日计划，以保证幼儿的一日生活及教育活动都能科学、有序地进行，科学的计划为幼儿的一日生活提供了支撑。但这种计划并不意味着幼儿一日生活活动固定不变，幼儿园日常生活的组织同样要坚持灵活性原则，以幼儿的兴趣需要和实际情况出发进行适当调整，注重生成性课程的开发，打破固有的条条框框，将稳定与灵活相结合，给予幼儿最好的教育。

（四）活跃与安静相结合

为促进幼儿的发展，幼儿园必须开展丰富多彩的一日生活活动，来释放幼儿的天性，满足幼儿的兴趣需要，这就需要幼儿园的一日生活活动既要有热闹活跃的户外活动，又要有舒缓安静的室内活动。

幼儿的一日生活活动不能以单一的动态或静态的方式呈现，这不仅不利于幼儿一日活动的开展，同时也不利于幼儿独特个性的养成。幼儿基本的一日生活活动，如进餐、午睡、盥洗等，都是在相对安静的氛围下完成，这样有利于幼儿集中注意，避免意外事件的发生。同时也需要创造些相对活跃热闹的活动，从而更好地调动全班幼儿的积极性，使他们全身心投入到活动之中，使得幼儿在活动中积极性、主动性、创造性得到最好的发挥。

三、一日生活活动的常见问题及对策

幼儿生活活动是幼儿园一日活动的重要组成部分，贯穿着幼儿在园的各个环节。幼儿的一日生活活动较为繁杂，常常需要教师投入大量的时间及精力来帮助幼儿掌握生活自理能力，培养良好习惯。在这过程中常常发生问题，那么我们如何避免问题的发生呢？

（一）一日生活活动的常见问题

幼儿园一日生活常见问题主要有过度重视生活，而忽视教育，将生活与教育相割裂；过度重视一日生活流程忽视活动后的反思与评价；活动与活动间的过渡环节杂乱无章等。

1. 生活与教育相割裂

生活活动对幼儿来说是非常重要的，学前期的幼儿可塑性强，在这期间抓住幼儿在园的生活期契机，通过日常练习，科学引导，培养幼儿良好的行为习惯是非常必要的。但教师在这一过程中往往只注重生活或只注重教育，忽视了生活活动中的教育契机，将生活与教育割裂开来。

2. 自由与约束相失衡

幼儿生活活动交织在幼儿在园的每个活动中，部分教师在组织幼儿生活活动时，只注重活动的安排及常规的建立，使得幼儿的在园生活过度紧张，易使幼儿产生焦虑、紧张等情绪；部分教师则更侧重给予幼儿更多自由的空间，使得幼儿过度放纵，班级氛围喧闹、无章。教师在一日生活的组织过程中自由与约束的失衡是一日生活的常见问题，尤其对于经验较少的新手教师而言，这种现象更为常见，而使得常规的建立达不到理想的效果。

3. 过渡环节杂乱无章

过渡环节是在幼儿一日活动中介于有明确目标和内容的活动组织形式之间、用于转换的环节。然而在工作实践中不难发现，很多教师在过渡环节往往表现得经验不足或缺乏指导，从而造成活动设计不合理、幼儿消极等待等问题，继而导致幼儿自行玩闹、无目的玩耍、无所事事等，甚至会发生安全事故。

（二）一日生活活动的组织策略

幼儿期是人生的奠基时期，科学安排幼儿园一日生活能够帮助幼儿养成受用一生的好习惯，对幼儿的健康成长有着重要作用。那么如何科学组织幼儿一日生活活动呢？

1. 善于观察适时而教

幼儿园一日生活不仅要帮助幼儿掌握自理能力和良好的生活习惯，还要适时而教给予幼儿科学的教育。在一日生活各个环节中，幼儿教师要针对某种情况，抓住时机对幼儿进行安全教育、生活及卫生习惯等方面的教育。同时要善于观察，了解幼儿的实际需要，利用身边的环境和资源，为幼儿探究能力、自我教育能力的发展，创设有力的拓展性资源。

2. 科学规划循序渐进

为使得幼儿园一日生活在合理有序中进行，科学规划一日生活是必不可少的。首先，在幼儿园一日活动时间安排上要具有稳定性，让幼儿形成良好的习惯，明白什么时间应该做什么事情。其次，活动安排要具有灵活性，可以根据实际情况调节活动时间和内容的安排。例如：幼儿在活动中对雪表现出好奇，幼儿教师可以根据幼儿园的教学安排和实际生活环境行调节，如告诉小朋友们完成“我爱我家”的任务就带他们去堆雪人、打雪等，通过对幼儿一日生活内容的调整，适当转变教学内容，充分调动幼儿的积极性，循序渐进地对幼儿施以最适宜的教育。

3. 科学组织过渡环节

《幼儿园教育指导纲要（试行）》指出：幼儿园要“科学合理地安排和组织一日生活”，要“尽量减少不必要的集体活动和过渡环节，减少和消除消极等待现象”。那么如何科学合理地组织过渡环节呢？

一般情况下，教师在幼儿园的过渡环节可采用三种技能：一是活动式过渡，指以喝水、洗手、如厕等短暂生活活动或小型游戏、娱乐、操作活动等衔接前后两个生活环节，实现活动过渡的方式。二是信号式过渡，指教师利用音乐琴声、铃声、动作、手势等作为信号吸引幼儿注意，将幼儿的兴趣自然转向下一个活动，实现活动过渡的方式。三是线索式过渡，指教师巧妙通过对前面活动的总结而引出后面的活动，使知识学习和技能练习成为连接活动和线索的手段，顺利实现活动过渡的方式。

小 结

班级生活活动管理是对幼儿一日生活活动的管理，贯穿幼儿在园始终，科学的一日生活计划、以幼儿为本的管理理念是保证班级生活活动平稳有序进行的前提。寓教于乐，将教育融入生活，以生活展开教育，科学合理地安排和组织一日生活，直面问题，寻求策略，定能使班级生活活动管理在平稳有序中进行。

第二节　教学活动的管理

教学活动是幼儿教育中最核心的内容，是教师为实现贯彻《幼儿园工作规程》、提高保教质量、促进幼儿身心和谐发展的重要途径。教学活动管理即教师对教学活动的规划及实施，主要从基本任务及要求、常见问题及对策几个方面进行分析。

一、教学活动的基本内容

教学活动是幼儿园教育的基本活动，是教师完成幼儿教育工作的最基本的形式。教学活动是一项有目的、有计划的教育活动，班级教学活动的基本内容主要包括教学活动的设计、教学活动的实施及教学活动的评价等方面。

（一）教学活动设计

班级教学活动设计是对班级教学活动主题的计划与安排、对教学活动具体方案的设计与策划，包括对教学活动计划的制订和对教学方案的设计。

1. 教学计划

班级教学计划是班级教育活动管理的开端，它反映了教师对班级教学活动的设想和思路，是班级教师顺利完成教学内容的保障，能够有效地避免教师教学活动的盲目性。按照时间划分，教学计划可以分为三种，包括学期计划、月计划、周计划。

学期计划是本学期范围内，教师要完成的工作目标和幼儿要完成的发展目标总计划。学期计划需要依照教育部颁发的《幼儿园工作规程》《幼儿园教育指导纲要（试行）》，结合班级幼儿的年龄、幼儿家庭状况、园所环境和条件等实际情况制定符合本班发展特点的学期计划。月计划是在学期计划的基础上建立的以月为单位的教学计划。它反映了各月教学计划的具体内容、要求及措施，指导着本月教学内容的完成。幼儿园班级月计划的制定主要包括：班级基本信息、月主题、具体教学活动的安排三大部分。周计划是月计划基础上建立的以周为单位的教学计划，涵盖活动安排的基本信息，比如：班级名称、教师信息、周计划实施时间，周主题、周活动目标、周计划安排等。

2. 教学方案

教学方案简称教案，是教师对以课时为单位的教学内容的具体设计和安排。教学方案包括活动名称、活动目标、活动准备、活动过程、活动延伸等内容。

教学活动目标是活动方案的指南针，是幼儿在教学活动中实现发展的标准，有着关键性的作用。目标的制订要符合《幼儿园教育指导纲要（试行）》和《3～6岁儿童学习与发展指南》的要求。目标应具有层次性、递进性，教学活动的目标一般从认知、情感、技能三个维度，结合幼儿的年龄特点来撰写，具体明确，便于教学过程的操作，目标与教学过程需一一对应。①

教学活动准备包括幼儿的知识经验准备和教学材料准备。教学活动的准备需从教学的实际需要选择适宜的内容，既可以是教师准备的教具，也可以是幼儿或家长自制

① 黄瑾．幼儿园教育活动设计与指导．上海：华东师范大学出版社，2014：24.

的手工作品。教具的形式可以是以实物的形式出现，也可以借助多媒体课件、替代物品呈现，尽量在能力范围内准备真实直观的材料。

教学活动过程是教学方案中的主体内容，共分为三个环节。首先是导入环节，导入环节的目的是为了激发幼儿的学习兴趣，引导幼儿尽快投入教学活动中。教师可以通过故事、儿歌、谜语等形式为幼儿创设情景，引导幼儿积极投入活动中。其次是教学过程的活动环节，活动环节的设计需要围绕教学活动的目标由浅入深、循序渐进地推进教学内容，以幼儿发展为主旨设计。游戏环节是通过组织游戏的形式来巩固幼儿对教学内容的掌握及运用。最后是教学活动的结束环节，这部分是对整个教学过程的总结，对教学活动的目标、过程执行的总结，对幼儿参与情况的总结。

教学活动延伸是对教学方案的延续，教师可以依据教学活动的内容选择适宜的延伸形式，比如：家园共育、区域活动、环境创设、五大领域的渗透等。教学活动延伸有益于延续班级教学活动的连续性和整体性，为下次教学活动的有效实施提供保证。

（二）教学活动实施

教学活动的实施过程是教学活动的核心环节，教师教学活动实施的内容主要包括教学活动实施形式和教学活动实施方法。

1. 教学活动实施形式

教学活动实施的形式主要有集体教学活动、小组教学活动和个别教学活动，《幼儿园教育指导纲要（试行）》提出，要灵活地运用集体、小组和个别活动等形式。

集体活动是在教师的指导下，带领全班幼儿共同进行的，有计划、有目的的教学活动，是幼儿园班级中教学活动最常见的形式。集体教学活动是一种高效的教学活动，可以弥补幼儿教育教学资源不足，提高幼儿接受教育的范围与程度。在集体教学活动过程中要关照全体幼儿，促进幼儿关键经验的获得，让幼儿积极参与到集体教学活动中来，关注幼儿参与过程的完整性。

小组教学也称分组教学，是依据教学或学习的需要，把班级幼儿分成两个或两个以上的小组，依据各小组的特点开展有目的、有计划的教学活动。分组教学的形式可以是集体教学下的分组教学方式，也可以是轮组的形式，或同一主题下的分组教学。教师需在全面了解幼儿的情况下，依照幼儿的特点进行分组，既可以是根据幼儿的共同特点进行分组，也可以是根据幼儿的不同点分组，也可以是教师或幼儿自由分组。在分组时，教师要认真观察幼儿，向幼儿说明分组的情况，及时根据幼儿的发展情况调整小组结构。

个别教学活动即幼儿的个别化学习，是指根据每个孩子的兴趣需要和能力来设计实施适应个人能力的教学形式。个别化学习能激发幼儿潜能，培养幼儿观察、发现、解决问题的能力。教师在实施个别化学习中，要充分理解幼儿的需求，依照幼儿的家庭背景生活、情感智力和性格等方面的因素，创设个性化的教学环境，为幼儿提供适合年龄发展的学习材料，促进幼儿创造力、情感及社会性等方面的发展。在教学过程中要起到引导的作用，鼓励幼儿积极地与周围事物的相互作用，选择合适的时机对幼儿进行指导，重视对幼儿个性化的教育。

2. 教学活动实施方法

教学活动的实施方法是直接影响教学活动质量和幼儿发展的重要因素，教学方法的使用与实施也是衡量教师教学能力的指标之一。班级教学活动常见的实施方法主要有活动法、直观法和口授法，教师可以依据教学活动的需要选择适宜的方法。

活动法是一种以幼儿实践活动为主的教学方法，活动法包括实验法、游戏法、操作练习法和发现法。实验法是教师提供一定的仪器设备鼓励幼儿通过动手操作观察寻求变化及其产生的原因，并验证设想。游戏法是教师以游戏的口吻或规则组织教学的方法。操作练习法是幼儿在教师的指导下多次实践练习巩固掌握某种技能。发现法强调发挥幼儿学习的主动性，将学习过程作为幼儿获得的信息并进行选择、转换和运用。

直观法即让幼儿直接感知认识事物的教学方法，常见的有观察法、演示示范法、多媒体教学。观察法需要教师有目的、有计划地引导幼儿利用感官感知客观事物或现象，获得感性经验并逐步形成概念。演示示范法需要教师向幼儿展示实物或直观的教具，教师需要通过语言或动作为幼儿表演展示，提供榜样。多媒体教学是利用电影、电视、幻灯片、录像、录音、电脑、网络等作为教学手段，形象具体，富有感染力。

口授法是运用语言进行教学的方法，主要包括谈话法、讲解法和讲述法。谈话法是教师与幼儿围绕某一个问题或主题自由发表意见或想法，表达感受和体验，相互交流，相互学习。讲解法要求教师运用口头的语言向幼儿说明解释事物或事情。讲述法要求教师运用语言向幼儿陈述事实材料，客观描绘需要讲述的对象。讲解中教师的语言要生动形象，清晰准确。

幼教故事

蜗牛不见了

雨后的操场上出现许多蜗牛，我和孩子们把蜗牛养在了植物角。一天汐汐来到植物角发现小蜗牛不见了，一时间“蜗牛去哪了？”引发全班小朋友的猜想。

"它死掉了吧?"

"它是不是贪玩跑掉了?"

"它会不会被其他班的小朋友抓走了?"

看到孩子们因"不见的蜗牛"引发了讨论，我决定参与其中，和孩子们一起去找找不见的蜗牛。

"我们应该去哪找小蜗牛呢?"我提出问题。

"可以去草丛里。""教室里也可以找一找……"孩子们开始像侦探一样行动起来，去一一验证自己的猜测，可找了一圈还是没有找到。

"我们去问问其他班的小朋友，说不定他们看到了。"一名小朋友提议道。

"可是他们不知道蜗牛长什么样子。"

"我们可以把小蜗牛画下来再去问其他人啊。"于是各种形态的蜗牛出现了，我们拿着画好的蜗牛来到了其他班级，可是问了好久都没有找到。

"还有什么办法让更多人知道我们在找蜗牛呢?"我继续追问。

"我看到别人家的猫不见了都会贴一张纸。"

"那叫寻物启事。"孩子们决定做一个"寻蜗牛启事"，把它贴在幼儿园里，让更多的人看到。我们一起收集图片、讨论寻物启事的内容，就这样，一次因"寻找不见的蜗牛"而引发的活动就这样开展了。

(本案例来源于沈阳市浑南花语幼儿园，孙妍)

本案例中的教师以寻找小蜗牛为线索，采用发现法引导幼儿寻找操场上消失的小蜗牛。首先，教师引导幼儿对消失的小蜗牛可能会在哪里提出初步的猜想，紧接着教师引导幼儿去寻找验证自己的猜想。当假设失败时，教师引导幼儿思考寻找小蜗牛的办法，培养幼儿独立思考和观察的能力。

(三)教学活动的评价

教学活动的评价是对教育活动实施的各要素的评价，包括教师教的评价和幼儿学的评价。教学活动的评价能够让教师掌握幼儿发展的动态，为调整教学活动的计划与实施提供方向。

1. 幼儿"学"的评价

幼儿"学"的评价是在教学活动中儿童的发展状况和水平的评价①，评价的内容主要包含两方面。首先是对幼儿学习有效性的评价，教师需要从发展的眼光去看待对幼儿的评价，关注幼儿在教学过程结束后是否有进步，还存在哪些问题，不断深化教学活动的设计与实施。其次，教师要对幼儿在不同的领域中的发展进行横向比较的评

① 李生兰．学前教育学．上海：华东师范大学出版社，2014：88.

价。比如幼儿在语言、动作、情感等智能的发展是否均衡，以此作为调整教学活动方案的依据，旨在促进幼儿的全面和谐发展。

2. 教师“教”的评价

教师“教”的评价是指教师要从教学活动设计的目标，选择的内容，运用的形式和方法，幼儿在参加过程中的形式和兴趣等方面进行评价。首先，教师要评价教学目标的制定是否与幼儿年龄适宜，并能随着儿童年龄的增长而逐步提高。其次，评价课程的内容是否符合最近发展区原则。最后，教师要评价课程形式是否科学合理。比如，教学实施过程能够计划性与灵活性相结合，活动方法形式多样化，活动各环节之间的过渡和转换合理自然等。

二、教学活动的基本要求

在教学活动中，教师必须遵循以下要求对教学活动进行设计、实施与评价等，让幼儿在教学活动中获得预期的发展。

（一）科学与生活相结合

科学与生活相结合是指教师向教师传授的知识、技能是正确可靠的，教学活动从设计、实施、评价过程是科学可行的，教学活动的内容是与幼儿实际生活相关的。

幼儿园教育的目的就是为了培养幼儿良好的生活习惯和学习习惯，让幼儿掌握能够生存的基本常识内容，在健康愉悦的环境下树立起积极生活的态度。因此教学活动既要科学化，也要生活化，科学的内容能够让幼儿积累适宜的经验，为未来发展奠定良好的基础；源于生活的教学内容，最终实践时也能应用于生活中，幼儿的学习过程轻松自然很多。

相关链接

陶行知的生活教育理论

陶行知主张生活教育理论，认为生活含有教育的意义。生活教育理论一共有三大观点。

生活即教育，陶行知说教育的根本意义是生活之变化，生活无时不变，即生活无时不含有教育的意义。

社会即学校，社会即学校是生活及教育思想在学校社会关系上的具体化。社会进学校是指社会含有学校的意味，由于到处都是生活，到处都是教育社会，是生活的场所，所以也是教育的场所。

教学做合一，教学做合一是生活及教育在教学方法上的具体化。首先教学做合一，要求在劳力上劳心。教学做合一，要求有教先学，有学有教。也就是说，教人之前先教自己，还要不间断地去学习。

（二）趣味与多样相结合

班级教学活动面向的对象是幼儿，因此幼儿园教学活动基本的要求就是要生动有趣，丰富多样。在趣味性的同时，教学活动的材料及形式也要用多样化的方式呈现，充分调动幼儿的学习积极性，唤起幼儿的天性和热情，引发幼儿的探索进而促进幼儿的发展。

趣味性在幼儿园班级教学活动中是首要前提，幼儿与成人不同，即使是知识和经验的学习也要利用已有的经验创设出丰富有趣的活动方式。幼儿在面对多样的材料时会引起幼儿的注意，激发幼儿的兴趣，让幼儿有探索和发现的欲望，进而通过探究得到发展。因此，班级在设计和实施教学活动时要尽量创设新奇多变的教学情景和教学材料，满足幼儿探索的好奇心，激发幼儿学习的欲望，让幼儿能够充分参与到教学活动中，实现教学的最终目的。

幼教故事

魔力跳绳

看见我班的小朋友个个跳绳连跳 50 个以上，单人跳、双人跳、多人跳不在话下，路过的家长都不无羡慕地说：“你们也太厉害了！你们是哪班的呀?”面对羡慕的问询，我班小朋友自信地回答：“我们是大九班的！”很多同事也向我取经，问我是如何将跳绳这项枯燥的运动变成孩子愿意参与的魔力运动的。

记得跳绳开展之初，我观察每名幼儿跳绳动作发展水平及记录跳绳数量进行摸底调查。运用晋级赛游戏激发幼儿浓厚兴趣，使他产生竞争意识，促进自我成长。利用班级微信群广泛引领家长积极关注参与、督促配合做好家园共育，分组带领幼儿利用寒暑假及学期的每一天在户外、教室、走廊、大厅见缝插针开展，促进幼儿发展。在分组练跳中及时纠正个别幼儿出现的问题，示范跟进指导，针对跳绳一般和高水平幼儿分别进行榜样示范和超越教师方法引领，在持续关注个体与集体成长中提升整体水平，促进幼儿深度学习。经开展活动，由个别幼儿会跳绳发展为一次性连跳 50 和 100 个以上，占比为 89%，其中三名幼儿可连跳 165、178 和 212 个。

（本案例来源于沈阳市北战区空军直属机关幼儿园，闻冬菊）

跳绳运动对于幼儿来说确有一定的难度，让幼儿爱上这项运动非常不容易，这次成功的经历让教师感悟，任何教育活动都需要教师的深度思考、策略的跟进支撑、兴趣的培养激发。贵在得法，贵在细致、贵在坚持，做有智慧的老师，才能让教育处处展现魔力与魅力，给我们带来无限的惊喜。

（三）动态与灵活相结合

班级教学活动并非是一成不变的，而是要依据幼儿的最近发展区调整教育目标，适时地加以引导并不断地生成深入活动，进而促进儿童的发展，是一种动态的、灵活的过程。

教学活动在进行过程中要根据幼儿的兴趣以及与环境之间的相互作用的情况，灵活地顺应幼儿活动的发展进程，不断地对教学活动进行调整和修改，实现在教学活动中教师引导性和幼儿学习自主性之间的平衡。要求教师能够灵活运用多种教育手段创造性地进行教学活动，能够随机应变的创设和利用教学环境，引导幼儿多思考，多操作，最大限度地激发幼儿的积极性与创造性。

（四）启发与引导相结合

教学活动主张以“幼儿为主体，教师为主导，促进幼儿学习的主动性”。教师应成为幼儿学习活动的支持者、合作者、引导者，教师在教学活动中应注重对幼儿启发与引导相互结合，做好引导者的角色。

教师应以促进幼儿的发展为最终目的，教师以启发幼儿为主来设计和实施。启发的教学形式能够充分调动幼儿学习的主动性，激发其内在的学习动力，能够独立思考，掌握知识，培养理解和解决问题的能力。教师的引导可以为幼儿的思考与学习指引方向，帮助幼儿筛选出适宜的学习方向和内容，引领幼儿朝正确的方向发展，帮助幼儿将认知经验内化、系统化。

幼教故事

有蛇！

雨过天晴，孩子们在户外开心地奔跑、嬉戏，突然一声尖叫：“有蛇!”，只见一条一寸长的蚯蚓静静地躺在草地上，孩子们七嘴八舌地议论起来：“蛇怎么没有头?”“它死了吗?”熙熙想用小木棍将“蛇”挑起，不料“蛇”滑落在地上，孩子们吓得连忙后退，只见铭铭冲上前狠狠地一脚将“蛇”踩在脚下，孩子们见状惊呼：“你怎么把它踩死了?”孩子们谴责道。此时，铭铭叉起腰理直气壮地说：“我踩死它，是为了保护你们，哼！”说着扭过头去。

在我的提议下，大家一起动手把“小蛇”埋了起来。回班后，我佯装疑惑地问：“刚才咱们看到的是蛇吗？”孩子们纷纷猜测，大成在图书区找到绘本《好饿的小蛇》，发现蛇的头部很突出。“我们看到的好像不是蛇，那会是什么呢？”铭铭骄傲地举着一本《蚯蚓日记》解开了谜团，我再次追问：“如果你再遇到蚯蚓，你会怎么做？还会踩它吗？”“不会！”小朋友答。“如果咱们遇到的是蛇该怎么办？能不能踩呢？”有的说能，有的说不能，于是，我们在家长们的帮助下开展了一次关于“遇见蛇和蚯蚓该如何应对”的大讨论。

（本案例来源于沈阳市北战区空军直属机关幼儿园，董莉）

一次户外活动中，孩子们偶然发现了草地上的“蛇”而进行了讨论，教师及时发现和捕捉生活中有价值的教育契机，顺着幼儿的兴趣点引导幼儿学习和思考，分析和判断，培养幼儿良好的学习习惯和探索精神，帮助幼儿将偶然的发现转变为一次家园合作的教育活动。

三、教学活动的常见问题及策略

教学活动占据了幼儿在园活动的主要部分，对于教师来说，尤其是经验不足的新手教师，在教学活动的管理过程中仍存在许多常见的问题。

（一）教学活动的常见问题

尽管已经了解了教学活动的基本任务和基本要求，但在实际的运用中仍然存在一些常见的问题。

1. 活动设计依赖教材

教学活动设计能够体现出教师对活动的把握与思考，体现教师的课程价值取向。活动设计的依据主要包括幼儿的兴趣、已有经验及教材。其中教材是教师设计的最常用的依据。教学活动的教材没有统一的规定，虽然能够为教师提供教学设计的内容，对教师有指导的作用，而教师却过分依赖于教材提供的方案，忽视了本班幼儿的实际情况，没能对教材的内容设计进行筛选和重组，缺乏自身对教学活动设计的创设编制过程。

2. 实施过程过于死板

在教育活动之前，教师都会在课前预设教育所要达到的预期目标、活动过程的具体流程。教学设计只是对教学过程实施的一种预设，保证教学活动能够有目的、有计划地系统完成。然而教学活动是无法完全预期，儿童的发展走向也是无法预设的，幼儿很可能会出现与教师预设不一样的情况，此时教师的活动计划就需要顺着幼儿的发展方向适当调整。许多教师却把教学计划误认为是完成教学活动唯一的指南针，按照教学活动计划按部就班地执行，容易错失幼儿教育的最佳时机。

3. 教学评价只注重结果

教师在教学过程中对幼儿学习效果的评价过分局限，对幼儿的评价依据教学目标制定的内容，只关注幼儿外显的表现，比如能够按照教学活动的要求完成学习任务，常忽视对幼儿内隐的发展，评价标准过度整齐划一，对幼儿的教学效果的评价更注重结果的评价，忽视了幼儿的个别差异。实际上教学活动目标的预设只能符合大部分幼儿的年龄发展特点，无法代表所有幼儿的发展要求，有很多幼儿隐性能力的发展，教学活动目标无法涵盖到，造成了对幼儿的评价较为局限、不够客观。

（二）教学活动的组织策略

对于教学活动中容易出现的常见问题，教师在设计、实施、评价环节中应分析找出问题的主要原因，结合班级的实际情况逐一解决。

1. 重视对教学活动的创设

教师在进行教学活动设计时，要转变以往的教学设计思路，将教材设为参考依据，而并非唯一的依据，要将本班幼儿的兴趣作为设计的出发点，结合幼儿的发展特点对活动进行修改和调整。部分教材中采用的教学方法、教学途径比较单一，有的教学方法采用重复练习的方式进行，这样的活动设置较为单一，缺少挑战性的内容预设，一旦幼儿学会基本要领之后，就会立即丧失对活动的兴趣，难以集中注意力。因此，教学活动设计必须结合班级幼儿的特点，对活动的目标、过程、形式及方法进行调整和修改，这样会大大地增加教学活动的效果。

2. 做好准备灵活应对

教师在实施教学活动过程中过度地按照既定的计划按部就班，幼儿一旦与教师预设的情况不一致或者“答非所问”，经验不足的教师很容易不知所措，造成教学活动场面混乱的情况，因此教师在开展活动之前一定要提前做好活动准备，能够灵活地应对幼儿的回应。首先，教师需要在组织教学活动时关注幼儿的兴趣点，从幼儿的兴趣点出发考虑教学活动的设计内容，更容易引起幼儿的共鸣，引导教学活动方向按照预设的内容进展。其次，教师开展活动前应该对幼儿的认知情况、兴趣习惯做一定的调查。这样能在很大程度上避免教师的提问内容不在幼儿已有经验范围内，幼儿的回答让教师不知所措，打乱教学活动的继续。

3. 丰富活动评价内容

教学活动评价能够帮助教师了解幼儿的发展状况，多种评价方式相互结合才能将评价效果最大化，促进幼儿最近发展区的发展。首先，在评价观念上，教师需要做出转变，理解评价的真正意义，评价的作用不仅仅是对幼儿能力方面的评价，也包含幼儿的兴趣、审美、创造意识等非智力因素的发展。其次，教师用师幼互评、幼儿自评、同伴互评的形式对教学活动进行多元化的、积极全面的评价，结合不同评价形式的长处与短处，有效的利用，使评价达到最佳效果。

小　结

教学活动是幼儿在班级中最主要的教育活动，教学活动高质量的管理与执行必须遵照基本任务环环紧扣地实施，依照教学活动基本任务细致实行，注意规避和解决教学活动的常见问题，管理好教学活动的每一个细节，以发挥最大作用。

第三节　游戏活动的管理

游戏是幼儿获取知识技能的基本形式。游戏活动的管理能够保证幼儿在游戏活动中的有效性，教师通过对游戏活动设计、实施、评价等一系列步骤，完成班级游戏活动的管理。

一、游戏活动的基本内容

游戏是儿童最喜爱的活动，与儿童的发展有密切联系，游戏活动是促进幼儿发展的重要活动之一。班级游戏活动基本内容主要包括游戏活动的设计、游戏活动的实施及游戏活动的评价等方面。

（一）游戏活动设计

班级游戏活动设计，也可称为游戏活动策划，是游戏活动有序进行的首要环节，主要包括对游戏活动的主题和时间的规划安排以及游戏活动具体实施方案的设计。

1. 游戏活动计划

计划是管理的前提与基础，游戏活动计划的制订可以为班级游戏活动的实施指引方向。游戏活动的计划一般为周计划，即以周为单位拟订游戏活动计划。班级教师可以依据教学目标、幼儿的年龄特点、兴趣需要、儿童发展，儿童自身的意愿制订游戏计划，常见的游戏活动计划一般围绕班级教学周主题来制定。教师在制订游戏活动计划时应注意将各类游戏均衡安排，紧扣主题内容，考虑各类游戏之间的互补性与延续性。

2. 游戏活动方案

游戏活动方案是教师为了顺利有效地开展班级游戏活动，在周计划的基础上，依据幼儿的兴趣需要及年龄特点制订具体的可操作的游戏活动计划，主要包括游戏活动目标、游戏活动准备、游戏活动规则等内容。

游戏活动目标是教师对幼儿将要进行的游戏活动中所获发展的预期。游戏活动目标的制订需要依据各类游戏活动的特点，各类游戏活动的教育功能以及不同年龄幼儿的特点及实际的发展水平。游戏活动的目标要具体可操作，便于教师游戏的指导，各目标之间应相互关联，逐步推进。

游戏活动准备包括游戏活动的时间准备、空间准备、材料准备。时间是幼儿游戏活动顺利进行的重要保证，教师应为幼儿专门安排出游戏时间。教师要注意让每次游戏都能有较长的时间进行，户外游戏及室内游戏的时间安排接近均等，集体游戏、小组游戏和个人游戏的时间安排合理。空间是开展游戏活动的基本条件，游戏空间的准备时教师需注意空间的密度，为幼儿创设多个游戏区域，游戏场地要激发幼儿的兴趣，具有安全性。游戏材料可以丰富游戏活动的体验，游戏活动材料可以是教师收集的废旧物品、自制玩具，材料的准备应尽可能丰富多样，能够为幼儿提供较多的自由选择机会，增加游戏活动的体验感和趣味性。

游戏活动规则是游戏活动有序进行的保障，游戏活动规则不仅是对幼儿游戏的要求，也是对幼儿游戏活动开展的引领。规则需要依据游戏的类型特点、游戏活动要达成的目标、幼儿的意愿来制订。规则是对游戏的具体说明，教师在制订规则时需要尊重儿童的需要，按照游戏的流程步骤有序规划，具体明确写出游戏环节的场景、时间、材料等条件信息以及幼儿需要执行的游戏行为的要求。

相关链接

游戏活动的分类

在学习借鉴国外游戏理论基础上，对游戏分类进行了本土化的探索，形成了多种分类体系，其中公认的游戏分类是依据游戏的教育作用，具体分类如下：[1]

① 丁海东．学前游戏论．济南：山东人民出版社，2001：49－50．

- 幼儿游戏
  - 创造性游戏
    - 角色游戏
    - 结构游戏
    - 表演游戏
  - 规则性游戏
    - 体育游戏
    - 音乐游戏
    - 智力游戏

图 4－1　游戏活动分类

创造性游戏以幼儿的自由创造为主，依据幼儿的兴趣需要和意愿进行的游戏活动，不受游戏规则的限制，利于幼儿创造力和想象力的培养。规则性游戏则是以教师的组织创编为主，幼儿需要遵循规则步骤进行游戏，利于幼儿规则意识的培养。

（二）游戏活动的实施

游戏活动是幼儿最喜爱的活动，能够促进幼儿多方面的发展。班级游戏活动的实施过程要经过对游戏活动的组织、观察、指导等环节让游戏活动发挥最大的教育效能。

1. 游戏活动的组织

游戏活动实施的第一个步骤是有序地组织幼儿准备开展游戏，在这一环节，教师需要将幼儿组织到游戏场地，准备好游戏材料后，依据游戏活动的内容以各种方式导入游戏活动，激发幼儿游戏的兴趣和欲望，紧接着向幼儿介绍游戏活动的规则要求，包括对幼儿游戏活动的操作规则、时间规则及常规规则，提示幼儿在游戏中需要注意的问题，积极引导幼儿进行游戏。教师在导入和讲述规则时应注意运用生动形象的语言，营造出活跃的游戏气氛，鼓励幼儿游戏的开展。

2. 游戏活动的观察

教师观察是对幼儿进行游戏指导和评价的前提与基础，是游戏活动实施过程中的重要环节。教师通过观察可以了解幼儿的游戏行为、游戏表现及幼儿的发展特点和需要，帮助教师提升游戏活动的指导效果。教师在游戏活动中既可以作为游戏的旁观者进行观察，也可以作为游戏的参与者对幼儿进行观察。具体观察的内容主要包括幼儿游戏前的计划交流，游戏过程及游戏实施后的效果等，比如，幼儿对游戏中材料的使用情况，对规则的理解与遵守，与同伴的语言交流，对游戏情景与玩法的创设，对教师指导介入后的变化等。

教师可以采用扫描、定点、追踪的方法对幼儿的游戏活动进行观察，扫描观察是在固定的时间段里对班级所有幼儿依次、轮流地进行观察，粗略地了解全班幼儿的游戏状况。扫描观察时教师应保证所有的幼儿在视线范围内，按照事先设计的观察表，每隔一段时间做观察记录。定点观察是选择某个区域内的所有幼儿或部分幼儿进行一段时间系统、细致的观察，以便把幼儿游戏的兴趣、水平、特点和个体差异等详细记录下来。追踪观察是对某个幼儿进行系统、细致的观察，有助于教师了解个别幼儿的游戏状态。教师需要根据观察目的确定观察对象，选择适宜的观察方法，力求观察到幼儿最真实自然的游戏状态。教师可以采用时间取样和空间取样两种主要的观察记录方法，借助录音和录像等手段将观察的内容记录下来，为指导儿童游戏提供依据。[①]

3. 游戏活动的指导

为了实现游戏活动对儿童发展的价值，教师要对幼儿游戏过程进行适当的介入和指导。[②] 教师对幼儿游戏活动的指导必须以保障幼儿游戏的特点作为前提，教师在指导幼儿游戏时首先必须遵循尊重幼儿游戏意愿和兴趣，营造游戏氛围让幼儿想象、探索、表现、创造，并在适当时机给予尊重和支持。

教师可以参与幼儿的游戏，也可以在一旁观察幼儿游戏，但前提是不能破坏幼儿的游戏氛围，在幼儿需要帮助和引导的时候用语言或动作提示。教师游戏的指导要顺应幼儿自身的年龄特征和身心发展变化，比如在小班时期注重丰富生活经验常识，在中班时期注重引导幼儿尝试多种游戏的玩法，大班时期注重指导幼儿思考问题、解决问题等方面。教师的指导对于不同类型的游戏活动也是有区别的，比如有明确教育目的的游戏活动，教师的指导要为完成游戏的教育目的而服务，对游戏活动的控制和干预会较多，在幼儿的自主游戏中，游戏活动的强制性和目的性削弱，这时教师对游戏的控制与干预等指导就要减少，依据游戏活动的性质进行适度的指导。

（三）游戏活动评价

幼儿游戏活动结束后，教师需要对游戏活动进行总结和评价，评价已成为目前组织幼儿游戏活动一个不可或缺的环节，主要包括对游戏活动环境与材料的评价、对教师指导的评价、对幼儿游戏水平的评价等。

1. 游戏环境与材料的评价

游戏活动的环境和材料是保证幼儿良好游戏体验的必要条件，也是对游戏活动评价的内容之一。具体的评价内容包括：游戏活动中创设的环境能否引发幼儿多方面的经验并支持与同伴之间的互动，游戏环境是否符合幼儿的年龄特点与需要，为幼儿开展创造性游戏提供条件，材料的内容是否充足多样且具有开放性，能够支持游戏的开展，培养幼儿的想象力与创造力。

2. 教师游戏指导的评价

教师的指导是游戏活动评价必不可少的环节，教师适时有效的指导，能够激发幼儿潜在能力，帮助幼儿掌握技能，对幼儿成长起到催化促进作用。对教师游戏指导的

---

① 刘焱．儿童游戏通论．北京：北京师范大学出版社，2000：297.

② 万中，刘敏．幼儿游戏中教师的干预与干涉．学前教育研究，2013（08）.

评价主要包括教师在指导中是否尊重幼儿的意愿与想法，在观察后能够理解幼儿的游戏行为，找准介入指导的合适时机，教师的指导是否能够对幼儿起到引导、启发的作用并支持幼儿的游戏过程，指导的内容是否具有教育意义，能够帮助幼儿获得有益的经验，教师是否能够对幼儿在游戏中的表现进行适宜的动作语言评价，有益于幼儿良好游戏行为的塑造。

3. 幼儿游戏水平的评价

幼儿游戏活动水平反映幼儿在游戏活动中是否得到了真正的成长和发展，主要评价的内容包括幼儿在游戏活动中能否积极地投入，能够自主地丰富游戏情节，有想象力和创造力，幼儿在游戏活动中是否有角色意识和规则意识，能够理解角色的内涵，遵守游戏的规则，幼儿在游戏活动中的合作意识、交往能力是否有较好的体现等。

二、游戏活动的基本要求

游戏活动在班级教育活动中占有重要地位，儿童通过游戏享受快乐，获得发展，认识世界。为了更好地让幼儿通过游戏活动获得对周围世界的认知，促进幼儿的发展，班级游戏活动的设计与实施必须遵循要求进行。

（一）安全与探索相结合

幼儿的年龄特点决定了游戏活动需要将安全与探索相结合。保障幼儿游戏活动的安全是最基本的前提，也是最重要的问题。在安全的条件下，游戏活动也要充满探索性，为幼儿的发展提供空间。

幼儿的年龄较小，自我保护能力较差，需要在教师的精心呵护下进行游戏。幼儿有着与生俱来的好奇心和探究欲望，好奇、好问、好探索是幼儿阶段的主要特点，游戏活动能够更好地满足幼儿的好奇心和探究欲望。因此，游戏活动既要保障游戏的安全性，也要具有探究性。

（二）娱乐与教育相结合

班级游戏活动自身的特点决定了游戏活动的主要目的是以娱乐的形式让儿童积极地投入教学活动中，也是游戏活动必须遵循的要求。游戏活动既要让幼儿体验游戏本身的娱乐性，更要具有教育意义。

游戏可以为幼儿带来愉悦的情绪，也是一种快乐的活动。班级游戏活动是对幼儿进行教育的形式之一，最终目的是让儿童通过游戏获得认知的发展，是具有教育作用的活动。因此，游戏活动要充分考虑愉悦性和教育性。

（三）自由与规则相结合

游戏活动要自由与规则相互结合，自由和规则的关系是相辅相成的。游戏活动没有规则，其教育质量及安全无法保证。游戏活动没有自由，则会阻碍幼儿的发展。只有将自由和规则结合起来，才能让幼儿得到更好的成长和发展。

幼儿是游戏的积极活动者，教师在游戏活动中扮演引导者和指导者的角色，幼儿是游戏活动的主体。教师要尊重幼儿的意愿，给幼儿自由选择的机会，也要做好游戏活动的引导，引领幼儿遵守游戏规则，保证游戏活动高质量地进行，让幼儿在游戏活动中得到真正的发展。

（四）现实与虚拟相结合

游戏活动既要创建虚拟的情景，也要考虑游戏与现实之间的联系，即结合幼儿的实际生活经验，创设虚拟的游戏情境。现实的游戏内容会促进幼儿对周围生活的认知，虚拟想象的游戏情景会促进幼儿主动交往，充分表现。

幼儿借助与实际生活相关的虚拟游戏情境，模仿成人世界的真实情景，并通过自主的活动与周围环境的相互作用，在假想的条件下，对游戏的情节、角色的扮演、代替物的使用等赋予象征意义。[①] 通过游戏，儿童的想象能力、模仿能力和创造能力得到提升，社会交往也会得到良好的发展。

三、游戏活动的常见问题及对策

游戏活动是一项丰富多彩的、复杂的活动，游戏活动的设计、组织实施的整个过程，需要大量的时间做准备，在实施准备中也有很多常见的问题。

（一）游戏活动的常见问题

游戏能够帮助幼儿认识世界，是培养幼儿全面发展的有力手段。在实际的游戏活动组织和指导中也存在着很多问题，使得游戏的开展难以达到预期的效果。

1. 游戏活动安排形式化

幼儿园应该以游戏作为基本活动，游戏活动占据着班级活动的大部分时间，但班级的游戏活动存在安排流于形式的问题，直接影响游戏活动的质量。首先，班级每周设计游戏活动的计划，教师也能够按照游戏计划的时间表组织幼儿进行游戏，但是却忽视了幼儿真正的游戏需要。如有的游戏活动设计无法激起幼儿的兴趣和操作欲望，或者难度过大，与幼儿的年龄特点不相符，幼儿无法投入到游戏情景中。有的游戏活动设计时间不充裕，幼儿刚刚进入到游戏状态中，受到时间的限制被迫结束，过度遵照计划的安排，这与设计组织幼儿游戏活动的最初目的背道而驰。

2. 游戏材料投放单一

游戏材料作为幼儿游戏的基本载体，直接影响着幼儿游戏的组织进行和发展。班级游戏材料的投放主要有两方面问题，一方面是投放的种类较少，内容单一，另一方面是材料没能及时更新，这一问题在班级区域游戏和户外游戏中体现得较为明显。幼儿在区域游戏和户外自主游戏中都会自选游戏材料，在户外游戏中，教师更容易提供

---

① 刘焱．幼儿园游戏教学论．北京：中国社会出版社，2000：171.

高结构材料，这两种材料在实际运用时，幼儿创设的机会较少，很难维持幼儿长时间的兴趣，游戏目标难以达成。而在区域游戏中需要提供多种类型丰富游戏体验，但教师在材料投放时忽略幼儿需要、兴趣、孩子的已有发展，材料投放的层次性、可操作性不足，幼儿使用的兴趣不高，导致实际可供选择的种类单一，预期的游戏效果难以达成。

3. 游戏过程过度指导

幼儿游戏过程中与教师之间的互动是不可忽视的一部分，教师的介入和指导是无时无刻不在影响着班级游戏的发展进程。教师在指导幼儿游戏的时候缺乏科学的游戏指导理念，常常出现全盘控制游戏各个环节的发展或者是完全放任不管的现象。游戏的指导是建立在观察基础上的，教师无法通过观察识别出介入幼儿游戏的时机，接入的方式也不合理。比如：在建构游戏中，教师在幼儿搭建过程中过早地介入，用成人的视角指导幼儿搭建的整个过程，而这样的指导对幼儿的发展是十分不利的。建构游戏本身就是幼儿通过操作各类建构材料塑造物体形象的过程，是反映幼儿对周围生活环境特征的认识及内心的遐想。教师的过度指导让教师成为整个游戏活动的控制者，阻碍了幼儿对物体形象的塑造过程，限制了幼儿的想象，幼儿在游戏中无法获得应有的发展，游戏指导成为无效指导。

4. 评价环节受到忽略

游戏活动评价是对活动中幼儿游戏的行为及相关活动给予价值判断的过程。教师需要对幼儿在游戏情景中玩具的使用、同伴的交流进行观察记录，评价幼儿游戏中的情绪状态、认知和经验水平、兴趣需要、利用游戏材料的情况、语言水平、社会性表现以及游戏的自主性、创造性等方面。游戏的评价，有利于其了解幼儿游戏的水平，以便更有针对性地指导幼儿游戏。① 但在游戏活动实践中，常常以热闹开场，草草结束，教师只关注了游戏开展的过程以及幼儿在游戏活动中的情绪，评价的环节很容易被省略掉，影响下一次游戏活动的进展。

（二）游戏活动的解决策略

针对以上游戏活动的常见问题，教师在组织和实施游戏活动中应找出问题的关键所在，旨在让游戏活动发挥最大的作用。

1. 各类游戏均衡规划

班级游戏活动设计中常出现教师在各类游戏中设计不均衡，不同类型的游戏对幼儿的发展有不同的作用，游戏活动的规划应保证各类游戏均衡的使用，才能促进幼儿的全面发展。比如在角色游戏中，可促进幼儿想象力与思维能力的发展，使幼儿按照自己的意愿，以模仿和想象；结构游戏形式多样，学会合作、学会协商，培养幼儿良

---

① 顾丽梅．幼儿园区域活动：问题及发展趋势．教育探索，2016（05）．

好的行为习惯；表演游戏满足了幼儿的表演愿望，并能学习一些优美的语言，体会一些积极的情感；智力游戏增进幼儿的认知、智力的发展；体育游戏能增强幼儿体质，提升幼儿的体能；音乐游戏能培养幼儿的审美能力、体验音乐中的情感变化。每种类型的游戏都有各自的教育特征，幼儿的全面发展缺一不可，各类游戏的规划与安排要依据主题内容平衡规划，共同发挥各自的作用。

2. 多种途径挖掘材料

丰富的游戏材料可以为幼儿提供更多的游戏机会，激发幼儿对游戏活动的创设。教师可通过利用搜集到的废旧材料，比如废旧纸盒、光盘、布料为幼儿制作游戏玩具，也可以通过家园合作、美工活动等形式鼓励家长和幼儿参与到游戏玩具制作中，既能丰富游戏材料，也能增进亲子关系、家园联系。除废旧材料以外，教师也可以与幼儿一起从大自然中挖掘游戏的材料，比如常见的树叶、木板、种子等，既能丰富游戏的活动体验，也能让幼儿亲近自然环境。游戏材料的投放需要保持适宜的数量才能让幼儿维持游戏兴趣，在游戏过程中，教师可鼓励幼儿去寻找教室里可替代的材料，鼓励幼儿一物多玩与替代，培养幼儿的想象力和创造力。良好的游戏环境应不断建构材料，根据教育目标和幼儿的发展需求，不定期地进行调整、补充，使提供的游戏材料处于不断变化之中，让游戏材料能够不断地吸引幼儿，引发幼儿产生新的游戏情节。

幼教故事

5斤有多重?

疫情终于过去，孩子们再相聚时，发现小朋友们都长胖了。小铭告诉大家："妈妈说我长胖了5斤呢!"

"啊? 5斤!"孩子们哈哈大笑。

"5斤有多重?"龙龙认真地问了一句。

"5斤是所有毛巾加起来那么重。""不对不对，5斤是一个刚出生的宝宝那么重。"

"对，我妹妹出生的时候就是5斤。"乔乔非常肯定地说。

"5斤有多重? 你是怎么知道的?"老师问。

"是医生称出来的。"乔乔忙说道。

听到了孩子们的激烈讨论，海清老师第二天从家里带来了天平、弹簧秤和电子秤投放到活动区内，机灵的小胖一下子发现了新玩具，便大声说道："这回就知道5斤有多重了!"小朋友开始忙碌起来，分头去找物品称重。"看! 15本绘本是5斤。"

"5瓶洗手液是5斤!""3大包消毒湿巾也是5斤呢!"看到孩子们沉浸在探索奥秘的快乐中，我也非常欣喜。接下来的几天，老师在活动区内陆续投放了各种各样跟称重相关的材料，孩子们的探索兴趣仍在持续……

（本案例来源于沈阳市浑南区花语幼儿园，邱海清）

本案例中的教师及时捕捉到孩子感兴趣的话题，并在活动区内提供多种材料引发幼儿产生对测量的兴趣，同时能够根据不同材料及不同测量方法延伸活动，增加了活动的持久性和创造性，激发了幼儿游戏的自主性，大胆的创造，成为游戏的主人。

3. 游戏过程适当介入

在实际的游戏活动中，发现很多教师的指导过度，或者指导后效果不佳，最主要的原因是教师指导介入的时机不恰当，无法满足幼儿的真正需求，难以得到幼儿的重视，成为无效指导。因此，教师要对幼儿的游戏行为进行观察并进行分析和解读，从客观的角度理解幼儿真正的兴趣和需要。首先，教师介入的时机很重要，一定要在保证幼儿需要指导的情况下进行，例如幼儿游离于游戏环境之外，与同伴交流发生争执，重复原有游戏行为，游戏出现困难，主动寻求教师帮助等情况。其次，教师在语言和非语言指导策略的运用上也很重要，教师要给幼儿积极的支持态度①，通过语言和非语言多种形式鼓励幼儿积极地建构，不同年龄阶段的幼儿要给予不同的指导语言，比如小班幼儿游戏活动的主要内容是生活经验，教师指导时应多采用具体的评价，中班幼儿游戏活动主要探究多种游戏的玩法，教师在指导时应注意鼓励幼儿多方面尝试，大班幼儿游戏活动以解决问题为主，教师在指导时应注重引导幼儿的积极思考。

幼教故事

我的降落伞也飞了起来

一次，在《小小降落伞》课堂活动中，孩子们自主尝试制作降落伞，有的孩子很快就成功了，在一旁兴奋地玩了起来。年龄最小的彤彤自言自语道："我的怎么就飞不起来啊？"一次又一次的失败让她渐渐变得急躁起来，使劲地跺着脚，涨红了脸，带着哭腔断断续续地说："飞不起来，为什么……就飞不起来呢？"哭声越来越大，小朋友都围了上来。

---

① 丁海东．幼儿园游戏组织与指导．长沙：湖南大学出版社，2015.

“彤彤用不用老师帮你啊？”这一问，我成了彤彤的“救命稻草”。“老师，你帮我做！”她把手里的材料一股脑儿塞给我，我在她耳边轻轻地说：“不要着急，彤彤。我知道你做得已经非常好了，可能就差一小步，我们一起来看看别的小朋友制作的降落伞吧！”我示意她认真观察同伴的降落伞，找到原因，再重新制作。这次很快就成功了，彤彤兴奋地大声说：“快看快看，我的降落伞也飞起来了！”看到彤彤绽开的笑脸，我为她的成长感到由衷的高兴。

（本案例来源于沈阳市北战区空军直属机关幼儿园，李豫红）

本案例中的教师在幼儿游戏活动时给予幼儿宽松、自由的环境氛围以及强大的心理支持，帮助幼儿增强探索的愿望和信心。同时，在游戏的过程中善于观察幼儿的行为表现，能够捕捉恰当的指导时机，适时介入，积极引导幼儿解决问题，获得自己的建构经验，帮助孩子体验游戏成功的快乐。

4. 关注游戏评价运用

教师要意识到游戏活动评价的重要性，转变对评价的认识，将评价作为游戏活动的必要环节之一。首先，应明确游戏评价的目的。游戏评价是游戏管理的主要手段，它作为游戏活动的重要环节可以使幼儿在评价的过程中获得大量的反馈信息。游戏评价可以了解游戏对于儿童发展的教育作用是否得以实现，可以通过评价找出游戏的不足之处，对游戏进行改进调整。其次，要重视游戏评价过程中幼儿的自主性，游戏评价也应从幼儿的体验出发，让幼儿成为评价的主体。幼儿与同伴之间的交流，增进了游戏兴趣，有利于教师及时了解幼儿在游戏中的真实想法和活动情况，提高教师对幼儿游戏活动指导的针对性和有效性。最后，教师要根据游戏的具体情况对幼儿进行评价。在游戏活动中，有的幼儿能够达成游戏规则，而有的幼儿无法达成，甚至有的幼儿会自己创造新的游戏规则。因此，教师在评价幼儿游戏时，既可以依据游戏活动的规则、目标的达成度来进行评价，也可以脱离游戏规则，对儿童在游戏活动获得的发展情况进行评价。教师要依据具体情景，采取不同的评价视角，尽可能地对班级中的每一位幼儿在游戏过程中获得的发展与成长做出具体的评价。

小 结

游戏活动是幼儿的主要活动，教师通过游戏活动向幼儿有目的、有计划地实施教育。教师要根据活动的需要，选择适宜的游戏类型，遵循游戏实施的要求，对游戏活动过程进行观察、指导、评价，使游戏活动达到最大效果。

拓展阅读

[1] 刘焱．幼儿园游戏教学论 [M]．北京：中国社会出版社，2000.

[2] 朱家雄．幼儿园教育活动设计与实施 [M]．北京：高等教育出版社，2015.

[3] 秦旭芳，向海英．学前教育管理学 [M]．长沙：湖南大学出版社，2015.

[4] 戴璐，王春燕．幼儿园一日生活管理现状分析——以杭州 G 区幼儿园为例 [J]．学前教育研究，2013 (11)：54－59.

[5] 满芳，周菘．幼儿园大班集体教学中教师管理行为的观察与分析 [J]．天津市教科院学报，2014 (03)：77－79.

[6] 李宪勇，马婷．幼儿游戏中的教师角色定位 [J]．现代教育科学，2014 (10)：118－120.

思考与练习

1. 一日生活基本内容有哪些？教师如何具体管理？
2. 教学活动应该遵循的基本要求是什么？包括哪些方面？
3. 请设计一次教学活动方案，说明理由及依据，在实施过程中应如何管理？
4. 班级游戏活动应该如何组织安排？

第五章　携手进步，共同成长
——家长工作管理

家长工作是幼儿园工作的重要组成部分，也是幼儿园得以健康发展的保障。父母影响孩子的人格，父母的教养方法对孩子人格的形成有直接影响，家长是孩子的第一任教师，也是幼儿教育的重要力量。幼儿园家长工作的主要目的在于实现家园相互配合，共同成长，促进幼儿素质的提高。因此不仅要做好不同形式的班级家长工作，还需要解决好家长工作的常见问题，搞好家园间的联系与沟通，深入细致做好家长工作，才能实现家园相共育，以促进幼儿的长远发展。

学习目标

1. 了解日常性、阶段性家长工作的内容。
2. 掌握家长工作的基本要求。
3. 学会处理家长工作中的常见问题。
4. 掌握与家长沟通的策略艺术。

思维导图

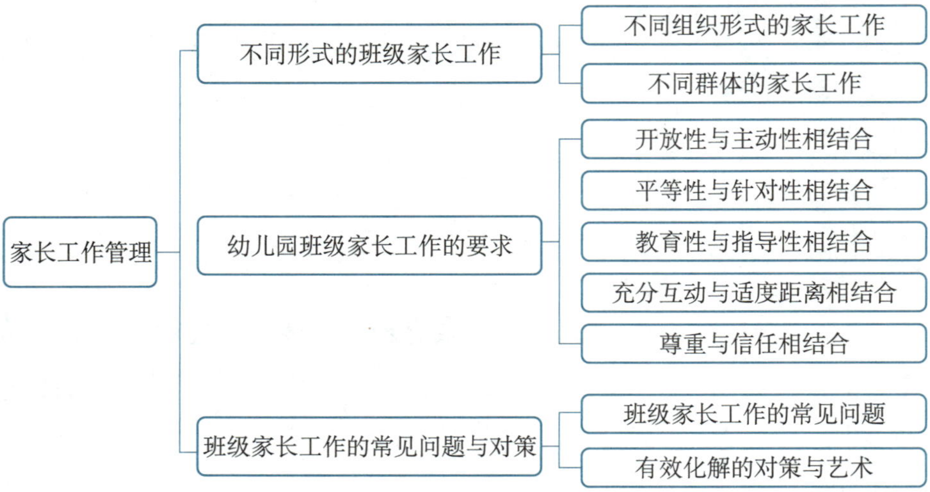

典型案例

零食风波

一天嘉嘉姥爷接孩子时质问他外孙在幼儿园没吃饭的缘由，耐心解释后，家长暂且相信了嘉嘉在幼儿园吃饭情况正常。事后我及时和嘉嘉妈妈通电话了解到，原来嘉嘉每天放学路上会和姥爷要零食，说肚子饿，在幼儿园没吃饭，姥爷很舍不得，只能依着他。这件事引起了我的注意，意识到应该联合家长的力量一齐纠正幼儿吃零食的问题。

（本案例改编自沈阳市北部战区空军直属机关幼儿园，张金玲）

案例中的教师应该如何联合家长干预这一问题？家长工作包括哪些内容？与家长进行沟通有哪些问题需要注意呢？本章将加以阐释。

第一节　不同形式的班级家长工作

班级家长工作是幼儿园班级管理的重要组成部分，教师通过发起与组织家长工作，开发家长资源，引导家长参与、配合、支持幼儿园班级工作，形成教育合力。幼儿园班级家长工作具有多样性，多种形式相互补充，灵活调整，才能保证班级家长工作的顺利进行。

一、不同组织形式的家长工作

幼儿园班级家长工作的组织形式根据组织的频率高低，可分为日常性的家长工作、阶段性的家长工作。

（一）日常性的家长工作

幼儿园日常性的家长工作指的是幼儿园在日常工作中经常性开展的家长工作形式。日常性的家长工作琐碎、庞杂，但是能让家园双方及时了解信息，具体包括接送交流、社交软件维系、班级公告栏、家园联系手册（卡）、约谈活动等。

1. 接送交流

入园和离园是幼儿园一日生活的基本环节，入园离园期间教师与家长之间的交流是家长了解幼儿在园学习和生活等方面的具体情况、并与教师及时交换意见的方便且常用的一种家园沟通方式。家长与教师可沟通幼儿身体状况及存在的问题，并针对幼儿在家中出现的问题与教师进行详细的分析。教师也应积极向家长反映幼儿在园的基本情况，并能够跟家长共同发现幼儿存在的不足并提出专业的、有建设性的改善意见。

2. 社交软件维系

教师可以通过 QQ、微信、钉钉等社交或办公软件进行家长工作。QQ 群和微信群、钉钉群具有同步性与异步性的特点，为老师与家长的双向沟通、交流与探讨提供了同步和异步接收信息的选择，为促进家园共育提供了切实可行的交流平台。家长可以方便地和教师以及其他家长进行实时的沟通，通过“群空间”功能，教师将幼儿园的动态、幼儿一日生活作息、家园活动的通知等信息同步发到空间。家长可以在第一时间看到这些信息并做好相关配合工作，发表观点、提出问题，在群聊中交流后，教师要及时对群聊的重点话题做好归纳小结，对家长们在交流过程中提出的问题、要做好记录，并及时予以解决。家长也可以自由转载、阅读有价值的资源、信息等，实现资源共享，达到家园协同教育的目的。

3. 班级公告栏

班级公告栏或称宣传栏，是幼儿园各个班级在门口发布消息或者展示近期活动安排而专门设置的工具。如近期的主题活动以及需要家长配合的要求，或者通告园所一段时间的膳食安排，公布班级特别事件等。班级公告栏的内容更新速度最好为一周更新一次，以维持家长的阅读兴趣，保证实时性。公告栏粘贴的位置应该考虑成人的高度，设计应当保持与环境风格一致的情况下做到言简意赅、一目了然，不可过分装饰，弱化公告内容。公告栏中的重要资料还可以辅以宣传单的形式方便家长进一步阅读和学习。

4. 家园联系手册（卡）

家园联系手册（卡）是幼儿园最常用、最方便的家园联系手段。它通过简单明了的客观书面叙述，反映孩子在幼儿园和家庭中学习、生活等方面的近况，家园双方都可以在此提出配合建议。教师平时要做好幼儿在园表现的记录，周末时幼儿将手册带回家由家长继续记录。家园双方都能了解到幼儿在不同环境中的表现，这样可以对幼儿有比较全面的了解，使幼儿教育更具针对性和有效性。教师可以根据园所的教育理念以及班级具体情况，设计出具有个性、方便使用、细致又灵活的家园联系手册（卡）。

家园联系手册（卡）的内容是对幼儿在园一日生活各个环节的记录和评价，主要包括幼儿进餐（点心）的情况、睡眠、交往、活动、情绪表现等，这些内容大多是带有三级或者五级等级的格式评价。家园联系手册（卡）还有一些需要家长和教师进行文字描述的填写内容，如“家长（教师）说说”，记录幼儿的重大变化或者家长的教育困惑、教师的教育建议等。

相关链接

表 5-1　家园联系手册（卡）的（部分内容）

	教师	家长	反馈	备注
我发现	欢欢这些天经常咬指甲，请留意。(04/23)	我也发现了。可能是因为我好久没给他剪手指甲？前段时间我外出了。怎么办呢？(妈妈)(04/25)	可能是家长与孩子分离焦虑引起咬指甲行为。需要增加亲子的交流，不可以强行制止。(04/26)	“我发现”栏目主要是填写幼儿近期的变化，更多的是幼儿的趣事、活动情况等。

续前表

	教师	家长	反馈	备注
我表扬	欢欢今天肯吃最不爱吃的西红柿了！（04/24）	欢欢在家可以自己刷牙！（04/25）	我在家带着欢欢一起种植西红柿，他每天都问我什么时候能长出来，开始尝试吃西红柿了。（妈妈）（04/25）	“我表扬”是针对近期幼儿好的表现或者对好的行为习惯的坚持，旨在让教师和家长对孩子多做积极的肯定。
我求助				“我求助”是家长和教师发现幼儿的问题，提请对方多留意并配合教育的内容。

5. 约谈活动

个别约谈是家园共育和家教指导过程中不可缺少的一种家长工作方式，是教师与家长围绕幼儿教育问题进行有目的、有计划、一对一地深度交谈。约谈的发起方可能是教师，也可能是家长。个别约谈侧重教师与家长专门针对某一现象或者某一问题进行有备而来的深层次教育交流，交流的主题比较鲜明，内容比较丰富，针对性很强。例如，家中祖父母溺爱孩子导致孩子挑食等问题。

教师可以根据实际情况，每学期对家长进行 1～2 次主动或者“被动”的“约谈活动”。教师要和家长确认“约谈”时间后，做好班级的家长“约谈”计划。“约见”的安排至少提前三天通知家长，并确定家长到位情况，灵活变通地组织“约谈活动”。幼儿教师应提前做好交谈提纲，并且为避免造成家长的紧张心理，交谈的过程中一般不做记录。对于家长提出的重要的意见，可以先告知家长“这个很重要，我要把它记下来”，然后做好记录。教师的重视会促使家长对教师做更多的交流。教师要尽量营造平等、轻松的谈话氛围，交谈过程中为避免比较，最好不谈及其他幼儿。交谈结束时教师要做适当小结，肯定交谈的成果和收获，真诚地向家长致谢。在约见结束之后要及时整理好谈话内容，并作为后期开展工作的依据。

（二）阶段性的家长工作

阶段性的家长工作是指幼儿园间隔一段时间开展的家长工作形式，其组织工作复杂，可以集中解决问题，影响力大且持久，但有时无法针对家长个体。阶段性的家长工作形式主要有家长会、家访、开放日活动、家长委员会、家长评教等。

1. 家长会

班级家长会就是以幼儿园家长为主体的集会，由幼儿教师发起，多以教师和家长的互动交流或者以专家、教师或者育儿有方的家长主讲的会议形式进行。班级的家长会一般是教师自己组织的，包括选择主题、确定家长会的内容、形式和程序。班级家长会召开次数不宜太多，可以在一学期的开学初、期中或者期末召开 1～2 次即可。开学初的家长会常常是告知家长幼儿园的规定、帮助幼儿入园适应等。期中期末的家长会主要是阶段性总结并对下一阶段工作提出要点。

根据幼儿园家长会的内容和形式，可以对家长会做不同的分类。按照家长会的主题集中性程度，可以把幼儿园家长会分为漫谈式家长会和主题式家长会。主题式家长会也叫作专题式家长会，教师和家长会针对选定的家庭教育、不同发展阶段的教育目标或者具体教育问题等主题开展比较深入的学习、讨论和交流，比如，幼儿的入园适应问题。按照幼儿园家长会的组织方式，可以把家长会分为发布式家长会和讨论式家长会。发布会式家长会即幼儿园在家长会上进行幼儿园的重大事项宣布、教学情况介绍和汇报、活动日程安排的通报、新的政策法规的发布和解读等，以教师讲述和传达为主、家长提问为辅的家长会形式。讨论式家长会的主角为家长。这种家长会一般是通过“论坛”或者“辩论”的形式、对家园间比较有争议的话题表达自己的意见，如“幼儿该不该接触小学知识”等。

组织幼儿园班级家长会的流程可以分成三个部分，即准备环节、实施环节和总结环节。家长会的准备环节主要包括确定家长会的主题、确定家长会的形式和具体实施方案、做好场地布置和人员接待安排等。在组织实施家长会的环节中既要考虑家长会与幼儿园其他活动安排的协调，还要考虑与主题相关的事务进展等。家长会结束之后，教师应结合会议记录，做好家长会的总结和汇报工作。对于家长们的问题和要求，教师能解决的就及时解决，需要幼儿园帮助解决的要及时上报给园里，处理结果要及时向家长反馈。

2. 家访

家访是密切联系幼儿园和家庭教育关系的一种有效的教育手段。教师家访的时候，需要有目的地观察幼儿成长的家庭环境，了解到孩子在家庭中的表现和父母的教育方法等。教师要选孩子在家的时候去家访，以便能很好地观察到孩子在家庭环境中的表现以及直观感受到家庭氛围、教养态度、教养方法等。家访对于幼儿家庭教育指导可以更具体、更有效。

家访可以分为“普访”和“专访”。“普访”即对全体幼儿家庭都实施的家访活动，属于常规的家访。幼儿园教师会有计划、有步骤地在一个相对固定时段安排“普访”。如幼儿园入园前和幼儿毕业前做的“普访”，能帮助幼儿和幼儿家庭成员更好地适应幼儿园或者小学生活。“专访”是教师针对幼儿发展问题、幼儿家庭教育有问题时对个别幼儿家庭的专门访问。“专访”的目的在于了解幼儿家庭教育环境、协调家园关系、共同解决问题。“专访”也可以针对幼儿的发展和进步进行，教师到幼儿家庭中可以了解到家庭教所做的努力，找到幼儿发展动力所在。

教师在做家访时对家访的实施程序要做好充分的了解和准备，才能使家访更有成效。第一，做好家访前的准备。教师要对家访的内容做好规划，还要规划好家访的路线，尽量少走弯路、减少工作强度。家访前要和家长做好预约工作，确认家访时间。教师要根据幼儿登记的资料，对幼儿家庭情况做尽可能多的了解。教师家访时要两个老师相约同行。既能保证沟通的内容能有效记录，又能保证教师的安全。第二，家访时教师举止要得体。教师应注重衣着打扮，端庄得体，尊重每一个家庭的生活习惯，并且教师在家访之前要预先通知家长。在每个幼儿家庭的家访时间不宜超过 40 分钟，以免过于打扰家长；也不要少于 20 分钟，以免家长认为教师态度不够真诚。第三，注意家访时言语沟通内容。交谈时要对家长保持信任和尊敬态度，认真倾听家长的意见。要先向家长汇报幼儿在园的优点，再委婉提出幼儿和家庭教育存在的问题，也要认真倾听家长对幼儿园工作的意见和建议。第四，做好家访结果的总结和反馈。教师要及时做好家访的记录，以备后续观察幼儿的情况。教师对于家长的问题和意见要及时予以反馈。

3. 开放日活动

家长开放日指幼儿园定期或不定期邀请家长来园所参观教育活动，如让家长观看上课、游戏、幼儿作品展览等。开放日活动的持续时间通常为一天或者半天。在幼儿园开放日活动中，家长的角色是多元的。家长走进幼儿园，走进课堂，观摩幼儿活动、扮演着“参观者”的角色。家长在此过程中了解孩子认知特征和性格特点，向幼儿园老师学习与孩子交流和启发孩子心智的方式，并应用于家庭教育当中，家长此时扮演的是“学习者”角色。幼儿园在家长开放日中开展趣味亲子游戏，家长则可以以“参与者”的身份参加活动。有时候幼儿园还会邀请家长担任开放日活动的“评价者”，但应该提前把“家长开放日活动（评价）指南”发放给家长，并且告知家长开放日活动的设计意图、活动流程、评价内容和标准。家长可以在活动过程中或者活动结束之后，对指南中要求评价的内容做出适当的评价。评价中既要有要求家长做出定量评价的内容，还要留出空白部分，请家长对活动做出定性评价，并请家长留下自己参与活动的感受、对本次活动的意见和对后续活动的建议等。

目前为保证开放日活动的“非表演性”以及真实性，部分幼儿园设立了专门的观察室，在教室内安装单向玻璃，家长可以在不影响整体教学的情况下，观察幼儿园教学情况和幼儿的表现情况。有的幼儿园教室安装了摄像头，家长可以通过实时的监控屏幕观看幼儿在班上学习和活动的情况，也可以通过之后的录像观看了解情况。

4. 家长委员会

班级家长委员会简称“家委会”，是由幼儿家长代表组成的群众性自治组织，它代表全体家长参与幼儿园班级民主管理，参与处理班级的具体事务和班级的决策活动，支持和监督班级做好教育工作，是家长参与幼儿园班级管理的有效途径，是家园合作的有效保证。要求家委会成员是重视子女教育、热心公益事业，有责任心，有一定文化水平和组织能力的人。家委会一般由家长自荐和家长选举产生，也有教师根据家长资料推荐产生。

幼教故事

人人都是志愿者

“宝贝！快过来，妈妈在这儿！”“别挤别挤！踩着我大孙子的脚我饶不了你！”“你有没有素质，别挤着孩子！”……尖锐刺耳的声音此起彼伏，本应井井有条的晚离园这时却成了一锅“大杂烩”，推推搡搡毫无秩序可言。原来受疫情影响，幼儿园在接送方式上从以前的室内接送改变为室外错峰接送。虽然之前做了很多准备工作，如划定家长与幼儿区域、选举两名家长志愿者维持秩序等，在今天放学时全都不起作用，连老师的鞋都被踩掉了好几次，这种情况让小王老师头疼不已。

终于安全地放了学，王老师和两名家长志愿者已是口干舌燥、精疲力竭。明天放学还是这样怎么办？王老师马上在微信群召开了家委会会议，经过激烈的讨论，大家共同认为：与其需要志愿者维持秩序，不如人人都是志愿者，靠大家的自觉意识来化解这个难题！于是，在家委会的组织下，每名家长都成为班级维持放学秩序的志愿者，大家轮流负责每天晚放学时家长队伍的秩序，让接送安全和效率大大提高。

（本案例来源于沈阳市浑南区花语幼儿园，王伟平）

家长和孩子们一样，有时候也需要一点“小手段”的激励，才能转变自己的行为。教师和家委会成员要紧密配合，学会运用各种各样的“小手段”，让每位家长都能主动支持幼儿园的各项工作，成为教师最得力的助手。

5. 家长评教

家长参与幼儿园班级教学评价工作是家长深入参与幼儿园工作的重要举措。家长评教有两个方面的功能，一方面可以作为幼儿园教师聘任、职称评定、学期奖惩等的依据；另一方面，幼儿及其家长是教师服务的直接对象，他们根据自己的感受对幼儿教师做出的评价更有利于教师改进工作以及专业成长。幼儿园管理过程中，要兼顾家长评教的不同功能。突出家长评教的第一部分功能容易造成家长评教的心理负担或者教师可以讨好、威胁家长的微妙关系；家长也可能把对教师的匿名评价当成对教师工作不满意的发泄渠道。家长评教应突出第二部分功能，使教师能以平和的态度来接受家长的意见。

家长参与评教工作需要制定合理的评教标准和设计合理的评教问卷。设计好家长评教的问卷，细化评价项目，提升家长评教的具体化和客观性，同时对教师后续工作也更具指导意义。家长评教的内容应包括教师的师德、专业知识与能力、工作责任心、孩子对教师的喜欢程度、家园沟通合作情况、言谈举止等多方面的内容。

二、不同群体的家长工作

根据对幼儿实施教育的家长群体不同，进行一定划分，分为父辈家长、祖辈家长、其他家长。教育群体不同，家长工作的重点是不同的。

（一）父辈家长工作

父辈主要指的是幼儿的父母。幼儿父母与幼儿教师的年龄差距较小，由于素质教育的普及，家长们的学历与素质在逐步提高，因此，在交流教育理念的过程中阻碍较小，由于父辈家长平常工作较忙，教师要抓住碎片时间与家长进行交流，高效率地进行家长工作。主要工作内容与要求如下。

1. 平等合作的态度

对于年轻的父辈家长群体，教师要用平等合作的态度与其进行交往。第一，教师与家长间要避免出现单纯的指导与被指导的关系；第二，教师要避免在与家长交往中的过于胆怯或自大的行为；第三，教师要明确并争取父辈家长的配合和支持，使教育工作的实施更加顺利；第四，教师要注意发现家长的育儿需求，给予家长适当的指导和帮助。只有教师与家长相互合作，才能最有利于班级工作的开展，让孩子获得更好的发展。

2. 客观公正的评价

首先，教师对幼儿的评价要客观公正，避免让家长产生教师偏爱或者歧视某个孩子的想法。例如，教师与父辈家长评价幼儿的表现时，不但要举出幼儿表现的具体实例，还要对其个体发展进行纵向与横向比较后做出恰当中肯的评价，使得家长能整体把握、全面看待自己孩子的发展情况。其次，教师对班级工作的评价要客观公正且翔实。例如，教师在期末家长会总结班级工作时，不但要举出班级中教育孩子的具体做法，还要对做法的好坏进行深刻的反思和客观的评价，对于不足之处要勇于承认并积极探索改进的方法，使家长感受到教师对教育孜孜不倦的追求。

3. 专业知识的引领

面对父辈家长学历高、理念新、重视教育的情况，教师要做好专业知识的引领工作。首先，教师要注重不断学习，提升自身专业水平；其次，教师要注意收集前沿育儿资料与家长共享；最后，教师在每次与家长进行沟通前均需充分准备，做到以扎实的专业功底打动人。

幼教故事

用爱架起沟通的桥

这几天元宝来园看起来情绪很低落，送他的人由奶奶换成了爸爸，经验告诉我元宝家里有事情。一天，元宝爸爸送他时提起此事，激动地说元宝已经上中班了，衣服自己穿不好、吃饭还要喂、做事动手能力差、埋怨是奶奶给惯的，奶奶感觉自己为了孩子辛苦忙碌得不到肯定，一气之下回了老家。

这天，元宝爸爸又是最后一个来接，元宝积压已久的情绪一下暴发了，不停地哭喊着要奶奶。元宝爸爸急得直叹气。我和爸爸讲述了奶奶不顾腰病每天接送孩子的不容易，老人都是隔代亲，教育理念虽然有不足，但需要年轻人的理解和沟通，爸爸听得红了眼眶。

一天中午，我收到元宝奶奶的微信，说非常想念孩子，希望给她拍一些元宝的照片。我趁机回复："孩子可想您了，元宝爸爸也很后悔不理解您的辛苦。您忙完就早点回来吧！"为了培养元宝奶奶的育儿理念，我录制元宝和小朋友一日生活各个环节的视频发给元宝奶奶，奶奶在视频中发现了元宝与其他小朋友的差距，非常着急，承认平时包办代替较多，也理解了爸爸的教育观点。

今天一早，元宝高兴跑进教室大声说："老师，奶奶和爸爸一起送我来的"。三代人和谐温馨的画面又映入了眼帘，我由衷地为他们高兴。

（本案例来源于沈阳市北部战区空军直属机关幼儿园，于丹）

作为幼儿教师，在面对家庭育儿矛盾时，不能做一个旁观者，我们要有担当的精神，多做化解矛盾的调和剂，用爱搭起两代人沟通的桥梁，让亲情更温暖，教育更理性，儿童更幸福。

（二）祖辈家长工作

祖辈家长又称隔代家长，是指幼儿父母亲的上一辈即祖父母。年轻父母工作繁忙或者离异，孩子的生活、教育等方面便托付于家里的祖辈，这种现象屡见不鲜。幼儿园教师与祖辈家长年龄上的差异、育儿观念的差异、对幼儿关注点的不同等原因，都会影响幼儿园教师与祖辈家长沟通，在面对隔代家长工作的管理方面，教师应当注意以下几点：

1. 尊重其地位

第一，教师要从社会交往方面承认祖辈家长是我们的长辈，与其交往时要注重一些尊重性的礼节，如放学时热情地打招呼，班级活动排队时给予适当的照顾等。第二，教师要认可祖辈家长的地位，如日常交流要保障和其他父辈家长同样的待遇、不排斥与祖辈家长的交流等。第三，教师还可以通过征集和展示“祖辈教养小故事”等活动，既让祖辈家长感受到自己的价值，也让父辈家长理解并尊重祖辈的不易。

2. 了解其需要

祖辈家长的教育观念以及对班级管理工作的关注点不同于父辈家长，祖辈家长更关心幼儿的生活情况等，同时也更可能溺爱孩子。因此教师需要先调查和收集祖辈家长的育儿需求，在此基础上才能投其所需、有的放矢地开展工作。

3. 委婉提建议

针对祖辈家长的特殊情况与需求，教师应注重建议的委婉性。许多祖辈家长在对孩子的生活照料上付出了很多心血，如果教师一味地对其提出批评，会使得老人产生抵触情绪，即使建议合理也不会被接受。教师应该从祖辈家长的心理出发，用积极、委婉的方式肯定祖辈家长的付出，同时针对不同问题委婉提出意见。

幼教故事

看得见的成长

美工活动时漫漫不小心被自己的剪刀划到手背，虽然没划破，但也红了一条，老师赶快带他去了保健室消毒处理，同时与漫漫妈电话沟通并取得谅解。谁料第二天姥姥气冲冲地冲进教室，非说是辰辰用剪刀划到了漫漫的手背，一定要教训教训辰辰。

安抚好姥姥的情绪后，老师赶紧和漫漫妈通了电话。原来漫漫爸妈平时工作很忙，一直由姥姥照顾漫漫。姥姥对漫漫特别娇惯，从小到大衣来伸手、饭来张口，动手能力比较差。妈妈经常要求姥姥锻炼漫漫的动手能力，可姥姥总说孩子还小，长大就会了，为了这些母女俩没少争吵。这次姥姥误会辰辰划伤了漫漫，便想瞒着女儿直接找辰辰“算账”。

怎样才能统一两代人的教育观念呢？老师们决定充分利用一日生活培养孩子们的动手能力。在期末的家长开放日中，特别邀请姥姥和妈妈共同参加，看到漫漫长了很多本领，姥姥感慨万分地说：“原来我的漫漫这么能干！”后来姥姥还自发地参加了幼儿园的家长学校，主动学习先进的家庭教育理念。

（本案例来源于沈阳市浑南区花语幼儿园，孙文晓）

在祖孙三代的家庭结构中，统一教育观念和教育目标是非常重要的。引导家庭成员间相互沟通、彼此理解，帮助祖辈家长树立科学的育儿观念，指导年轻家长学习亲子陪伴的技巧等，都能有效增进家庭的和谐，给幼儿打造更好的成长环境。

（三）其他家长工作

其他家长指的是幼儿的旁系亲属，例如姑姑、叔叔等，以及家中聘请的保姆等。一般情况下，旁系亲属以及保姆等多负责幼儿的接送工作，教师在与这类家长对接时，首先要确保幼儿认识、确认是经过家长的授权，避免出现安全问题。除此之外应注意以下几点：

1. 要定期与家长进行直接沟通

一般请保姆或其他亲戚长期代为接送的家长比较忙，与教师的接触都很少，很少亲自到幼儿园来观摩孩子的活动，参加教师组织的家长会等家园共育活动。关于通知和信息，教师除了请这类“家长”帮助转达外，应该致电跟幼儿家长确认，或者寻找机会与家长直接沟通，保证信息的准确与清晰。

2. 了解家长对“授权家长”的需求

教师要与家长沟通，详细了解家长给这类“授权家长”的具体任务和权限，不提过分的要求。知道孩子出现问题时应该找谁，避免工作无的放矢。

3. 帮助家长考察保姆的素质

教师要从孩子的健康成长和教育的角度出发，在与保姆接触的过程中，有意识地观察保姆的素质和能力，主动承担起考察保姆的责任。对于他们中不正确的教育方法或观点，教师要及时与家长沟通，引起家长的重视并进行干预；对于不负责任、对孩子有负面影响或人品不好的保姆要建议家长更换。

小　结

幼儿园班级家长管理工作有多种不同形式，按照家长管理工作的组织频率，可将家长工作分为日常性的家长工作、阶段性的家长工作；按照工作群体不同可将家长管理工作分为父辈家长工作、祖辈家长工作、其他家长工作。

第二节　幼儿园班级家长工作的要求

《纲要》指出，“幼儿园应与家庭、社会密切配合，共同为幼儿创造一个良好的成长环境”。幼儿园与家庭配合的一个具体的侧面是为家长提供力所能及的服务。诚然，幼儿是幼儿园教育服务的主体，促进幼儿的健康发展也是一切幼儿教育活动的最终目的。另一方面，幼儿教育与家庭教育有密切的关系，因此，与其他教育阶段相比，幼儿阶段园所与家庭的沟通更为重要。幼儿园家长工作的原则是幼儿园开展家长工作时必须遵循的基本要求。幼儿园班级家长工作管理要遵循开放性与主动性相结合、平等性与针对性相结合、教育性与指导性相结合、充分互动与适度距离相结合以及尊重与信任相结合的原则。

一、开放性与主动性相结合

幼儿园要有开放的胸怀，充分开发利用社区与家长资源。搞好各种形式的开放活动，尤其是吸收家长深度参与幼儿园管理，让家长充分了解幼儿在园情况，园所的工作情况、各个阶段的工作计划与要点、具体活动的安排等，并且能主动征求家长对园所管理与保教方面的意见与建议，对合理的意见与建议予以采纳，发挥家长的督促作用。

园所应树立为家长服务的意识，为家长教育提供资源，密切家园联系，为家长参与幼儿园活动与管理打开通道并搭建平台。建立家长委员会，定期召开会议，园内和各班设立家长园地，宣传科学育儿知识，解答家长困惑。同时，幼儿园既要考虑自身的需求安排家园联系活动，选择家园联系方式，也要考虑家长的需求。此外，不能以幼儿园的主动性限制了家长参与幼儿园活动的主动性。

二、平等性与针对性相结合

在幼儿园家长工作中，要让所有家长感受到他们受到了同等的待遇，他们和教师是平等的。教师要用商量、询问等口气与他们沟通，而不是用命令、训斥的口气与他们说话。其实，不管是普通的工人、农民，还是企业的经理、老板或政府机关的领导，在教师面前只有一种身份，那就是孩子的家长。双方没有人格上的高低贵贱之分，应该在相互理解、彼此尊重的过程中进行交往，任何一方都不能凌驾于对方之上。同时，无论在何种情况下，教师对家长都应一视同仁，平等相待，不能“势利眼”、看人下菜碟，不因家长社会地位的高低而有亲疏之分。

为了使家长工作更有成效，对于不同的家长，家长工作的方式甚至内容也应该有所不同。对年轻的家长：平等、热情；对年长的家长：尊重、热情、体谅、常赞美。对高学历家长：采用研讨的方式进行交流，提供策略性建议；对低学历家长：多鼓励，提供操作性建议。对离异的家长：尊重、接纳。对保姆：热情、尊重。对性格内向、沉默寡言的家长：要面带微笑，经常主动热情地与他们交谈，逐渐拉近与家长之间的心理距离。对包办代替型家长：用制度管理来减少频繁出入园所带来的过度呵护的行为。对冲动直率型家长：微笑静听。对拒绝配合型家长：从孩子入手，让孩子成为小广播，每天向家长播报幼儿园里的趣事、乐事，吸引他关注幼儿园，关注老师的工作，然后请他参加一些活动，与孩子互动，与其他家长互动，用别人的热情去影响他。对被动配合型家长：让这些家长看到园所实际的工作成绩，用事实来说明问题，给他们更多参加各类活动的机会，让他们在活动中了解幼儿园，了解自己的孩子，理解老师的工作。对主动配合型家长："感谢"二字挂在口头，向他们更细致地介绍班级的工作，并将活动深入到家庭中去，使他们成为家长工作的领头人。

问题性质不同，沟通方式也不同。对于个别幼儿问题，可采用接送面谈、电话交流、家访等形式，与家长进行个别沟通交流；对于幼儿共性问题，可选择家长会、家长学校讲座、家长委员会会议、家长联系栏等形式与广大家长联系沟通。

幼教故事

"您真的误会了"

"听说老师还关心我上不上班呢?!"丽丽妈妈在教室门口生气地说。

正在接孩子的黄老师一脸诧异，刚要开口，就被她打断，"你昨天问我家孩子什么了？我在哪上班还用你管？你瞧不起谁呢？"

这一连串的发问，让黄老师一头雾水，到底发生什么了？

刚转园来的丽丽是一个性格内向的小朋友，她的妈妈怕她挨欺负，每天回家都要详细询问在幼儿园发生的事情。区域活动时黄老师发现丽丽一个人玩儿，就和她聊起了天，聊到父母的职业时，得知妈妈是全职主妇。没想到第二天就发生了上面的一幕，让黄老师郁闷不已。

为了化解误会，黄老师决定请丽丽妈妈坐下谈一谈，让她了解老师的初衷只是想进一步了解孩子。经过黄老师的耐心解释，丽丽妈妈承认自己有些自卑，更怕丽丽因此而受到歧视。谈话结束后，丽丽妈妈的心理平衡了许多，也向黄老师道了歉，两人的心结就这样解开了。

在期末的家长会上，黄老师还特意提到了绝对不会戴着有色眼镜去看待孩子和家长，会公平地对待每一个孩子。

（本案例来源于沈阳市浑南区花语幼儿园，黄莹莹）

教师在关注幼儿的同时也应适当了解幼儿的家庭情况、父母职业及家庭关系，针对不同类型的家长采取不同的沟通方式。发现矛盾的苗头时千万不要回避，用积极的态度、真诚的话语及时化解矛盾，实现家园步调一致，共同促进幼儿全面健康发展。

三、教育性与指导性相结合

家长工作要以孩子更好地成长为根基，以孩子的发展作为中心任务，遇到家园间的教育分歧，园所要坚定立场，科学开展保教工作。“将儿童的发展置于中心”，应该是教师与家长共同信奉的教育原则，同时也是二者合作的基本出发点。但是，教师和家长由于教育背景、信仰、价值观等方面的差异，决定了在“什么对孩子是正确的”这一点上，有时会有争执或处于隐性的对立状态。教师与家长之间的任何冲突都是建立在孩子的利益基础上的，因此，教师与家长面对矛盾和冲突，应共同寻找解决问题的科学办法，开展家长咨询活动，指导家长正确进行家庭教育，努力达到更有效地促进孩子健康成长的目的。①

所以幼儿园组织的各种家长活动都要有意识地对家长实施家庭教育指导，大多数家长的家庭教育活动都是自发的，家长较少自觉学习家庭教育的系统知识和技能。《纲要》中指出：幼儿园要承担起开展幼儿家庭教育咨询、指导，帮助家长树立正确的教育观念。幼儿园首先要激发家长参与幼儿园活动的信心，从提高家长参与幼儿园活动的积极性入手，逐步提升家长参与和组织幼儿园活动的能力。利用家园联系栏、口头联系、家访等多种形式，互通家园情况，互相配合教育。

幼教故事

挥不去的担忧

一天，小铉妈妈打来电话说：“孩子天天说有小朋友欺负他，希望老师可以给一个说法！”家长一再强调，“我家孩子从来不说谎”。

为了彻底解除家长的顾虑，我们决定和家长一起回放监控。家长怎么看都没有小朋友欺负他的迹象。看到这，小铉妈妈不好意思地鞠躬道歉，但也一脸忧虑地走了。

看似矛盾解决了，但我觉得小铉“说谎”背后的真正原因更值得关注。第二天，看到小铉，我没有批评他，而是一直陪在他身边。在交谈中了解到他每天早上的哭闹、说小朋友欺负他其实就是想让妈妈多陪他一会儿。知道了孩子“说谎”背后的原因，我便找到小铉妈妈，向她说明了孩子这种无意想象“说谎”的行为在这

① 莫源秋．幼儿园家长工作技能与艺术．北京：中国轻工业出版社，2015.

个年龄很容易发生，其实是想吸引家长更多的关注和爱。之后，我又给小铉妈妈支招，每天固定时间陪伴；多关注幼儿语言和情绪；及时和老师沟通，增进家园共育的黏合度。经过一段时间的共同努力，妈妈看到小铉的变化，再一次发来信息："老师，孩子现在很爱上幼儿园，谢谢您！"

（本案例来源于沈阳市北部战区空军直属机关幼儿园，郭淼）

作为教师，不仅要帮助孩子度过分离焦虑期，还应该及时帮助家长度过分离焦虑期。指导家长真正走进幼儿的内心世界，追溯问题背后的原因，用专业的教育学、心理学知识引导家长理解孩子一些小问题背后的真正原因。以爱和包容的态度处理问题，才能更好地解决家园矛盾，形成教育合力，才是打开家园共育大门的"金钥匙"！

四、充分互动与适度距离相结合

幼儿园和家庭双方充分互动是家长工作有效开展的前提条件，其活动主体包括教师、家长和幼儿。幼儿园家长工作中，教师与家长、教师与幼儿、家长与家长、家长与幼儿之间是否发生互动并相互之间产生影响，是评价幼儿园家长活动有效性的标准之一。在幼儿园活动中，教师不仅扮演着指导者和组织者的角色，更扮演着合作者的角色，家长也不仅是观摩者和服从者，还可以是策划者、组织者和管理者。在不同类型的家长工作中，教师和家长可以不断变换角色，变换活动的内容和形式，承担不同的职责。

同时，家园间互动过度则会适得其反，这主要体现为亲师沟通超限与园所干预超限。亲师沟通超限是指幼儿教师与家长的交流或互动行为过多。对于教师而言，家长总是想寻求教师的支持与对幼儿的关注，教师不顾家长的时间精力等频繁在家长群发布消息，家长与教师沟通交流过多，或者沟通的时候态度地位不平等、高高在上、语词犀利，就会引发亲师双方的"超限效应"，使其厌烦困扰。园所家长工作需要充分尊重与理解对方的时间，都要克服"以势压人"的作风。一方面，幼儿园和家庭要实现双向的信息交流，幼儿园向家长传递幼儿在园的情况时也要倾听家长传达幼儿在园外的活动情况；另一方面，幼儿园和家长合作要互相尊重，幼儿园既不能以教育专业者的身份对家长颐指气使，也不能因为幼儿园的服务性质而对家长言听计从。

五、尊重与信任相结合

教师应充分尊重家长，以平等、真诚的态度与家长合作，才能构建起家园之间建设性的合作伙伴关系。家长与教师是为着共同的教育目标结成合作关系的合作者，若家长不认可幼儿园和教师的做法，幼儿园则应秉着虚心、平等的态度进行交流，协商解决问题，充分的沟通是化解家园矛盾的有效方式。

家园双方如果缺乏信任则会导致家园关系疏离。幼儿园的不合理要求会导致家长产生防备与防御心理，家长的不合理干预也会使幼儿园产生排斥心理。所以，幼儿园与家长双方要本着尊重的态度，把保证家长和幼儿的利益与维护幼儿园的威信和权威放在同等重要的地位。

小　结

幼儿园班级家长工作的要求总体包含五个大的原则：开放性与主动性相结合的原则、平等性与针对性相结合的原则、教育性与指导性相结合的原则、充分互动与适度距离相结合的原则以及尊重与信任相结合的原则。

第三节　班级家长工作的常见问题与对策

班级家长工作的常见问题包含双方沟通交流不畅以及双方的责任划分不清等，具体表现为双方沟通的方法、时机、手段等出现偏差以及责任归位模糊等。

一、班级家长工作的常见问题

家长和幼儿是很敏感的，任何一个细小的疏忽都可能引起家园矛盾。教师要注意细节过程中的微小环节，以免引起家长误会。

（一）沟通交流不畅

1. 心理距离疏远

心理距离疏远是指幼儿教师或家长没有担负起所应承担责任的现象。从幼儿教师角度来说，心理距离疏远是指教师对家长的引导帮助工作不到位、没有担负起自己本应承担的专业性责任。部分幼儿教师未把家长放在平等的位置上，认为自己专业性强，与家长沟通也是无用功，或者仅仅进行形式化的沟通，深度不够，敷衍了事。有的教师认为家长蛮横强势、“惹不起”，继而避而远之。从家长角度来说，心理距离疏远指家长对幼儿教育存在低敏感性、低参与性和低情感性，没时间、不愿意或形式化参与幼儿的教育活动，甚至将幼儿的陪伴教育工作丢给长辈，若幼儿教育出现问题，就把责任推给幼儿教师。部分家长未把教师放在平等位置上，对自己的“育儿专业度”不自信而对教师“可望不可即”、对教师的“不专业”“嗤之以鼻”等。心理距离疏远会让双方产生“道不同不相为谋”的心理安全缺失问题。

2. 教育观念偏差

家教观念决定着家长的教育行为。不少幼儿家长在儿童观、发展观、教子观、人才观等方面都存在问题，导致一些家长在对幼儿的教育上步入误区。比如：不少家长误认为向幼儿头脑灌输大量的知识便是智力开发，让幼儿学会一技之长就能成才、成星，并以为这就是早期教育；有些家长忽视幼儿社会性的发展，不重视孩子的性格品德、行为习惯的培养；有的家长认为“树大自然直”；有的家长认为幼儿时期主要是长身体，上学才是教育的开始；有的家长只顾挣钱，对幼儿的教育不放在心上；还有相当一部分家长认为把幼儿送进幼儿园，教育就是老师的事，家长只管幼儿的生活就行。

3. 沟通技巧欠佳

（1）单项的灌输，象征性的参与。

家园沟通过程中存在家园关系不平等的情况。园所和家长的沟通方式也是比较局限的，主要是通过家长会、开放日、电话联系家长和家访等方式。园所和家长的沟通也往往呈现单项沟通的情况，园所向家长倾诉，家长一味地聆听，缺少两者之间的相互沟通。缺少和家长的交流，家长有意见也无法提出。目前许多家园沟通的方式趋向于幼儿园一方单向的陈述和表达，家长则较为被动，家长和教师在整个活动中处于不平等的地位。如家长学校、家长会、家长开放半日活动，以及家园联系栏等有助于让家长了解幼儿在园的学习、游戏与日常生活，但并不能解决个别幼儿的问题。具体到不同的家长，其与教师沟通的机会亦是不均等的。

（2）沟通内容片面，沟通方法单一。

教师与家长反馈较多的是幼儿在幼儿园是否积极参与活动，有无违纪现象，是否按时洗手、认真吃饭等琐碎、局限的情况。一是沟通技巧生疏。调查发现：部分幼儿园教师沟通技巧掌握不娴熟，严重缺乏科学有效的沟通指导，导致家园沟通效果不佳。二是沟通方法单一。随着社会的发展，信息时代的进步，幼儿园家园互动采用形式应逐渐增多，如面谈、家访、家长会、家园开放日、亲子活动、家园联系本及家长学校等，同时，网络手段因为其高效性也应被充分利用。

（3）家园沟通时机不合理。

从时间安排上看，家园沟通的时间最多集中在入园和离园两个时间段，而在这两个时间段的沟通存在很多难点。究其原因，一是由于家长和幼儿园教师的工作时间较为同步，许多家长送孩子入园以后匆匆赶去上班，而离园时，家长和教师几乎又是同步下班，所以很难进行充分的沟通与交流；二是在该时段，即使家长有时间，教师也很难抽出时间和家长交流，因为此时教师非常忙碌，要接待每个孩子入园、离园，要组织班级活动，要保证孩子的安全，还要应对各种突发事件，分配到每个家长的时间少之又少。

4. 幼儿传话失准

家长和教师之间发生互动是以幼儿为纽带的，亲师矛盾的发生也是以幼儿为中介，“中介性”是亲师矛盾的显著特点。幼儿是家长和教师之间发生矛盾的根源，又是教师与家长合作的出发点和最终目的。在很多情况下，教师和家长对双方的认识是通过儿童对双方的评价以及儿童的行为得以实现。幼儿错误信息的传递造成了老师和家长的不良印象，让双方的交流产生了一定的心理障碍。例如，部分幼儿说今天在园内什么也没做等，使家长认为园所对孩子的管理方式是松散的不良印象；同时，一些幼儿在园所中表现出的任性妄为行为，让老师认为是家长对幼儿缺乏管教、溺爱造成的。

幼教故事

一个易拉罐

班级重新布置植物角，老师请小朋友们自愿带易拉罐来园栽种植物，当时老师随手拿了一个娃哈哈桂圆八宝粥的罐子给孩子们展示。乐乐回到家对妈妈说：“老师要娃哈哈桂圆八宝粥的罐子”，妈妈找来一堆空罐子让乐乐挑，乐乐说：“一个也不行，就要桂圆八宝粥的罐子”，当时已经很晚了，妈妈怕孩子不高兴就去楼下的小超市购买，正巧的是超市没有，又驾车跑到离家很远的大超市才买来……第二天乐乐妈妈把乐乐送到班级后，有些抱怨地跟老师谈及此事，气氛显得异常尴尬……

（本案例来源于沈阳市浑南区花语幼儿园，王舒）

幼儿受年龄限制，语言表达能力有限，不能很客观地把事实阐述清楚，所以在发生问题时家长要分情况耐心地询问清楚幼儿或者教师，避免亲师矛盾的发生。而最重要的是，教师要勤与家长沟通，主动与家长沟通，避免家长因听到孩子的错误转述而产生误解。

（二）责任划分不清

家长与幼儿教师之间常因角色差异而引发出一系列问题。亲师双方在功能范围、责任范围与情感态度三方面存在差异。首先，家长对幼儿的功能范围具有全面性、无限性，而幼儿教师对于幼儿的功能范围具有特定性、有限性。其次，家长的责任范围具有个体性，仅对自己家的幼儿负责即可，而幼儿教师的责任范围具有全体性，即需要照料全班幼儿。再次，家长对幼儿的情感态度具有强烈性、偏爱性，而幼儿教师对幼儿的情感态度具有较弱性、公平性。如果幼儿教师与家长不能充分理解亲师之间的角色差异，那么误会就会源源不断，进而引发责任划分不清。责任划分不清分为两种情况：一是双方责任的越位，家长与教师之间的关系呈戒备状态；二是双方责任的缺位，进入关系疏远状态。

1. 亲师责任越位

亲师责任越位是指幼儿教师或家长超越自身责任范围，干涉对方教育的现象。从幼儿教师角度来看，责任越位主要指的是幼儿教师自我专业性认可度较高，其所提出的要求家长必须遵守，否则就视为家长不配合教育工作，其中不乏一些形式化的微信打卡活动以及家长难以完成的高难度手工等任务。从家长角度来看，责任越位指的是家长出于自身的利益，要求教师按照自己的期望来组织教育工作，比如部分家长由于应试背景下的教育焦虑，希望教师能够多教给幼儿“有用”的小学知识，或者利用监控看见不满意的地方就致电教师要求其改正，干涉正常的教育秩序，为教师制造了一定的压力。无论是教师越位，或者家长越位，都会使对方进入心理戒备状态，不利于家园关系的维护与发展。

2. 亲师责任缺位

亲师责任缺位是指幼儿教师或家长没有担负起本应承担的责任的现象。从幼儿教师角度来说，责任缺位是指教师对家长的引导帮助工作不到位、没有担负起自己本应承担的专业性责任；部分幼儿教师未把家长放在平等的位置上，认为自己专业性强，与家长沟通也是无用功，或者即使沟通也仅仅形式化，不够深度，敷衍了事。从家长角度来说，责任缺位指家长对幼儿教育的关心程度不够的现象，主要表现为家长对幼儿教育存在低敏感性、低参与性和低情感性，没时间或者不愿意参加幼儿的教育活动，或者形式化参与，将幼儿的陪伴教育工作丢给长辈，若幼儿出现问题，就把责任推给幼儿教师。无论是教师或者家长责任缺位，都会产生“道不同不相为谋”的排斥心理，进而疏远亲师关系。

幼教故事

争“C”位

“王老师，这次演出为什么把朵朵排到靠边的位置上，这样会影响孩子的自信心，我们家朵朵应该站在中间……”后台传来朵朵妈愤怒的声音。想想这已经不是她第一次帮朵朵争“C”位了，户外站排朵朵要站在排头，回答问题要第一个叫朵朵……当老师试图与她沟通时，朵朵妈总是以要关注孩子的心理健康进行“反驳”。

今天朵朵妈又来提意见了，理由是朵朵没有第一个选择活动区。王老师真是哭笑不得，暗下决心今天必须想办法解决这个令所有人都无比困扰的问题。王老师请朵朵妈看了一小段视频，视频中朵朵因为赛跑没有得第一，正对着同伴大发脾气。王老师握住朵朵妈的手说：“我特别能理解您的心情，可是您的这些做法看似为朵朵好，但实际上对孩子的影响已经有悖于您的初衷了。”接着王老师又用专业知识跟朵朵妈分析了过度干预孩子在集体中的活动会对孩子今后的心理发展、行为习惯等产生的负面影响，经过多次沟通，朵朵妈终于意识到自己的做法是在干预老师的正常教学。

（本案例来源于沈阳市浑南区花语幼儿园，李喆）

当家长出现过度干预教育工作的行为时，教师首先要对家长的行为给予理解，想办法与家长进行和谐有效的沟通，避免双方产生敌对情绪；其次要用理论联系实际，用专业的知识和能力赢得家长的信任，引导家长明白家园合作的真正含义，清楚界限，各尽其职。

二、有效化解的对策与艺术

（一）沟通交流的艺术

1. 选择合适的时机

大多数情况下，老师利用家长接送幼儿的时候进行面对面交流。这时候，要仔细观察家长，如果家长一副急匆匆的样子，就不要追着家长谈话，因为家长或许有事要急着上班或去做其他事情，即使家长耐着性子和你说话，也达不到沟通的目的。如果不是特别着急的事情，可以后再找时间，如果是简单的交流与沟通，比如说几分钟就能解决的，可以用这个时间。所以在沟通之前，教师自己心里要明白要做的事和要说的话大概需要多长时间。如果几分钟以后没有达到共识，那教师要先行结束谈话，可以这样说：“某某家长，这样吧，您先去上班，等您有时间的时候我们再继续探讨这个问题好吗？”教师可以和家长预约下次谈话的时间，在教师和家长时间都很充裕的时候，沟通起来能更从容、彻底一些，这样处理能让家长感觉到老师的体贴入微，甚至联想到老师对成人都如此体贴耐心，那对孩子就会更好了，这样对今后开展工作更有利。

2. 选择合适方式与地点

除了面对面的交流沟通，最好是每个孩子的家长在每个月都能接受到一次除面对面沟通以外的沟通，如电话、网络、信息、视频能让你的沟通效果更好。因为这预示着你用的是自己的业余时间为孩子付出，家长会情不自禁地认为这个老师是关心我的孩子的，从而对教师更喜欢。

再者是地点的选择。如果是谈论幼儿的优点，可以在任何地点，如果是和家长沟通要改正幼儿的缺点，地点的选择就十分重要。第一，要避开其他家长，给家长以充分的尊重。避免当着其他人的面让家长难看、尴尬，下不来台，教师也会给家长留下不好的印象，以后的工作就难以开展了，因为有的家长会尽量地避免和老师接触，如果这样还怎么进行家园沟通、达成共识呢？第二，要避开幼儿，不能当着幼儿的面和家长谈论幼儿的缺点，避免幼儿产生老师在向家长告状的误会，这样幼儿会对老师产生抵触情绪，不利于产生良好的师幼关系，破坏老师在幼儿心目中的美好形象，不利于老师在幼儿心目中产生威信。第三，要选择一个相对安静的环境，避免不必要的干扰，有利于谈话的顺利进行。

3. 谈话方式需因人而异

对于不大熟悉的家长，在正式谈话开始前，为了避免紧张，可以向家长关切地询问孩子的生活情况，如：幼儿每天什么时候睡觉、起床，在家里喜欢做什么事，平时喜欢和什么人玩，等等。这种做首先消除家长的紧张情绪，还能让家长体会到教师对幼儿的关爱。对于较熟悉、性格直爽的家长，或者谦虚、诚恳的家长，可直接进入正题，指出孩子近阶段的进步与存在的问题，并互相商量对策；对于脾气急躁、虚荣心强的家长，应多提幼儿的优点，并委婉地指出幼儿的缺点，缺点不要一下子都提出来，每次提一两个，这样家长心理上能接受，其他的缺点要等下次再提出，否则提出太多的缺点他难以接受。还可以安排家长参加开放日活动，用事实说话，让家长自己发现幼儿的问题，在家长产生解决问题的愿望时，再与其进行沟通。对于一些不关心幼儿的家长，应直接指出问题的严重性；对于宠爱、放任孩子的家长，应宣传科学的育儿知识，推荐一些相关的育儿杂志、书籍给家长阅读，或建议、安排家长参加有关专家讲座，以丰富家长的科学育儿知识，并详细分析幼儿在集体生活中的表现，让家长明白溺爱孩子的不良后果，提高家长的认识。

4. 掌握非言语技巧

掌握非语言技巧就是肢体语言的恰当运用。有研究指出，在人与人交往的信息中，面部表情占55%，声调占38%，语言占7%，这说明与言语交流相配合的非言语交流特别重要。

(1) 与家长交流时要保持目光的平行，就是平视家长，避免用仰视、俯视的眼光或游离的眼神。目光游离说明你不自信，所以你的语言也就不具备说服力，也不要目光炯炯的，不要走两个极端。眼神要和蔼可亲。

(2) 用发自内心的微笑、善意的表情、点头等表示对家长的尊重，身体前倾，间或以“对!”“是!”等短语回应来表示对他的话题很有兴趣。要记住，不打无准备之仗，谈话之前要做足功课，要让家长感觉到你对幼儿的重视及你对解决问题的决心。

(3) 注意力集中，不要边谈边干其他事情，心不在焉。要始终用温和的眼神注视着对方。要让家长感受到他存在的重要性，让他感觉到目前他及孩子身上的问题是你当前工作的重点。

5. 充分发挥语言艺术的魅力

（1）注意语言的形式和方式。

语言是一个人综合修养的反映。你的谈话应该表现出：语气的婉和，语态的真诚，语调的亲切，语势的平稳，使家长一听就明，能从你的谈话中受到启发。批评的话语也要婉转，并体现出你的专业性。例如：××小朋友，表现欲特强，时时、事事、处处都想在小朋友面前展示自己的才能和树立自己的威信，可因为年龄小，把握不好方法，常常误认为欺负小朋友就是树立自己的威信，所以需要老师和家长给予更多的指导和帮助。

（2）把握好沟通的时序。

在交流中，双方难免会谈到孩子的缺点，这时教师就要巧妙使用语言。首先，要先扬后抑，即先肯定幼儿的优点，然后点出不足，这样家长就易于接受。其次要避实就虚，即不要一开始就切入正题，待家长心情趋于平静的时候再自然引出主题。如家长得知幼儿在学校“闯祸”了，往往会忐忑不安地等待教师的批评，这时如果教师先不渲染孩子的“错误”，而是谈一些其他的话题，家长就会减少心理顾虑。通常情况下，家长会忍不住代替幼儿向老师道歉，此时教师则应与家长共同分析并找出原因，积极寻求解决的办法。同一件事，往往可以从多个角度来描述它，为了使人们乐意接受，我们就尽可能从人们的心理易于接受的那个角度去叙述，尽量避免那个容易引起人们反感的角度，尽量不说别人忌讳的话语。如果家长情绪过于激动，这不是交流的最好时机，我们不要急着给家长更多的意见；等待时机成熟后（建立一定的感情基础后）再做进一步的交流，家长会更乐于接受。

（3）多给家长一些建设性的意见。

每个幼儿都有他的长处，也有他的不足。教师常常与家长沟通时，都希望家长能配合教师，帮助幼儿改正不足。但家长的素质有高有低，都能自觉达到教师的愿景是不现实的。所以，教师在听家长处理的意见时，对于家长不符合教育要求的行为、观点，能针对幼儿的问题，多向家长提供一些可行性的建议，如：“你看，这个问题，我们是否可以尝试这样做”“我们试试这种方式怎么样？”等。

（4）根据不同的家长选择不同的表达方式。

在访谈中，不少教师都认为与幼儿的爷爷奶奶沟通比较困难，他们不能理解自己的意思。这是因为幼儿的爷爷奶奶与教师在年龄、经验、文化背景、思想观念等方面存在一定差距，而且双方语言表达方式也有不同，因此面对这样的听众，教师要尽可能简化语言，并适时改变自己的语言表达方式和习惯，以对方能理解的方式表达意思，这样才能使双方的沟通障碍尽可能减少。

(5) 多给予赞赏和鼓励。

赞扬幼儿、赞扬家长是与家长交流的法宝。教师在与家长交流的过程中，要注意倾听家长的意见，当家长谈到幼儿在家里的良好表现时，教师要及时或适时地给予幼儿赞赏，给予家长良好教育方式的肯定，以激起孩子和家长的自尊。

6. 善于“倾听”

首先，任何教师，无论他具有多么丰富的实践经验和深厚的理论修养，都不可能把复杂的教育工作做得十全十美、不出差错。随着全民素质的提高，家长的水平也在不断提高，他们的许多见解值得教师学习和借鉴。加之“旁观者清”，有时家长比教师更容易发现教育过程中的问题。因此，教师要放下“教育权威”的架子，经常向家长征求意见，虚心听取他们的批评和建议，以改进自己的工作。这样做，也会使家长觉得教师可亲可信，从而诚心诚意地支持和配合教师的工作，维护教师的威信。其次，良好倾听家长的语言能及时了解家长的意愿、家长的看法、家长的情绪，能有效地把握家长的需求。针对需求进行合理的交流，不仅能让家长觉得老师是尊重他们的，更会让家长觉得老师对他的孩子是上心的，是有爱的，家校合作关系自然会更好。

(二) 责任定位的艺术

无论是家长还是幼儿教师，有一方出现责任越位或责任缺位的现象之后，很容易引发家园矛盾，而问题的解法就是以情感为基础的换位思考。可以通过以下两方面界定家园责任，避免矛盾的产生。

1. 制订权责清单

园所应尽快与家长拟定双方的权力清单、责任清单和负面行为清单，通过协商的手段将双方的权力、职责及失范行为以清单的形式公示明晰。避免合作共育的过程中由于缺少制度性的规约而失去规范的特性。第一，权责清单制度让教师及家长的权力行之有据，明确追责事项及履责标准，一旦出现矛盾还可提升追责的效率。例如明确家长应遵守的诸如接送制度、收费标准与办法、文明家长守则等。第二，保障了家长的知情权，诸如幼儿园的基本概况，园所收取保教费用的支出明细，幼儿餐食的采购及烹饪过程等内容，家长有权知晓。园务事项的公开，也提升了家长对园所工作的支持，增进了家长对园所的理解。第三，负面行为清单有助于家园双方检视自身行为，通过明确家园双方的“禁止类”失范行为和相应的追责程序，明晰各自的权限职责，及时有针对性地做出调整。第四，通过家园协商制定双方“重叠”责任的分配及处理预案，挖掘以往忽视的权责“盲区”。

2. 明确细节责任

梳理权力的边界意识，处理好家园互动的各个环节、各种方式与手段中的权责互动。第一，处理好家园合作各个情境与环节中的权责关系，比如亲子运动会等大型园所活动中，入园离园时家长与教师的具体安全责任细则；拟定亲子相处环节中家长各种失范行为等。第二，处理好家园共育过程中的方式与手段问题，家园沟通应注意时间弹性化、沟通方式人性化、处理方式多元化。保证通过微信、QQ、班级群等传播信息时适度、适时，避免给家长造成过度的焦虑与困扰。采取绘本剧，情景剧等有趣直观的形式提升幼儿及家长的安全意识等。

幼儿教师与家长要及时解开“心中的小疙瘩”，有问题及时提出、及时解决。家园双方经常换位思考、理性思考，才能彼此信任，从而更好地进行家园合作育儿。

小　结

班级家长工作中存在一些常见的、共性的管理问题：教师与家长之间的沟通交流不畅、教师与家长之间的责任划分不清。如何处理这些问题？可以采取一些有效且“艺术”的策略进行亲师交流以及责任划分。

拓展阅读

［1］邓惠明．幼儿园家长工作指导［M］．上海：复旦大学出版社，2013.

［2］吴丹．幼儿园家长工作指导［M］．上海：华东师范大学出版社，2016.

［3］莫源秋．幼儿园家长工作技能与艺术［M］．北京：中国轻工业出版社，2015.

［4］卢筱红．幼儿园家长开放日活动设计与实践指导［M］．北京：中国轻工业出版社，2014.

［5］金虹青，徐晶．幼儿园家长资源开发策略［J］．学前教育研究，2008（8）：69－70.

［6］叶穗梅．争取家长配合：引导与服务并重［J］．学前教育研究，2008（3）：63－64.

思考与练习

1. 班级家长工作包含哪些形式？具体内容是哪些？

2. 幼儿教师应该通过何种形式实现和家长之间的双向信息交流?

3. 教师如何与不同类型、不同性格的家长交流沟通?

4. 假如遇到因幼儿传话失准导致的家园矛盾，教师如何与家长有效沟通化解?

5. 请查阅资料，为家长设计一个评价教师在开放日活动中组织某科学教育活动情况的评教表格。

第六章　防微杜渐，未雨绸缪
——班级安全管理

美国心理学家马斯洛在《人类动机的理论》书中提出了需要层次理论。人的需求有五种，由低到高依次为生理需求、安全需求、社会需求、尊重需求和自我实现需求。生理、安全需求是人类最基本的需求，人类的其他一切活动都是建立在生命安全保障的基础上的。幼儿园是幼儿每天生活、学习的地方，因此，幼儿教师在园的首要任务就是保证幼儿的安全。

学习目标

1. 掌握幼儿园班级安全管理的内容及问题的解决策略，能够运用解决策略解决相应的安全问题。

2. 了解幼儿园班级卫生保健安全管理的内容、常见问题及解决策略。

3. 掌握集体活动安全管理的原则和策略，能够运用到实际活动当中。

4. 了解教师心理健康的主要问题并加以防范，明确幼儿心理健康内容并在实际教学中进行观察和解决。

思维导图

- 班级安全管理
  - 卫生保健安全管理
    - 班级卫生保健安全管理内容及要求
    - 班级卫生保健安全管理问题及策略
  - 重点环节安全管理
    - 午间休息安全管理
    - 如厕盥洗安全管理
    - 入园离园安全管理
  - 集体活动安全管理
    - 集体活动的安全管理内容及要求
    - 集体活动安全管理问题及策略
  - 心理安全管理
    - 教师心理安全管理
    - 幼儿心理安全管理

典型案例

不安静的午休

一天中午，某幼儿园中班的大部分幼儿都睡着了，还有个别幼儿没睡，这时，值班教师便到别的班去倒开水，并聊了一会儿，待她回班后，发现丽丽头部红肿，问其原因，是刚才教师外出后，他在床上玩耍，不小心摔伤的，教师赶忙帮幼儿揉了揉，便安慰他睡了觉，下午当家长接孩子时看到幼儿伤情，非常生气，要求领导解决处理。

幼儿园中的安全问题十分重要，那么如何正确管理才能预防安全问题的发生？如果发生了卫生安全问题或是事故安全问题，又该如何处理解决呢？哪些方面是幼儿园班级安全管理的重点呢？

本章以班级安全管理为主旨，将班级中卫生管理、日常生活中的重点环节管理、集体活动管理以及心理健康管理作为主要内容，旨在从细节处帮助幼儿教师完善本班安全管理，从而给幼儿提供安全健康的成长环境。

第一节 卫生保健安全管理

幼儿园的卫生保健工作质量关系每一个幼儿的安全成长和身心发展健康，关于幼儿园卫生保健的研究也日益丰富起来。《托儿所幼儿园卫生保健工作规范》（以下简称为《工作规范》）指出，托幼机构卫生保健工作的主要任务是，贯彻预防为主、保教结合的工作方针，为集体儿童创造良好的生活环境，预防控制传染病，降低常见病的发病率，培养健康的生活习惯，保障儿童的身心健康。幼儿安全管理渗透在幼儿一日生活活动的各个环节中，幼儿园安全管理直接影响着幼儿的生命安全，也影响着幼儿教育的质量。因此，了解幼儿园安全管理内容和常见问题具有重要的意义。

一、班级卫生保健安全管理内容及要求

幼儿卫生保健是指对幼儿个人和集体采取的医疗保健和卫生防疫相结合的措施，其目的是预防幼儿疾病，保护和促进幼儿的身体健康、生长发育和心理发展。幼儿园卫生保健即在幼儿园内对幼儿个人和集体采取预防和保健相结合的综合性措施，以达到预防疾病、保护和促进幼儿的身心健康的目的。

（一）班级卫生保健安全管理内容

《工作规范》中明确将幼儿园卫生保健工作内容划分为十大项，分别是一日生活安排、儿童膳食、体格锻炼、健康检查、卫生与消毒、传染病预防和控制、常见病预防与管理、伤害预防、健康教育和信息收集。根据对资料的查阅和对实际情况的调查，发现幼儿园保健中饮食安全、服药安全和流行性疾病的预防这三方面在幼儿园安全工作中至关重要，但在现有的资料中对其系统的论述较少。所以本节着重对这三方面进行论述。

1. 饮食安全管理

幼儿的一日三餐是生活活动的重要组成部分。一般情况下，进餐环节在这三个方

面易发生安全事故：一是卫生安全方面，桌椅板凳、餐具等的消毒和幼儿的盥洗；二是食品的温度方面，幼儿非常容易发生烫伤，给幼儿提供的食物温度要适宜，避免烫伤；三是幼儿进餐环境方面，教师应给幼儿提供安全、从容的心理环境。

在进餐前，教师要严格遵守幼儿园的相关制度，对餐桌、餐具进行消毒处理；提供安全的食物，可以适时播放舒缓的音乐，为幼儿营造轻松的进餐氛围。卫生方面，教师可以引导幼儿分组洗手，教给幼儿正确的洗手方法。在分组时，一位老师在活动室带领幼儿做些安静的游戏，另一位教师注意幼儿洗手的情况，两位教师相互配合，既保障了幼儿的安全，又能让幼儿有事可做，避免由于幼儿乱摸东西造成手部二次污染。

进餐过程中，教师首先要把握好幼儿的就餐时间，就餐时间过长或过短，都会影响孩子的身体健康，一般情况下，幼儿每次就餐时间在 30～40 分钟为宜。其次，教师要教给幼儿正确的就餐方法，教师提醒幼儿就餐时要细嚼慢咽，不边吃边玩、东张西望。吃饭耗时过长的幼儿要找出原因具体分析，帮助他们在规定时间内完成就餐；在进食汤或粥时，提醒幼儿必须吹一吹、试一试后再喝，以免烫伤。最后，锻炼幼儿的生活自理能力，中大班都以幼儿自己端饭为主、教师添加为辅。所以教师要规范幼儿端饭线路，这样能有效避免事故的发生。

进餐后，教师需要引导幼儿将自己碗里的食物吃干净、将自己的餐具有序放置统一位置、用杯子接水漱口等。另外，教师可以安排小值日生，因为幼儿的进餐速度不一，教师既要照顾进餐的幼儿，还要引导用完餐的幼儿进行活动，安排小值日生以便更好地维持餐后秩序。

2. 服药安全管理

3～6 岁幼儿身体发育还不成熟，各项生理机能还不完善，机体抵抗能力较弱，容易受到细菌或病毒的侵扰而生病。所以幼儿教师经常会碰到幼儿带药的情况。尤其是在秋冬季，患感冒的幼儿较多，这不但增加了教师的工作负担，而且很容易发生误服药、服错药的事故。所以教师一定要严格对待幼儿的服药问题，仔细核对药品种类和用量，确保幼儿服药安全。

幼儿在出现感冒、流鼻涕、咳嗽等轻微身体不适的情况后，经正规医院诊断确诊幼儿无传染性疾病、无高烧的情况，且可以参加幼儿园正常的一日活动时，家长可为患儿携带符合国家药品监督部门认定的口服药品来园。带药品来园的幼儿需按本幼儿园安全服药的规定，写好幼儿班级、姓名、药品剂量，服用方法，交到保健室，经保健医生检查登记后，由保健医生将药送到班上，与该班老师共同查对幼儿姓名正确无误时，签写交药手续，老师并将药放到幼儿拿不到的地方，防误食。本班教师在给幼儿喂药时，药袋上的姓名与幼儿本人应一致无误，并严格按剂量服用。

3. 班级流行性疾病安全管理

幼儿园最易发生的流行疾病与传染疾病是流感、结膜炎、水痘、手足口及咽喉炎。幼儿园卫生保健应贯彻“预防为主”的卫生工作方针，在上级卫生部门的指导下，做好集体幼儿的疾病防治和预防保健工作。幼儿园要做好所有幼儿的健康检查，初次入园幼儿须经妇幼保健科进行健康检查，填写健康检查表和保健卡，经体检、化验等项目检查确无传染性疾病等。

幼儿入园后班级教师是与幼儿最亲近的人，所以做好班级流行性疾病的管理十分重要。首先，晨检应由主班教师或当班教师对早晨到园的每个幼儿进行观察、询问，了解幼儿出勤、健康状况，并做好晨检记录。如发现幼儿有传染病早期症状（如发热、皮疹、腹泻、呕吐、黄疸等）以及疑似传染病症状时，应当及时告知幼儿园负责人，幼儿园相关负责人要进行进一步排查，以确保及时发现病情。其次，主班教师及当班教师应当密切关注本班幼儿的出勤情况，对于因病缺勤的幼儿，应当了解幼儿的患病情况和可能的病因，如有怀疑，要及时报告给幼儿园负责人。幼儿园相关负责人接到报告后应及时追查幼儿的患病情况和可能的病因。最后，班级内一天有 3 例或者连续 3 天内有多个幼儿（5 例以上）患病，并有相似症状（如发热、皮疹、腹泻、呕吐、黄疸等）时；或者个别幼儿出现不明原因的高热、呼吸急促、腹泻等症状时，班级教师应该将情况报告给相关负责人给予重视。

（二）班级卫生保健安全管理要求

1. 饮食安全管理要求

为保证幼儿的生命安全和身心健康，为幼儿的健康成长提供良好环境，幼儿园必须加强饮食安全管理。根据规定，幼儿两餐间隔时间不得少于 3.5 小时。进餐前，教师要消毒餐具和桌面，安抚幼儿情绪，待幼儿安静入座后，开始盛饭，不让幼儿端饭，避免发生烫伤，保证幼儿有 30～40 分钟用餐时间，不催促幼儿，以免发生噎食事件，用餐中纠正幼儿坐姿和拿勺、拿筷的不正确方式，鼓励幼儿不挑食、不剩饭等。

另外，幼儿园食堂应当按照《食品安全法》《食品安全法实施条例》以及《餐饮服务许可管理办法》《餐饮服务食品安全监督管理办法》《学校食堂与学生集体用餐卫生管理规定》等有关法律法规和规章的要求，取得《餐饮服务许可证》，建立健全各项食品安全管理制度。

2. 用药安全管理要求

在幼儿园难免会有幼儿带药到班级的情况，保证幼儿按时、准确服药，这就要求教师的责任心以及和家长准确的对接。为了保障幼儿安全服药，教师需要认真仔细对待这项工作，严格执行幼儿服药工作的相关规定。每天早晨家长将药品与填写好的《喂药委托及服药记录表》（见表 6－1）一并交给班级教师，乘校车的幼儿家长要将事先填写好的《喂药委托及服药记录表》和药品交给园车安全管理员，再转交幼儿班级教师。班级教师应将药品放在幼儿接触不到的地方。在一日活动中教师应相互传达和提醒幼儿的服药情况，在离园时将《喂药委托及服药记录表》放置在门口，提醒家长查看。

表6-1 喂药委托及服药记录表

×××幼儿园幼儿服药单				
幼儿班级：			幼儿姓名：	
药物名称	服药时间	服药剂量	服药方式	家长签名

（本表格来源于北京市海淀区某幼儿园，靖赛兰）

3. 流行性疾病安全管理要求

做好幼儿园流行性疾病的预防工作需要做好预防接种，幼儿园应密切与当地防疫部门联系，及时了解疫情动态，按年龄、季节、适时、全程、足量、规范化地为幼儿实施预防接种，以提高整体人群的免疫水平。

科学处理班级流行性疾病，教师要提高对疾病的重视，做好预防工作。定期净化室内环境，保持空气清新。教师应每天定时打开班级窗户适度通风，保持空气流通，让阳光射入室内。

首先，教师早晨来园后，要先用有效浓度的消毒液擦玩具柜及室内家具、门把手等处，然后用清水擦拭一次，防止幼儿入口。其次，做好入园幼儿的晨检工作。幼儿一入园，教师就要注意观察孩子的精神状况，对发热、精神状况不佳的幼儿进行密切的观察，及时采取相应的治疗措施。若发现有3名以上的幼儿出现相同症状，应及时向园领导汇报。再次，每天查明缺席幼儿的原因。教师要每天在幼儿入园后清点人数，确定缺席的人数和原因，如果幼儿是因患病请假，就要了解幼儿所患疾病，并在班级采取相应的预防措施。最后，要定期消毒。保教人员要定期对幼儿的餐具、餐桌、毛巾、水杯等生活用品进行严格消毒，定时将幼儿的被褥清洗消毒；教师要禁止幼儿喝生水，用温开水让幼儿漱口等。

二、班级卫生保健安全管理问题及策略

（一）班级卫生保健安全管理常见问题

1. 饮食卫生不安全

当幼儿进餐时，首先会因为食物太烫、有刺或不卫生而产生安全问题。有时餐具筷子、叉子等也会是可能伤害到幼儿的一些因素，例如幼儿在用餐时打闹或是玩耍都有可能伤害到幼儿自己。其次是老师不恰当的要求所造成的伤害，例如催幼儿快点进餐、不能剩下等造成幼儿噎着或是撑着；保育员老师把滚烫的饭菜放在幼儿可取的范围内，幼儿在拿取时可能会打翻或烫伤。最后是幼儿自身可能发生的伤害事件。幼儿

把饭菜、菜汤等洒到地面上，没有及时把这些油迹擦掉，幼儿在走路的过程中会滑倒。

教师操作不卫生。教师在分发食物的时候不按照流程消毒洗手、佩戴一次性手套和口罩。班级中对食物过敏的幼儿，教师没有进行登记和传达，容易导致幼儿发生过敏情况。对于挑食、不爱吃饭的幼儿，教师没有进行干预，使幼儿营养没有达标，影响幼儿的生长发育。

2. 班级消毒不全面

一般情况下，幼儿园常用的消毒方式按照其目的的不同可以分为预防性消毒和疫源性消毒。预防性消毒是指在未发现传染源的情况下，对可能被病原体污染的物品、场所和人体进行消毒。幼儿园使用的餐具、毛巾、玩具、便器、餐桌等均应按要求进行日常预防性消毒。预防性消毒的目的是切断传染病的传播途径，是预防传染病的重要环节。疫源性消毒是指对有传染源（病者或病原携带者）存在的地区进行消毒，以免病原体向外传播。如若保育员没有定期进行班级的全面消毒，或者减少消毒的频率等，这些都会给幼儿的饮食安全带来隐患。

3. 幼儿服药不正确

在对待幼儿用药的问题上，教师一定要注意家长交接时记录药的用法、用量和时间，不要擅自为幼儿用药。在幼儿自带药的工作上容易出现以下问题：幼儿用药时间有偏差；幼儿服用的药品和幼儿自带的药品不匹配，在流感季节或春秋季，班上带药的偏多，教师给幼儿拿药容易拿混，教师在给幼儿冲泡好药过后放在桌上幼儿容易拿混杯子，导致用药不匹配；幼儿服药量或服药天数与家长记录的不匹配，有的幼儿服药是取半粒，或者连续用药几天，教师如不仔细阅读和记录就会用药不正确。

4. 早晚体检不正规

幼儿入园是一天的开始，同时也是幼儿园安全活动的第一关，需要教师严格按照晨间工作流程操作，如果晨检疏忽大意就会产生很多安全隐患。由于教师每天要对班级所有幼儿进行晨检，时间一长加之没有发生安全事故，教师就容易放松警惕。教师在晨检时只是象征性的检查手、口、体温，这样就很难发现幼儿放在口袋里的小玩具、小零食；也容易忽视幼儿生理和心理上的变化，使晨检变成表面形式，这样就给幼儿的人身安全埋下极大的隐患。

5. 传染病处理不及时

教师对传染病的危害认识不足。传染性疾病具有很强的传染性，很容易在局部暴发流行，是幼儿园应该重点防治的疾病，在幼儿园班级管理中，教师应该提高对疾病的重视。教师在日常生活中对传染病认识不足，防范意识不强，会导致错过流行性疾病的治疗时机。

教师缺乏疾病急救知识。幼儿在园突发疾病时，教师是离幼儿最近的人，也是最可能掌握黄金时间救护幼儿的人。因此教师急救知识不扎实就会错过救护的黄金时间，造成无可挽回的后果。

（二）班级卫生保健安全管理解决策略

1. 做好班级卫生消毒

学龄前儿童正处于生长发育的关键时期，他们生长发育迅速，但身体尚未发育完善，适应环境和抵抗疾病的能力较弱，属于易感人群。幼儿园的生活接触较密集，易暴发流行传染病。教师应该每天做好班级的消毒工作，为幼儿提供一个舒适安全的环境。例如班级教师每天要在幼儿入园前打开紫外线消毒灯（室内封闭并保证没有人进入）。消毒结束后开窗通风 20 分钟后，幼儿方可入内。餐后，餐具及饮具洗净消毒。并将消毒物品名称、数量、消毒时间及消毒责任人进行登记。幼儿桌椅、玩具、地面等每天用 84 消毒液稀释擦洗，30 分钟用干净抹布擦干净，并做好消毒时间及责任人的登记。每周末让家长把幼儿的被褥带回家清洗晾晒，周一带回。

2. 规范幼儿服药行为

首先，幼儿身体机能较差，对药物的耐受性也差，因此，当幼儿患病时，教师要提醒家长带幼儿到正规医院就诊，确诊无传染性疾病、无高热发烧且可以参加幼儿园正常一日活动时，才可以为幼儿携带药物来园，否则，幼儿需要在家中静养。在对待幼儿用药的问题上教师一定要严格按照家长交代的时间、用量来进行，并且要在幼儿服药记录表上登记幼儿服药的详细情况。

3. 加强疾病预防工作

为了能够及时发现传染源，班级教师应该加强对幼儿晨、午检工作的力度，如采取保健医检查、班级教师检查相结合的方式。晨间，保健医在晨检室观察来园幼儿的精神、健康状况，发现异常及时询问家长原因并做好记录。班级教师可以采用“一摸二看三问四查”的方法，观察幼儿的精神、脸色，询问幼儿在家的健康状况。在传染病高发季节，保健医会采用对幼儿口腔喷药等方式帮助幼儿预防疾病，做有重点的检查（如是否发热、咽喉是否红肿、腮部有无肿大、皮肤有无皮疹等），有效防止传染病的发生。

教师养成良好的卫生习惯，督促幼儿饭前便后用肥皂和流动水洗手，保证一人一杯一碗一巾，不可共用。加强幼儿体能锻炼，增强身体体质，注意饮食的合理搭配，教师关注幼儿是否有发热、咳嗽、呕吐等情况，发现上述状况马上送往保健室请医生检查，及时通知家长，做好幼儿突发疾病的记录。

4. 提高应对疾病能力

教师掌握科学的应对突发性疾病的方法，可以很好地保护幼儿的安全。首先，教师要掌握一些疾病的急救方法。一旦事发突然，可以临时采取救治措施。其次，及时通知家长，向园里汇报。无论幼儿突发疾病的情况是否严重，教师都要第一时间通知家长，随之向园里汇报。这样一来，不但可以获得家长的配合和园里的支持，使患病幼儿获得更好的帮助，而且可以避免某些不必要的情况发生。最后，教师应及时记录，有据可查。教师在幼儿突发疾病时，要做好相应的处理并做好记录，例如填写《幼儿突发疾病记录表》（见表 6－2）以便事后医生或家长了解情况。

表 6－2　幼儿突发疾病记录表

时间	姓名	性别	年龄	症状	采取的措施	备注

5. 强化教师防控意识

幼儿园的保健医定期对教师进行幼儿流行性疾病知识的培训，对幼儿园常见的疾病如水痘、荨麻疹等疾病的早期症状、发病特点及预防措施进行讲解，提高教师的防范意识。幼儿园可以建立一支安全监督小组，可由幼儿园园长、幼儿家长、教师等组成，专门定期检查幼儿园安全管理状况，也可建立一支安全管理交流小组，经常到其他幼儿园进行互助学习、交流经验，提高幼儿园安全管理水平。

小　结

随着学前教育的发展，对于幼儿教师的要求也越来越全面，幼儿教师在日常的班级管理工作中，不仅需要做好班级的日常教学工作，而且需要关注班级的日常保健工作，具备初级幼儿保健知识和保健技能，这样才能让班级管理工作更加全面、完善。班级卫生保健工作的管理要坚持预防为主、防患未然的方针，班级教师严格遵守相关制度，将卫生保健工作具体落实。

第二节　重点环节安全管理

生活活动安全包括幼儿入园晨检、盥洗、如厕、饮水、进餐、散步、午睡与离园八个方面。幼儿在园一日活动各环节的安全是每一位教职员工应时刻关注的，应结合幼儿的年龄特点，充分利用一日生活中的一切机会对幼儿进行安全教育，教会他们自我保护的技能与方法。本节着重对一日生活中的重点环节中的午睡休息、如厕盥洗和入园离园环节进行描述，分别从管理的内容及要求、常见问题及解决策略方面进行梳理。了解掌握本节内容有利于教师做好幼儿安全准备工作，也能在潜移默化中给幼儿形成良好的常规，杜绝安全隐患。

一、午间休息安全管理

在幼儿园的一日活动安排中，午睡是一个很重要的环节。良好的午睡习惯及较高的午睡质量是保证孩子下午活动的基础。教师首先要明确午睡过程中不同年龄段幼儿应达到的目标要求和具体内容，抓住睡前、睡中、睡后潜在的教育价值，采用温馨有趣的指导策略，充分发挥午睡环节在幼儿自身成长和发展中的特殊作用。同时午睡也是极易发生安全隐患的环节，需要教师时刻关注幼儿的动向，为幼儿午睡保驾护航。

（一）午间休息安全管理内容及要求

《托儿所幼儿园卫生保健工作规范》指出，3～6 岁儿童午睡时间根据季节以 2～2.5 小时/日为宜。幼儿午睡前要清点幼儿人数，为幼儿创造一个良好的午睡环境，调节好屋内的温度，关上门窗，幼儿上床前要检查幼儿嘴巴里是否含有食物，上床后检查是否携带玩具、发卡上床；幼儿午睡时，保教教师必须按规定值班，做到巡回检查，纠正幼儿睡姿，防止幼儿独自走动、及时发现和处理幼儿的突发病，教师要寸步不离，注意观察幼儿，纠正幼儿睡姿，不蒙头睡、不趴着睡，不交头接耳，逐一检查幼儿是否有发烧等异样，如有情况，及时联系值班医生；在幼儿午睡结束后，教师还要以故事的形式，针对那些爱睡懒觉的孩子讲述按时吃饭、按时睡觉、按时起床的好处。

（二）午间休息安全管理问题及策略

1. 午间休息常见安全问题

近几年来，幼儿园午睡中，幼儿意外事故比较多发，这应该引起我们的高度重视，班级教师平时应加强重视幼儿的午睡问题。在午睡环节，容易引发安全事故的原因有以下几个：一是幼儿携带细小物品上床，容易由异物引起窒息；二是幼儿睡姿不正确（如蒙头睡、卧睡等）造成缺氧；三是床铺太高，造成坠落；四是发热幼儿在睡眠中发生抽搐等。这些问题会对幼儿的身心健康造成一定的负面影响。

幼教故事

流鼻血的开开

午睡时，副班老师值班。睡觉前开开流鼻血了，副班老师等开开的鼻血用纸堵住不流了就让其躺下睡觉了，等幼儿起床后，主班老师看着开开鼻子里有卫生纸就和副班老师沟通幼儿的午睡情况，听到副班老师的做法后，主班老师很生气，但还是认真地说明了遇到这种情况应该如何处理，副班老师听后也是后背一凉，还好这次没有大的差错，下次遇到这种情况一定按照正确的措施处理。

（本案例改编自内蒙古包头市赫尔辛基幼儿园，张晓旭）

看起来这是一件小事情，但如果午睡时幼儿还在流鼻血会有很大的安全隐患，往往是一些看起来的小事情最后造成了不可挽回的结果。案例中的主班老师之后向领导提议加大幼儿安全方面的培训力度，并在午睡期间增加排查的次数。安全永远是不可忽视的话题，教师也应时刻提高警惕，注意细节。

2. 午间休息常见安全问题解决策略

（1）做好睡前准备工作。

午睡前，教师要提醒幼儿在睡前不要喝大量的水，以免加重肾脏的负担，影响睡眠；要排除寝室中存在的危险因素（如幼儿携带的异物、灭蚊器的安全等）；要提前对寝室进行通风，并根据气候调整好幼儿的卧具（避免幼儿枕头正对风口，根据天气调整被子的厚薄等）。

保育教师要做好寝室的卫生清洁工作：保证幼儿一人一床一被，并保持被褥清洁、干燥，夏季凉席每天擦拭一次；每天对寝室进行清扫、每周一次大扫除；每周用消毒液抹拭幼儿床一次，进行必要的消毒处理。

教师要提醒幼儿独立或在帮助下按顺序穿脱衣裤。脱：先脱鞋，再脱裤（冬季先解上衣纽扣），最后脱上衣，并放在固定的地方。穿：先穿上衣，再穿裤子，最后穿鞋子。学会穿鞋：分清左右脚，拉好鞋舌、脚伸进鞋、拉起后跟、系好鞋带或粘好鞋扣。在锻炼幼儿生活自理能力的同时，也培养幼儿对自己身体的保护能力。

（2）加强午睡期间的管理。

在幼儿午睡时，班级教师应指导幼儿选择正确姿势躺好入睡，不蒙头睡，不趴着睡。并随时观察幼儿的睡姿，及时纠正。检查幼儿盖被情况，注意保暖，防止着凉。同时，教师要关注幼儿的精神和情绪，防止发生发烧及其他情况。对于未能及时入睡的幼儿，教师应该给予帮助，使其能顺利入睡。

（3）建立合理的午睡制度。

幼儿园应建立合理的午睡制度，根据季节适度调整午睡时间。春夏季节时，幼儿的午睡时间应稍长一些，以便于幼儿能够得到良好的休息；在秋冬季，幼儿的睡眠时间普遍较短，所以教师应缩短幼儿的睡眠时间，使幼儿的睡眠质量得到实质性的提高。

二、如厕盥洗安全管理

（一）如厕盥洗安全管理内容及要求

在幼儿一日生活各环节中，盥洗和如厕是每天必不可少，重复多次，又不起眼的一个环节。幼儿在园的盥洗活动主要包括洗手、漱口、洗脸、梳头四个环节，在幼儿一日生活中，盥洗环节所占的时间各不相同，洗手是最频繁的一项活动，如幼儿饭前饭后、便前便后、活动前后等都需要将手清洗干净；漱口活动在幼儿每餐后进行，一般每天要进行四次左右；洗脸和梳头活动一般在幼儿午睡起床后进行。由于生长发育等因素，年龄越小的幼儿用于如厕、盥洗的时间就会越长。在这一环节，幼儿聚集在狭小的盥洗室、卫生间内，拥挤、秩序性差，容易产生碰撞、推挤。此时，有的幼儿在如厕，有的在洗手，还有的洗完手后已经进入了活动室，正准备喝水或进餐，活动比较分散，情绪比较放松，容易脱离教师的视线，所以也极易发生安全事故。

（二）如厕盥洗安全管理问题及策略

1. 如厕盥洗常见安全问题

幼儿在盥洗环节中容易引发安全事故有三个方面：一是地面湿滑引发跌倒事故；二是清洁、消毒用品没有妥善保管，让幼儿容易拿到，形成安全隐患；三是幼儿在盥洗室打闹，导致磕碰事故。根据幼儿年龄特征，幼儿在盥洗时有喜欢玩水的行为表现，加之盥洗室地面湿滑，导致盥洗时容易发生推搡滑倒等事故。

如厕时容易发生以下三方面的安全问题：一是幼儿如厕时拥挤、嬉戏、打闹以及部分幼儿有憋大小便的问题；二是对于刚入园的幼儿，处在陌生的环境不会或害怕在幼儿园如厕；三是男生和女生如厕的方式不同，会让幼儿产生认识的偏差等问题。

2. 如厕盥洗常见安全问题解决策略

（1）加强教师指导。

如厕环节，教师要监督幼儿排队如厕，可以在地面画上小脚丫的标识，让幼儿按顺序踩在有小脚丫的地方，避免拥挤。教师在幼儿如厕时要重点观察幼儿使用的方法是否正确，尤其是有困难的幼儿，及时帮助他们。让幼儿明确如厕的意义和正确使用方法。教师在日常生活中明确如厕常规，寓教于生活之中，培养幼儿良好的如厕常规。

盥洗环节，教师要监督幼儿排队，确保幼儿不玩水、不打闹。对班额较大的班级，教师可以让幼儿分组进行盥洗，杜绝产生拥挤。教师要坚持自己的岗位，认真观察幼儿在盥洗室里的一举一动，发现问题及时制止或教育。经常在集体洗手环节前，交代盥洗要求，或者在课堂时间里讲述正确洗手和勤洗手的重要性。在日常的教学或游戏活动中，可以通过讲故事、唱儿歌、做游戏、开展主题活动等方式加强指导。

(2) 完善设施设备。

根据班级幼儿人数和需求，开设相应的不同用途（大、小便）的蹲便，方便不同需求幼儿使用，以防发生争抢现象。同时，盥洗室应配备对洗手水进行加温的装置，由于北方冬季较冷，长期用凉水洗手，会对幼儿娇嫩的皮肤造成伤害，引起手部冻疮。为了解决这一问题，建议条件不具备的幼儿园可以用大保温桶当洗手桶使用，由于其具有保温的作用，能有效地解决冬季幼儿没有用温水、流动水洗手的实际问题。

(3) 健全如厕常规。

幼儿园应观察发现幼儿如厕中存在的具体问题，针对问题组织教师一起研讨学习，制定幼儿园的如厕常规，并且要求教师在一日生活中灵活施教。首先，幼儿如厕前，教师要观察幼儿的如厕情况，提醒其不推不挤、轮流如厕，排便时间不超过10分钟。其次，幼儿如厕结束后，教师要提醒其用水冲厕所，如小班幼儿力量不够，保育教师要帮助其完成这项工作。最后，教师要教给幼儿便后擦屁股的正确方法（要从前向后擦，把纸折叠后擦两次。小班幼儿初入园时可以由教师帮助擦，中大班幼儿便后自己擦），以保持幼儿肛门处的清洁。

(3) 促进家园合作。

教师与家长在幼儿行为习惯的培养上要观点一致。幼儿良好行为习惯的培养需要教师和家长的共同努力，避免出现“5＋2＝0”的效应，如教师在幼儿园教幼儿坐便和蹲便的使用方法和如厕常规后，应与家长说明情况，尽可能让家长在家也以同样的要求去监督教育幼儿，达成幼儿在园和在家时一致。在幼儿入园、离园或班级召开家长会时，强调或讨论如何让幼儿养成良好的卫生习惯，并让家长了解幼儿如厕、盥洗良好行为习惯的重要性，如严格按照七步洗手法去教育幼儿。

三、入园离园安全管理

（一）入园离园安全管理内容及要求

在入园时，教师应该做好与家长的交接，同时更要做好晨检工作。教师应具体做好以下几点：一是入园时教师要严格执行入园签到制度，设立签到表或签到袋，每天要求入园幼儿签到，中大班幼儿可以自己签到，通过签到制度了解入园人数。二是教师要检查幼儿的书包、口袋等处，排除危险物品，这样能尽早发现安全隐患，以便教师尽早采取相应措施。三是加强室内安全教育，减少危险的发生。如教师可以引导幼儿轮流当“安全监督小标兵”，让幼儿相互监督，学会自我管理、自我保护。

离园是幼儿园一日生活的结束，离园环节是一日工作的最后一项，教师容易放松警惕，幼儿情绪比较浮躁。临近幼儿离园时，部分幼儿就会显现出情绪焦虑等现象，这给幼儿安全管理提出了新的要求。教师不但要维护好班级纪律，让孩子们安静下来，还要本着负责到底的工作心态，将离园活动当作常规教学的一部分，做好幼儿教育与管理工作。同时，教师要利用好入园离园时与家长沟通的机会，将幼儿在园的情况及时告知家长，与家长构成和谐的关系。

幼教故事

黄金24小时

那年我还是一名新教师，一次组织游戏活动时，淘淘被龙龙咬了手指，经过观察处理，发现并无大碍。放学时，我就没有与淘淘家长沟通此事。

第二天，淘淘爸气呼呼地冲进教室，粗暴地指着我说：“阳阳老师你给我出来，淘淘昨天手指被咬，为什么你没在第一时间告诉我？现在手肿了，这事没完！”淘淘爸的斥责让班级其他教师一头雾水。后来在大家的劝慰下，爸爸的怒火才逐渐平息下来。

事后，我决定给淘淘爸写一封道歉信，详细说明淘淘当时受伤的情况以及我发自心底的歉意，希望能够取得淘淘爸的谅解。次日，我也收到了一封回信，原来淘淘爸也为自己当时的冲动行为感到后悔，也向我表达了歉意，同时表示今后一定会多理解、支持老师的工作！

在幼儿园中，难免会遇到各种类型的问题和家长。作为新教师，遇到问题要主动向有经验的教师取经，及时调整自己的言行，善于总结和积累经验。我们还在此基础上总结出突发事件“黄金24小时”原则，即遇到突发状况时，一定要在24小时之内做出回应，让家长能够清楚地了解事情经过，从而避免家园矛盾的发生。

（本案例改编自沈阳市浑南区花语幼儿园，来阳）

教师及时与家长沟通。在发生抓伤、咬伤事件后，幼儿园要及时与家长取得沟通，将事件描述给家长，诚恳的态度是取得家长原谅的根本。案例中的教师在幼儿发生事故之后没有主动及时地向家长告知情况才发生后面一系列的事情。所以在幼儿园无论事故大小，都应把握时机主动与家长沟通，向家长告知幼儿在园的情况，绝不能因为事情不严重而放松警惕，把握时机往往能使沟通效果事半功倍。

（二）入园离园安全管理问题及策略

1. 入园离园安全常见问题

入园看似简单的过程，实则非常重要。首先，晨检是幼儿入园的第一关，晨检制度是为了排除一些安全隐患。不难发现，许多幼儿园的晨检只是幼儿向保健老师问声好，并没有实际的晨检环节，或者晨检流于形式，不能坚持“一看二问三摸四检查”的晨检制度。其次，入园时家长把幼儿送到幼儿园门口，没有送到教师的手中，没有遵守凭卡接送幼儿制度，这样很容易发生幼儿走失事故。

在离园活动中，看似放松的环节，其实也会存在一些问题。不少家长接了孩子后仍停留在幼儿园，想让孩子多玩玩幼儿园的大型玩具或自己想借此机会与老师、熟人沟通交流。由于家长的照顾不周，经常发生幼儿玩耍时摔伤、磕伤、撞伤、碰伤、走失等事件。

2. 入园离园安全常见问题解决策略

（1）入园晨检需要多方配合。晨检不是保健医生孤军奋战，幼儿园应明确保健医生和班级教师晨检职责，做到每天两次晨检，认真检查幼儿的身体健康状况，认真询问、检查幼儿所带的物品，对幼儿小口袋里坚硬物要重视，对软性异物也同样不能忽视。获得家长支持也很重要，多数幼儿园十分重视对幼儿进行安全教育工作，但在开展对家长安全教育的活动方面显得很薄弱。幼儿园应充分利用家长学校阵地，安排家长学校活动的时候，有计划地将安全教育与防范措施作为重点和家长沟通。如加强家长安全防范意识，提醒家长保管好药品，督促孩子不带异物入园，教育孩子“不乱拿、乱吃别人东西”等，发挥家长的教育职能。

（2）离园时需要教师细致耐心，应注意以下几个方面：一是在离园等待环节，教师要组织幼儿开展一些有趣的、安静的活动，稳定幼儿的情绪，以免幼儿由于无聊而互相打闹、跑跳。二是提醒幼儿检查自己携带回家的衣物，并且检查幼儿穿戴物是否安全、整齐。三是教育幼儿不跟陌生人走，教师发现陌生面孔及时盘问或请保育教师和家长联系。四是班级教师的站位要分工明确：主班教师需站在门口，迎接家长到来；配班教师要在活动室中继续组织幼儿开展安静的游戏，以免发生事故。

（3）离园时需要家长配合，一是离园时教师告知家长尽快离园，以免幼儿聚集太多发生危险；二是穿行楼道时，请家长教育孩子爱护楼道内的设施，不从楼梯扶手上往下滑，保障幼儿的安全；三是幼儿逗留玩大型玩具时，请家长帮助孩子按年龄选择玩具、器械，并在旁边保护，指导孩子按正确的方法玩耍，切忌远离孩子聊天、议事，以免发生走失等其他意外。

相关链接

《幼儿园管理条例》第三章 幼儿园的保育和教育工作

第十八条 幼儿园应当建立卫生保健制度，防止发生食物中毒和传染病的流行。

第十九条 幼儿园发生食物中毒、传染病流行时，举办幼儿园的单位或者个人应当立即采取紧急救护措施，并及时报告当地教育行政部门或卫生行政部门。

小 结

幼儿教育中安全至关重要，为确保幼儿安全，作为教师，应该在幼儿一日生活环节中全面贯彻安全教育。提高幼儿的安全意识，将安全管理落实在行动上，并在幼儿一日活动中采取有效措施进行幼儿安全管理，为幼儿学习和成长提供良好环境。

第三节 集体活动安全管理

幼儿园集体教育活动是幼儿园的教育组织形式之一，一般是指由幼儿教师选择一类活动主题，制订合适的活动目标，依照一定的活动原则，开展一系列有组织、有指导的活动内容，对全体幼儿进行教育的活动。[①] 集体活动因其集体性、复杂性和灵活性，是教师进行集中教育、同伴相互学习的良好时机，同时也是安全管理难度系数较

① 李向云．幼儿园集体教育活动中幼儿主体性发展的阻碍与解决对策研究［D］．辽宁师范大学，2019.

高的活动，因此，进行高质量的集体活动安全管理是提高班级幼儿发展和教师发展的保障之一。

一、集体活动的安全管理内容及要求

（一）集体活动的安全管理内容

班级集体活动的形式多种多样。“各类大中型器械练习、各类体育活动（利用小器械）、幼儿体操、‘三浴’锻炼、散步、远足等，都可以作为学前儿童体育活动的形式。”① 室内外集体活动为幼儿提供了探索周围大环境的机会，对幼儿体能和心智发展提出挑战，成为最能吸引幼儿的地方，同时也对幼儿发展起到极其重要的作用。室内集体活动不受天气和环境的影响，受到场地空间和器械限制；室外集体活动能提供较宽敞和自由的活动环境，适合幼儿对周围环境更大程度的探索，但受到天气和场所影响，幼儿较容易发生安全问题。因此，班级教师应注意集体活动开展的空间和时间，针对不同环境开展适当的集体活动，进行相应的集体活动管理。

1. 集体活动人员安全管理

班级教师都应掌握安全教育相关信息，提高安全意识和防护能力。首先，教师应得到具体的、有针对性的培训与学习，具备安全管理的专业素养和意识，教师和保育教师明确各自职责与主体意识，对幼儿活动进行看护。其次，教师在活动前要帮助幼儿具备一定的安全意识，如制订活动规则或是在过程中提醒台阶、提示障碍物等。帮助幼儿学习安全常识，建立自我保护、自我防范和自救意识，提高幼儿自我保护能力。

2. 集体活动环境安全管理

据调查，幼儿伤害事故发生场所的60%都在大型玩具场所，因而教师要设置安全的活动环境，注意开展活动的场地、气候，选择适宜的活动和游戏，检查玩具和器械的安全系数，进行玩具和物品的定期维修护理和卫生消毒等措施，注意破损、晃动、凸起等不安全部位，保证设施的安全性和可靠性。室内外活动玩具、设施的创设与摆放需要进行合理设置，例如要注意活动区内尖锐物品及拐角处的防范等。选择安全、整洁、卫生的物品，提供给幼儿更为舒心、安心的学习和成长环境，保障幼儿活动空间。

3. 集体活动组织安全管理

除了对幼儿全面的安全教育，对活动环境的安全管理，教师在活动前后对幼儿的纪律安排也至关重要。在日常生活中，常见的排队活动、分组活动、接龙活动等都能有效避免一定的矛盾、争吵事件发生。此外，教师在幼儿集体活动前，应准备较完整具体的活动计划以及意外事故应急预案，完善班级事故预防措施，及时排除活动安全

---

① 欧新明．学前儿童健康教育［M］．北京：教育科学出版社，2003：210-211.

隐患，不断提高幼儿园安全工作管理水平。如在活动的组织安排上考虑空间大小、人数与游戏的难度，以免造成拥挤和冲撞。

相关链接

突发事件的工作要点：

1. 及时救治儿童。
2. 及时联系家长。
3. 安抚其他儿童。
4. 调查保全证据。
5. 探视受害儿童。
6. 园内信息沟通。
7. 信息上报。
8. 媒体管理。
9. 寻求协助。
10. 善后恢复。

（二）集体活动的安全管理要求

安全工作一直是幼儿园工作的重中之重，《幼儿园教育指导纲要（试行）》中指出：“幼儿园必须把保护幼儿的生命和促进幼儿的健康放在工作的首位。”对于集体活动的安全管理，应在考虑集体活动人数多、方式杂的特点上严格管理。

1. 管理理论与实践相结合

集体活动安全管理因其管理人数多、管理环境复杂，是幼儿教师应掌握的重中之重，但也正因集体活动安全管理情况的复杂多变，使得部分幼儿园班级教师“只知理论，不通实际”，导致出现意外或者处理意外产生慌乱等问题。班级教师应在幼儿园中得到相关集体活动安全管理培训和运用，教师应组织幼儿参与事故预防和演习，在实践中丰富幼儿和教师双方的经验，保证安全管理落实到位。

2. 管理检查与标准相符合

我国目前没有完全针对幼儿园环境进行安全评估的国家标准，只将安全管理列入《幼儿园管理条例》以及《幼儿园工作规程》《中小学幼儿园安全管理办法》等政策文件，或是各地各政府提出相关地方性评估建议。班级在进行集体活动安全检查时，应根据相关文件以及本班幼儿情况和活动情况进行各项检查指标，契合标准。

3. 管理责任与个体相呼应

幼儿教师对本班幼儿安全工作全面负责，对于班级安全管理有安全教育、安全告知、安全防范以及安全救护等责任。此外，保教教师也应进行活动责任的划分，厘清各自责任内容、范围，做到“责任到人”，每项工作责任落实到个人，加强教师责任意识，保障幼儿在园在班的安全。

二、集体活动安全管理问题及策略

（一）集体活动安全管理常见问题

集体活动中的常见问题大都由班级教保人员在专业能力、责任意识以及活动管理上的缺乏和不足所造成的，这里从教保人员对幼儿、对自身、对活动三方面问题进行阐述。

1. 安全教育开展不到位

幼儿好奇心强、活泼好动，然而他们的活动能力和活动范围比较有限，动作的灵敏度和躲避危险的能力较差，也缺乏保护自己的能力，由此发生意外。大部分教师面对幼儿的动作，通常会说“慢点跑”“看着点”，而幼儿并不能清楚地知道“慢点”“看着点”的程度，依旧保持原有的速度和动作，或者因为怕老师批评放慢脚步，之后趁老师看不见又重复危险动作，教师并没有起到教育、规范的作用；其次，教师在班级中的安全教育比较缺乏，很少有成体系的安全教育活动，只在班级图书角和宣传画中能看到相关安全教育常识。如果教师的安全教育开展不到位，幼儿安全意识不足，就会增加意外事故的发生概率。

幼教故事

建构区的积木倒塌了

琪琪在积木搭建区一不小心把一个积木碰倒了，随之从倒塌的积木堆中传来“啊”的一声，李老师的心提到了嗓子眼，立马冲过去。原来是阳阳，他平时就喜欢躲在隐蔽的地方玩打枪的游戏，刚才趁大家不注意的时候偷偷藏在积木堆里，结果倒塌的积木砸下来，他的鼻梁处瞬间就流血了。

李老师抱着阳阳奔向保健室，班级里的工作暂时交由副班老师负责，阳阳妈妈和琪琪妈妈也都赶到了幼儿园。保健医生立即上报园所主管领导。保健医生经过简单处理之后，和李老师还有阳阳妈妈一起来到了儿童医院，进行进一步的检查和处理，还好只是皮外伤，李老师和阳阳妈妈都松了一口气，李老师吓得手心里都是汗。

（本案例改编自天津市北辰区宸宜幼儿园，赵静）

李老师前期的安全教育工作不到位，没有在活动前对幼儿进行安全教育，阳阳因为好奇而钻入含有隐藏危险的积木中，李老师也没能及时发现阳阳的淘气行为，导致了意外事故的发生。因此，幼儿教师不仅应注意平时生活中的安全宣传与教育，也应注意在活动前针对本次活动的特殊道具和环境对幼儿进行教育，同时训练提高自身在集体活动中的观察和应急能力，降低幼儿意外事故发生的概率和风险。

2. 教师缺乏安全管理的责任意识

缺乏安全管理的责任意识是指教师忽视安全管理，责任心不强，因为个人疏忽导致意外出现。例如在教保过程中看护幼儿不到位、对安全隐患的排查和整改不及时、没有注意到活动器械破损、设备清洁不彻底等，还有个别幼儿园对于消防设备等安全设施设备没有定期检查、及时更换，使这些设备成为摆设，无法发挥作用，造成意外隐患。

3. 安全管理责任分配存在漏洞

班级教保人员对幼儿活动、游戏时的看护责任分配存在漏洞，没有做到“责任到人”“以小见大”等，难以论定个人责任，这将导致在意外或事故发生时，出现“责任推搡”“无人担责”的情况。出现问题无人担责，也会导致事故和意外再一次出现。

（二）集体活动安全管理解决策略

《幼儿园工作规程》中提到，幼儿园应当把安全教育融入一日生活，并定期组织开展多种形式的安全教育和事故预防演练。有效的集体活动安全管理需要教师具备良好的管理能力和高度的责任意识，对幼儿、对教师自己采取不同的教育和要求策略。

1. 细化班级幼儿安全指导

幼儿教师帮助幼儿避免接触不安全的环境，有责任保护幼儿的生命安全，同时应该对幼儿进行一些初步的、基本的安全指导，从“教材”“活动”“生活”三方面融入安全教育。

首先融入教材，根据幼儿身心特点，将安全知识以幼儿喜闻乐见的形式进教材、进课堂，形成常态化、系列化教育：如讲安全故事、编唱安全歌谣、绘制安全卡片、排练安全情景剧、收看安全视频等。其次融入活动，既要开展专题安全活动，更应将安全防范、安全教育贯穿到日常户外活动过程中去，设置教学和游戏活动，还有安全演习和体验，例如逃生演练、湿手接触插座危险实验、火焰伤害、热水伤害体验等。教师要说清楚活动中的指示词或者进行示范，如“不准跑”“不出声”“跨过脚下栏杆”等。最后融入生活，应“密切结合幼儿的生活进行安全教育，提高幼儿的自我保护意识和能力”。要用心排查幼儿在日常活动中的安全隐患，教给孩子自我保护的常识，让孩子们在日常生活与活动中警惕危害，远离伤害。

2. 培养幼儿自我调节能力

幼儿因其年龄特点，情绪、行为较难控制，可能在互动活动或排队过程中发生打闹、推搡等行为，易导致摔倒、磕破、抓咬伤等意外。因此在日常生活中，教师可以利用环境创设、故事分享等活动帮助幼儿建立良好的行为规范和情绪调节能力。通过隐性环境给予幼儿良好的身心发展环境，同时在主题活动中安排有关情绪调节活动或者游戏，进行故事分享，从而使幼儿养成良好行为习惯和情绪控制能力。

3. 提升教师安全责任意识

《幼儿园工作规程》中指出：“幼儿园教职工必须具有安全意识，掌握基本急救常识和防范、避险、逃生、自救的基本方法，在紧急情况下应当优先保护幼儿的人身安全。”提升教师的职业素养水平，是顺利开展集体活动的前提。首先，要强化幼儿教师在保育看护、活动组织、情绪管理等方面的专业素养，提高幼儿教师灵活应对各种意外情况的能力；其次，加强教师对幼儿园事故防范和处理的学习计划，还要掌握基本救护常识和避难方法，在发生紧急情况时（如烫伤、窒息等），受过急救培训的幼儿教师能够进行心肺复苏及其他急救措施；最后，教师要增强法律意识，包括《教育法》《教师法》《未成年人保护法》等法律法规中有关保护幼儿权益、保障幼儿安全、加强师德修养的条款，以及《民法典》中有关民事责任、伤害赔偿责任等有关规定，熟悉《未成年学生伤害事故处理办法》的内容等。增强教师法律意识、责任意识，提高师德师风，进一步增强全体教职工的安全防护知识与技能。

4. 创设安全集体活动环境

在户外游戏设备的设计、制造和安装方面，应当有一系列严格的规定。如凡是可能导致跌落的游戏设备下应有保护性地面，抬高的平台和斜坡应设有栏杆等；对游戏器械和设备应有严格的检查制度，注意结构体是否弯曲、松动、折断，边缘是否隆突、尖锐，基础是否破裂、松动等并做好记录。此外，制定明确的安全守则。在儿童进行特定活动前，需经常提醒，如提醒玩具潜在的窒息危险和不可食用性等。在进行室外活动前，幼儿教师可以跟幼儿一起回顾注意事项。儿童需要知道，如果他们没有按照安全守则活动，可能会发生的后果。

5. 提升集体活动监管力度

教师要准确估计幼儿参与户外活动的能力与水平，应特别注意不同年龄、不同身体素质幼儿之间的差异。关注体弱幼儿、生病初愈的幼儿，并多给予此类幼儿鼓励与保护。此外，教师要依据幼儿活动类型、范围或人数进行分组管理，做到责任到人，提升户外监管力度。加强在集体活动中对幼儿的看护和提示指导，在活动前教师要检查幼儿的服装以适应户外游戏的要求，在监督儿童的活动时应保持警觉等。

小　结

集体活动的安全不可小觑，因其包含的区域有室内室外，情况复杂，需要教师有很强的责任意识以及专业能力，在组织好活动之外，能够提供给幼儿安全健康的活动环境，满足幼儿的游戏、交往需求。

第四节　心理安全管理

心理安全管理近年才逐渐受到大众的广泛关注，学前教育领域的心理安全管理不断出现进展和突破。本节主要围绕幼儿教师与幼儿两个群体进行介绍。作为工作性质特殊、年龄特点特殊的两个“特殊群体”，双方的心理健康同等重要，都应得到更准确的认知和更妥善的管理。

一、教师心理安全管理

幼儿园老师自身心理健康状况对幼儿有直接影响。身教重于言教，教师积极乐观、豁达开放、敬业负责、仁爱友善等心理品质会对幼儿起到潜移默化的教育效果。因此，良好的教师心理安全管理对教师队伍和幼儿群体都将产生重要影响。在帮助教师关注心理健康并采取有效措施提升其健康水平的基础上，提升教师心理安全管理意识，由此进一步促进幼儿健康成长。

（一）教师心理安全管理内容及要求

1. 教师心理安全管理内容

教师心理安全管理是对教师心理安全影响因素、问题以及解决问题方式三方面的管理，教师应对教师心理问题加以防范。

（1）教师心理安全观念管理。

教师心理安全观念管理应包括专业素养理念、自身价值理念等。幼儿教师应在职前和职中培训时建立正确、科学的心理安全观念，了解教师心理安全的重要性和解决对策，关注自己及同伴的心理安全情况，同时建立对教师职业的正确认知和自信心，保持积极乐观的心态。

（2）教师心理安全制度管理。

建立健全的教师心理安全管理制度，各项教师心理安全管理制度是班级教师的决策行为、管理行为、劳动行为准则的依据。严格执行各项教师心理安全规程，各项制度得到有效执行，并将各项规程转化为教师的自觉行为。

（3）教师心理安全环境管理。

幼儿教师心理安全环境应不断丰富幼儿教师的专业素养、实践素材。园所应提供良好的培训系统，应有完整的培训计划和内容、多样的培训方式和活动，例如开展教研教育工作室、名师讲座、专家心理辅导等系统培训。教师心理安全管理应基于全面的教研培训进行，从而加强幼儿教师的心理安全管理意识和重视。

2. 教师心理安全管理的要求

教师心理安全应逐渐得到幼儿教师和园所的重视。因此班级幼儿教师心理安全管理应在专业性、整体性、个体性上要求教师及园所进行相应的管理要求。

（1）教师心理安全管理专业化。

教师心理健康虽然已得到部分专家学者的关注，但部分教师心理安全并没有在园所班级得到应有重视和管理，因此应加强教师心理安全管理，形成教师心理安全专业评价标准、专业管理体系；应加强教师对自身职业的认识，提高自己工作的价值及对职业更深的认同感；增强终身学习的观念，加强自己综合素质和提高专业教学技能知识，拓展自身发展的宽度和深度。教师心理安全管理的严格化执行，是对幼儿教师本身和幼儿全方位的负责。

（2）教师心理安全管理全面渗透化。

教师心理安全管理作为重要专业能力，应在幼儿教师入职前后得到有关教师心理健康和心理安全管理等方面的系统学习和培训，分阶段分系统开展教育渗透。幼儿园在教师刚入职时期，应组织开展相关心理安全管理课程以及职前培训，使幼儿教师有恰当的职业规划。职后，幼儿园、班级应形成系统化的学习课程，保证幼儿教师在入职前后能够尽快了解教师心理安全的重要性以及存在的问题和解决方法。

（3）教师心理安全管理自我调控化。

教师作为班级幼儿的带动者和引领者，其言行举止对幼儿影响不小，因此教师自身心理安全管理应有一定的自我调控能力。一方面，合理安排生活和工作，协调社会价值和自我价值的矛盾，相互理解积极沟通；另一方面，恰当自我宣泄能够缓解精神压力。作为幼儿教师，在自己苦累而无人理解、受到误解无可倾诉的时候，要学会用适当的方式在适当的时机与场合宣泄自己的不良情绪和缓解压力。可以适当地哭一场或者痛快地喊出来，还可以进行剧烈的运动从而有效地对情绪进行宣泄和控制，做到“喜怒有常”和“喜怒有度”，让自己活起来。

（二）教师心理安全管理问题及策略

分析发现，幼儿教师群体心理健康问题主要集中在以下几个方面：虚荣心理明显、焦虑水平偏高、嫉妒情绪突出、人际交往障碍等，这种状况目前在我国绝大多数幼儿教师身上都存在着。① 基于这些心理健康问题，能够了解幼儿教师在生活和工作中心理安全管理方面存在哪些问题。

1. 教师心理安全管理常见问题

我国幼儿教师压力大、工作任务重，但教师心理健康却没有得到应有的重视。班级教师心理安全的管理缺乏指导和培训，使教师情绪得不到疏导，会影响教师和幼儿双方的心理发展。

（1）教师对自身心理安全认知缺乏。

幼儿教师对自身心理安全管理的认知掌握较少，重视程度不够，容易导致教师对自身心理问题的忽视，这不仅会给教师自身带来疲惫和倦怠，长此以往，消极的行为和情绪会直接或间接影响身边其他幼儿教师和幼儿。

（2）缺乏相关系统培训与疏导。

幼儿教师在工作过程中压力主要集中于职业认可度低、自我成就感缺乏、人际关系矛盾、家园交流不到位等方面。教师自我调适能力不足，此时就需要外界的介入和指导。但多数园所和班级缺乏系统的教研培训和专业的心理咨询师，由于缺少正确的理论价值引导，幼儿教师压力很难得到解决和疏导，导致幼儿教师对自身工作产生怀疑和不认可。

（3）心理安全管理环境支持不足。

幼儿教师教育工作压力大、看护工作压力大，教师经常处于高度紧张、高强度的工作状态下，其心理、生理及情绪容易受影响，而班级环境、园所环境并没有提供给幼儿教师相关的心理支持。此外，班级教师得到外界的支持不足，政府扶持能力不足，在不经意间导致幼儿教师受外界影响而低估自身价值，心态欠佳；家庭支持不足，也会使教师产生一定的职业倦怠，甚至心理偏移，忽视心理安全管理。

2. 教师心理安全管理解决策略

（1）加强自身专业素养建构。

教师应加强心理安全相关专业素养与能力。首先，调节认知，正确客观地对待自

① 朱晓红．幼儿教师心理健康促进策略的阐述［J］．呼伦贝尔学院学报，2004，12（6）：105－107.

己的职业，充满热情与信心，在工作与实践中逐步提升自己的专业素养。幼儿教师要增强终身学习的观念，提高综合素质和专业教学技能，拓展自身发展的宽度和深度，在不断成长和进步中，体会到工作带来的幸福和自身成长的快乐。其次，学会调节情绪。幼儿教师的情绪情感既受个体心理水平的制约，又受各种环境因素的影响。但面对幼儿，教师的爱和专业素养能够帮助其调整和控制自己的情绪，不将消极情绪带入教学活动中去影响幼儿。幼儿教师应学着对待事情要放宽心胸，有情绪时适当合理地进行宣泄，不过分压抑消极情感，节假日可以经常和家人、朋友外出娱乐放松心情。

（2）关注并组织心理安全培训及教育。

加强教师心理健康教育，首先，要建立以人为本的管理体制，创设民主、开放的氛围，尊重和重视教师的意见和诉求，接纳教师的个性和教学自主性，积极、公平公正地评价每一位教师，让教师体会到被尊重和重视。其次，关心教师的个人生活并为其定期进行心理培训及教育。采用“请进来，走出去”的办法，派遣教师出去培训学习或者邀请心理专家来园做心理健康讲座，将心理健康常识和心理安全管理信息慢慢传递给幼儿教师，把个体咨询和团体心理辅导结合起来，定期对幼儿教师进行心理健康疏导。同时可以和当地开设心理健康专业的高校联系，开设心理健康咨询热线服务。

（3）客观有效的环境支持。

建立有效的社会支持系统，制定相关政策法规支持幼儿教师和幼儿教育的发展。设定特定节日、加强对幼儿教育的社会性宣传、提高教师的工作待遇等。园所班级应保护幼儿教师相关的权利，提高幼儿教师的社会地位，使整个社会充分认识到幼儿教育的价值和幼儿教师的重要性，对幼儿教师予以必要的尊重和重视，引导幼儿教师对自己的职业有一个正确、积极的认识，提高对生活和工作的满意程度，促进幼儿教师的心理健康。

二、幼儿心理安全管理

直到20世纪80年代，我国幼儿心理健康才逐渐得到关注与重视，幼儿心理健康是幼儿良好成长和发展的重要保障，也将直接或间接地影响人的一生。但目前人们重生理保健轻心理保健的现象较为常见，幼儿教师应重视并具备幼儿心理安全管理能力，保障幼儿心理安全并协同家长共同关注、发展幼儿心理健康。

（一）幼儿心理安全管理内容及要求

《全国社会心理服务体系建设试点工作方案》明确要求对幼儿开展符合其特点的心理健康教育，学前教育机构要配备专（兼）职心理健康工作人员，要加强心理健康服务体系建设和规范化管理。基于社会生态系统理论，教师应从园所班级环境、家庭及社会环境对幼儿的影响入手，全面细致地进行心理安全管理。

1. 幼儿心理安全管理内容

幼儿心理安全管理内容涉及幼儿成长环境的方方面面，从班级环境、活动组织到家庭和社会环境，教师应注重对幼儿成长各方面的管理与指导。

（1）幼儿班级生活环境管理。

幼儿所处环境在潜移默化地影响幼儿，除了班级的物质环境创设，文化氛围以及人际交往等人文环境也会对幼儿心理产生较大影响。一方面，班级中的物质环境，例如幼儿参与的环创设计、班级物品的冷暖色调等都会影响幼儿在班级中的情绪和感受，这些影响易观察、易改变。另一方面，良好的师生关系和同伴交往等精神环境也是班级内幼儿心理安全管理的重要内容。教师要保持良好的情绪状态，以积极、愉快的情绪影响幼儿、以欣赏的态度对待幼儿，发现幼儿的优点，接纳他们的个体差异。同时也应在班级中营造健康、友善的集体文化氛围，帮助幼儿形成良好人际交往方式，及时发现幼儿心理安全隐患。

（2）一日生活活动组织管理。

在班级一日活动安排中，活动内容、活动组织方式、活动主旨以及活动的氛围及环境都是一日生活活动中的重要内容。幼儿在活动中是最大限度的学习、感受和交往。活动内容应契合幼儿心理发展阶段和问题，活动组织应保障每位幼儿的参与，活动的氛围应积极向上。

（3）幼儿家庭和社会环境管理。

3～6 岁是幼儿个体身心迅速发展的时期，这个阶段的幼儿容易受到周围环境的影响，作为班级管理的重要合作条件，家庭和社会中的环境管理也是幼儿心理安全管理的重要管理内容。家长对幼儿心理健康的重视程度、对幼儿心理健康进行教育的意识和能力、家园共育的进展以及社会心理健康的宣传和科普等，都是教师应该注重的幼儿心理健康管理的方面。

2. 幼儿心理安全管理要求

（1）幼儿心理安全管理重点化。

教师应将幼儿身心健康发展作为同等重要的工作。幼儿心理问题相较于健康问题有时更不易发现和管理，加重了解决难度，因此更应该将幼儿心理安全管理作为班级幼儿教师重点关注问题。幼儿外部行为、表情甚至精神情况都能作为幼儿心理问题的预示和表现。如遇相关问题情况，应加以重视，立即告知家长，不应私自进行判断，导致幼儿心理问题加重。

（2）幼儿心理安全管理系统化。

目前大部分园所班级内幼儿心理安全管理体系略显杂乱，应设置系统化的心理安全管理体系。首先是活动系统化，幼儿心理健康教育课程与活动应进行具体规划与组织，分阶段、分主题、分活动进行；其次是评价系统化，对幼儿心理健康的评价应全面、准确，不应忽略某一问题，也不用过于强调某一行为，客观评价准确判断；最后是信息系统化，对于幼儿的信息应进行归档整理，方便对幼儿进行了解和分析，也体现出班级规范化管理的原则。

（3）幼儿心理安全管理生活化。

幼儿心理安全管理除了在课程、活动中的涉入，更应该融入生活，形成常态。教师在一日常规中与幼儿互动的同时，要观察幼儿行为表现，进行交流。以积极乐观的儿歌、歌曲带动幼儿的积极性、以随时随地的模范榜样激发幼儿的创造力，“润物细无声”，潜移默化影响幼儿。

（二）幼儿心理安全管理问题及策略

1. 幼儿心理安全管理常见问题

目前，幼儿心理安全管理逐渐得到幼儿教师和幼儿园的重视，但依旧缺乏系统化、全面化的实践管理，大多数幼儿园没有专门针对幼儿心理成长的计划和措施，幼儿心理安全管理应得到细致化的改善与发展。

（1）教师认识和重视程度不够。

教师对幼儿心理安全的认识不全面，重视程度不够，这和幼儿教师的专业培训不足有关。幼儿教师职前培养体系中，幼儿心理健康教育方面的知识、能力未受到应有的重视，这直接导致了幼儿园教师相关专业技能的缺乏，对幼儿的各种行为和其背后的心理现象认识模糊。一方面存在重视不足的现象，把幼儿的心理问题归为成长的必然，未及时干预，错过了最佳矫正时机；另一方面存在矫枉过正现象，把成长过程中的一般问题扩大化，过度关注反而造成了不良后果。此外，教师的干预能力不足，无法真正帮助幼儿解决心理问题，这使得幼儿园心理健康教育在实施过程中流于形式，没有达到教育效果。

（2）心理健康教育组织实施缺乏系统性。

目前大多数幼儿园对幼儿心理健康仍然缺乏重视，没有设置系统的心理健康教育课程，从某一心理健康主题出发整理出来的零星内容以供一时之需的情况较多。[①] 此外，目前幼儿园心理健康课程没有形成有效的评价体系，其评价指标单一，大多以行为评价为主。同时，教师或高层管理者在课程评价中，往往紧扣课程认知目标的实现与否。如果课程知识目标实现了，那么这节课就成功了，反之亦然。评价幼儿的发展，不应只是评价他们掌握与课程有关具体知识的情况，更重要的是评价他们在活动过程中的参与程度、兴趣、态度、情感体验以及价值观的建构情况。[②] 在实际操作过

① 张辉娟．试论幼儿园心理健康教育的特点与策略［J］．上海教育科研，2005（9）：95－96．

② 朱家雄．一项国际性幼儿心理健康教育课程在上海的实施效果研究［D］．上海：华东师范大学，2009．

程中，卫生保健和体育锻炼方面的教育较多，而往往忽略心理健康教育和心理安全管理。

（3）“家园合作”步调难以保持一致。

幼儿园和家庭、幼儿教师和父母这两所学校的两任教师对幼儿的心理健康具有重要影响，二者相互补充，相互影响，相互制约。但实际上，二者在幼儿心理健康教育方面有时是脱离的。幼儿教师对幼儿进行良好的心理健康教育，用科学的方法帮助幼儿疏导情绪情感。但离园后，多数家长不能用幼儿教师提供的方法指导幼儿，也不能就幼儿在家中的具体状态及时与幼儿教师进行沟通和交流。例如幼儿园“去小学化”，以游戏为基本活动，是促进幼儿心理健康的重要途径，但“去小学化”受到小学教育非“零起点”教学的“绑架”、受到家长观念的“绑架”。家园构不成“合力”，还会导致幼儿夹在家园之间，损害幼儿心理健康。

2. 幼儿心理安全管理解决策略

（1）加强教师相关专业素养的提升。

定期开展教研、培训活动，加强教师对于幼儿心理安全的认识与重视。培训活动的开展应基于具体案例之上，结合班级内部情况进行学习和分析，防止出现“纸上谈兵”“重理论轻实践”的问题。教师也应有目的地进行自我充实和学习，加强观察力度并记录过程，提升作为幼儿教师的专业素养水平。

（2）系统规划幼儿心理安全教育课程。

幼儿心理安全管理首先应体现在课程管理中，幼儿心理安全课程设置应体现计划性、阶段性和系统性。幼儿教师应对心理安全教育课程有健全的课程计划、目的与特色环节。其次，针对不同年龄的幼儿构建相应的主题活动课程，同时包括环创及区域设置。例如针对小班分离焦虑的幼儿，增加课程活动中幼儿感兴趣的动画形象或幼儿自己制作的作品转移注意力，帮助他们对班级环境感兴趣，从而提高他们对周围环境的了解和适应，增强课程计划性功能。最后，幼儿心理安全教育也应注重课程环境与课程氛围，全方位加强幼儿心理健康发展。

（3）一日生活中融入心理健康教育。

著名幼儿教育专家陈鹤琴说过：“儿童离不开生活，生活离不开健康教育，儿童的生活是丰富多彩的，健康教育也应把握时机。”因此，幼儿的心理健康教育也应与一日生活联系起来。塑造良好班级人际交往氛围，教师之间、师幼之间要相互尊重，平等、合作、融洽地相处，同时教师应关注幼儿在一日生活中的行为表现，结合幼儿自身经历分析幼儿在情绪情感等方面的心理安全隐患，及时与幼儿或家长沟通解决。

幼教故事

特别的爱给特别的你

收玩具的音乐快结束时，芃芃仍然在摆弄自己手上的积木。金豆走上前以生气的口气提醒要收玩具了，芃芃没有理会，金豆伸手抢过芃芃的积木，芃芃马上大声尖叫并捂着耳朵快速摆头表示拒绝，紧接着又躺到地上继续尖叫。

之后，我请金豆和芃芃两人放下玩具，走到一旁，安抚芃芃情绪平静，询问芃芃为什么会这样？大叫是生气还是伤心的意思？如果不想金豆拿走玩具，芃芃可以怎么说？然后芃芃看着金豆，认真地说："玩具我可以自己收，你不能抢我的。"

我观察到，芃芃自入园以来表现出极度焦虑，进入中班后一些集体活动也难以融入，与同伴的交往中，不能以言语表达自己的想法。虽然无法尽数了解幼儿社交或情感发生障碍的所有原因，但能够根据幼儿行为得到启示。因此我打算从这几方面帮助芃芃：（1）帮助他认识并应对自身的非正常性特征。（2）帮助他认识自身的社会交往情感、身体、认知和交流。（3）发现并发挥他的优势和能力。我根据芃芃报数能力强的突出表现，将来园人数清点的任务交给芃芃，他总能出色完成，赢得了小伙伴们的肯定。

（本案例改编自苏州工业园区新加花园幼儿园，张瑜）

案例中，教师能够发现幼儿行为和情绪的问题并给予回应，耐心地去理解幼儿、帮助幼儿自我表达，抒发焦虑的情绪。此外，教师能够设置帮助目标，增强幼儿未来发展的动力，可以说，该教师具有较强的责任心和教师品质。

（4）"家园合作"促进幼儿心理健康发展。

幼儿的心理安全管理需要家园共同的教育和指导，家园相互结合、相互作用能够为幼儿营造一种温暖安全的环境，最大限度地发挥其对幼儿心理健康的作用。一方面，幼儿教师要积极构建自由、平等、公平、尊重、健康的环境，营造和谐的班级氛围；另一方面，幼儿教师要通过幼儿入园和离园的接待工作、家长会、开放日等多种渠道加强与家长的沟通，宣传幼儿心理健康教育的理论和方法，主动介绍幼儿的进步情况，并针对每个幼儿的具体特点提出合理建议，通过家庭和幼儿园的紧密配合促进幼儿成长。[1] 教师应及时向家长反馈幼儿表现出来

---

① 李君．幼儿健康教育实施策略探析［J］．学前课程研究，2008（12）：22－23.

的有关心理问题的行为或情绪，讨论发生该问题的原因以及对策，指导家长在家庭中改变有问题的家庭教育方式，加强对幼儿的关注。与此同时，家庭成员之间要相互尊重，和睦相处，在观念和行动上尊重幼儿，以潜移默化地影响幼儿，促进幼儿良好性格的形成。

总的来说，幼儿教师的努力需要家长的配合，将幼儿教师理性的爱和家长感性的爱相结合，为幼儿塑造一个和谐美好的成长环境，让幼儿健康、快乐、自信地成长。

小　结

幼儿和教师的心理健康问题正日益成为现代社会幼儿教育的关键问题，心理问题的发现和干预不容易，成因多而杂，早发现就能早干预。因此无论是幼儿园、教师、家长都应该给予心理健康问题的重视，关注幼儿和幼儿教师的健康发展，才能为学前教育事业发展带来健康的动力。

拓展阅读

［1］林崇德．发展心理学［M］．杭州：浙江教育出版社，2002.

［2］王振宇．学前儿童心理学［M］．北京：中央广播电视大学出版社，2011.

［3］陈群．幼儿园危机管理实务［M］．北京：中国轻工业出版社，2009.

［4］马绮蔚．幼儿园班级安全管理研究——以兰州市某幼儿园为例［D］．华中师范大学，2016.

［5］朱琳．幼儿在园安全问题及对策研究［D］．华中师范大学，2014.

思考与练习

1. 班级卫生保健安全管理常见问题有哪些？有哪些解决对策？
2. 午间休息常见问题及解决对策有哪些？

3. 集体活动安全应从哪些方面进行管理？

4. 假如幼儿在离园时与小朋友打闹抓伤了脸，教师应如何处理？

5. 就你个人经历，你认为目前教师和幼儿心理安全管理的最大困难是什么？有什么解决办法？

第七章 春风化雨，润物无声
——班级环境管理

随着素质教育的不断深化，以及国家对幼儿园环境创设的提倡，人们对幼儿环境布置的问题越来越重视，让幼儿通过主动参与环境创设获得身心的和谐发展已成为大多数幼儿教师的共识。环境是重要的教育资源，应通过环境的创设和利用，有效地促进幼儿的发展。如何结合幼儿园环境创设的现状，从而巧用公共区域，打造完美的空间环境；活用资源，凸显主题；注重实效，彰显特色；加强环境管理，发挥环境的功能与价值是幼儿园环境创设应该思考与实践的问题。

学习目标

1. 了解班级环境管理存在的常见问题与管理策略。
2. 领会幼儿参与到环境创设当中的意义与价值。
3. 掌握班级材料管理的方法与技巧。
4. 了解文化环境管理内容及意义。

思维导图

- 班级环境管理
  - 活动室环境管理
    - 活动室环境管理内容及要求
    - 活动室环境管理常见问题
    - 活动室环境管理策略
  - 班级物品管理
    - 物品管理内容及要求
    - 物品管理常见问题
    - 物品管理的策略
  - 班级文化环境管理
    - 班级文化环境管理内容及意义
    - 班级文化环境管理常见问题
    - 班级文化环境管理策略

典型案例

会“说话”的墙面

在环境创设中，教师根据主题课程设置墙饰，让孩子与墙饰互动。在各主题活动实施的过程中，教师力求使每一个墙面都会说话，伴随着主题活动的发展，发挥其记录与宣传的功能，活动室内的环境逐步丰富起来，到处都是孩子们留下的痕迹。中班《网络联系你我他》的主题活动中教师先举行谈话活动，与孩子们进行讨论，并让孩子们将自己发现的二维码用绘画记录下来，张贴在主题墙面上。随后，让家长带领孩子体验二维码，小朋友们相互分享。接着，我开展集体教学活动，带领孩子学习二维码的使用并生成二维码。每个孩子可以录一段自我介绍、表演视频或者游玩照片，通过软件生成二维码，张贴在墙上举行作品展。幼儿之间通过扫二维码了解相互内容，加深了解。

（本案例来源于济南市历下区万科幼儿园，刘凌汾）

在一系列的活动中，既实现了资源的共享，又促进了幼儿各方面技能的提高。在整个主题活动中，我们充分地调动了孩子的积极性，自己能想到的自己去想，自己能做到的自己去做，让孩子利用已有的知识经验，通过各种途径获取信息和材料，发展他们探究解决问题的能力，由此可见，班级环境管理的重要意义。

第一节　活动室环境管理

《幼儿园教育指导纲要》指出："幼儿园应为幼儿提供健康、丰富的生活和活动环境，满足他们多方面发展的需要，使他们在快乐的童年生活中获得有益于身心发展的经验。"幼儿园班级环境创设已经越来越成为幼儿教育中的一项重要内容，越来越受到幼儿教师、教育管理者甚至幼儿家长的重视。环境在开发幼儿智力、促进幼儿身心发展、培养幼儿个性等方面发挥着重要的影响作用。瑞典教育家爱伦·凯指出：环境对一个人的成长起着非常重要的作用，良好的环境是孩子形成正确思想和优秀人格的基础。从幼儿的角度来说，班级是幼儿日常生活最重要的场所，甚至比家庭环境重要。因此，创设符合幼儿身心、个性、品格等发展的班级环境是非常重要的，而且具有深远的意义，这也是幼儿园管理者和幼儿教师的一项重要工作。

一、活动室环境管理内容及要求

在幼儿园中，幼儿教师组织幼儿在活动室内的活动是幼儿园一日生活的重心。活动室作为幼儿最经常活动的地方，其环境的创设与管理对幼儿在园生活以及幼儿身心发展都起到不可忽视的作用。

（一）活动室环境管理的内容

幼儿园活动室的环境创设是以墙面环境创设以及活动区创设为主要内容的。活动室的空间连接着幼儿，它给幼儿关于玩什么和到哪里玩的信息，让他们明了各种情况，感觉到空间的可变性和不变性。在儿童教育环境中，空间不断地去适应幼儿们的兴趣和需要，以及适应各种紧急需要。老师们越多地利用空间，他们在设计环境上就越擅长。墙饰布置在幼儿园活动室环境创设中占据很重要的地位，它们时时刻刻占据着幼儿的视野，对幼儿的行为、思维、审美情趣等各方面都有着不可忽视的影响，在幼儿园的教育中也起着不可替代的作用。幼儿园的活动室是幼儿生活的具体环境，是幼儿在家庭之外最先接触的生活环境，也是幼儿学习和游戏的主要活动场所。环境是儿童最好的启蒙老师，也是儿童最自然的启蒙老师。班级中良好的环境创设与利用会使幼儿在与环境的互动中获得各方面发展，它会对置身其中的幼儿产生潜移默化的作用。幼儿园环境创设已成为广大幼教工作者最为关心的热门话题之一，大家也充分认识到要促进孩子健康和谐的发展，环境的创设是很重要的一环。因为幼儿是在与环境交互作用的过程中得到发展的。

（二）活动室环境管理的要求

1. 墙面装饰的要求

在活动室中，墙面环境是直接影响园所内涵建设的重要方面，教师应该在墙面环境的创设与管理上遵循以下几个要求：

(1) 尊重墙面环境的基本功能，进行有效拓展。

一般情况下，幼儿园墙面环境的主要功能是记录、展示、操作的功能，与此同时还具备家园联系、标记、常规墙面板块的功能。在目前对于墙面环境创设多样化、多元化要求的情况下，其前提必须是尊重墙面环境的基本功能，而后再进行有针对性、时效性的拓展。例如墙面上孩子的照片，孩子们作品的展示，在此基础上进行拓展，可以将语言教学的内容、绘画教学的内容与墙面基本功能结合，在墙面原有基础上进行内涵延伸或者功能转变。

(2) 重视墙面环境的趣味性、互动性。

墙面创设的内容要动静结合。幼儿园活动室内的墙面创设一般以静态为主，因为静态创设更便捷，但为能够更好地引起幼儿与墙面内容的互动性，形成隐性的熏陶教导环境，应将墙面的静态装饰与动态可操作物形成共鸣，相得益彰。这样易于引起幼儿的好奇心，进而关注墙面，与墙面形成有效互动。

将家园共育的理念融入墙面创设中。家园共育的墙面创设主要是指教师与家长达成共识，将幼儿在家庭中的生活状况记录下来进行墙面展示，可以是家庭集体合照、也可以是家庭成员一起完成的手工制作和绘画等，这样不仅利于幼儿与墙面的互动，更利于教师与家庭之间的交互合作。同样，这对于幼儿延伸性的思维与语言、艺术才能培养都有着潜在的深刻影响。

墙面创设的形式要新颖有趣。幼儿园活动室的墙面创设形式主要以手工制作、绘画作品、照片等为主要内容，形式较为老旧。如今的活动室墙面创设应该就其活动室的主题定期进行更换的同时，形式的多样性也是极为重要的。注意主题的多元，进行立体造型尝试，做好墙体装饰的教育性。

(3) 注重墙面环境的科学性、内涵性。

将地域文化融入墙面创设中。墙面环境创设的文化内涵是幼儿园较为缺少的，在墙面创设中应该将本地文化进行墙面内容整合，将幼儿耳熟能详的事物以及本地特色风俗习惯、文化内容等融入墙面中去，其视线可达范围必须是幼儿眼高以下。将特色文化渗透入活动室墙面，有利于幼儿园文化建设的内涵延展。

将科学常识融入墙面创设中去。教师在进行活动室墙面创设时必须审慎地核查在墙面内容中是否存在误导幼儿的可能，例如，价值观扭曲、道德歧义、科学常识性错误等。活动室墙面是孩子每天面对的，如果有错误的信息灌输，将直接影响幼儿身心的整体发展。

相关链接

墙饰的形式多种多样，有平面（绘画、剪纸、剪贴等）、半立体（折纸、插入纸工、橡皮泥浮雕）、立体（彩灯、挂花等吊挂饰物）。大多数教师在布置墙饰时会采用平面布置的形式来进行，虽然设置内容丰富，但在色调与形式上往往显得单一，缺乏多样性，并且容易给人一种千篇一律的感觉。幼儿一般较喜欢立体造型工艺品、吊挂饰物、立体墙面装饰，而不喜欢平面墙饰装饰。立体造型工艺品生动具体，有真实感，幼儿可以观察、接近甚至抚摸，从各个角度感知它的全貌，获得整体感，比较符合幼儿的认识特点和好玩心理。吊挂饰物同立体造型工艺品一样，较逼真，装饰性强、有动感，形式活泼、随意。

2. 活动区布置的要求

活动室活动区的管理。活动区在活动室内是主要体现形式，一个活动室内可以设置多个活动区角。但区角之间的联系与合作是需要进行科学合理的调配与优化组合的，这要求幼儿园管理者在进行活动区设置及管理上下足功夫。

（1）活动区空间规划的管理。

活动区的划分主要是依靠幼儿感兴趣的活动材料和活动类型来进行的，常见的活动区有生活区、角色游戏区、语言区、数学区、建构区、科学区、表演区、美工区等。活动区的设立并不是固定不变的，可以根据幼儿园的具体情况进行灵活的调整。

活动区的数量与规模设定要科学，活动区的设定规模一般情况下以 8 人以下为佳，过多或过少的人数安排都不利于幼儿对活动区的利用。所以如果一个活动室的面积为 80 平方米，幼儿人数为 30 人，那么室内可有效设置五个活动区，每区有效面积为 10 平方米左右。

活动区划分要有科学性。在区域划分上要将性质相近或者可以相互融合的区域靠近或合并安置，活动区应主要安置在活动室中靠墙的位置。教育管理者在进行活动区划分的时候应当注意活动区的特殊需求，例如，积木区需要较大活动空间；音乐区与美工区可以相互结合等。

保证空间流动性、通透性。活动区之间要注意空间的流动性与通透性，当然，必要的区角封闭性还是需要的，但要注意在进入活动室的时候将阻挡幼儿视线的遮挡物尽量去掉，利于幼儿视力与空间知觉的发展。为提高空间的利用率，教师应该具备时刻调整空间、支配设置以及组织与收纳能力。除此之外，活动区应该循环利用，增加其流动性，可大大增加一次投入的使用回报率，节约环保，让教师不在制作区角材料上浪费过多精力与时间。

（2）活动区规则规范的管理。

培养幼儿活动区规则意识。教师应该在活动区设定好后，设置“进区卡”“游戏卡”“时间卡”等能够帮助幼儿养成良好规则意识的活动卡，这样利于形成幼儿良好的行为习惯，养成幼儿宽容、谦让、友爱、知礼的健康人格。

制定幼儿活动区行为准则。教师应引导幼儿形成活动区良好的气氛，为此应该和幼儿一同商定活动区准则，并共同遵守。例如在活动区活动结束后，幼儿能够自觉统一地进行材料整理收纳，幼儿能够恰当地寻找合适的活动材料，并能够约束自己的行为。再如，在使用工具的规则上做出相关规定：递给别人剪刀的时候要将手柄方递与别人；与别人协商使用材料或玩具的时间与数量；活动时保持不喧哗，小声商量等。

幼教故事

蜡笔先生的帽子

有一次集体美术活动中，孩子们拿出本组的蜡笔准备作画，果果用两只手指尖捏着蜡笔向同桌打趣道：“咦，脏脏怪兽来啦”，他手上的这支蜡笔外壳粘满各种颜色，蜡笔头也松动着，整个蜡笔看上去又脏又旧。同桌朝果果直摇头：“我更惨，蓝色没有了”，只见同桌的蓝色蜡笔笔芯已经完全掉落。才拿出来两周的蜡笔个个都是“伤痕累累”，接下去的美术活动怎么进行呢？

这次活动结束后，我请孩子们聊一聊绘画中遇到什么麻烦？为什么会出现这种情况？原来孩子们常常忘记给蜡笔盖上“帽子”，导致蜡笔外壳被弄脏、蜡笔芯容易折断。于是通过讨论，各小组投票选举出“蜡笔管理员”，负责检查每次活动结束后的蜡笔整理。接着，我们还在“图书医院”中增设“蜡笔病房”，定期由“小护士”来清洁、分类整理。这几次活动之后，班级里蜡笔的整理井井有条，每次美术活动结束后孩子们有意识地将笔套对应插好。

（本案例来源于苏州工业园区新加花园幼儿园，张瑜）

在集体美术活动中，原来由教师和保育教师“代劳”的清洁和整理工作，虽然能解决美术活动后的“混乱场面”，但却不能让幼儿意识到为什么蜡笔个个都是“伤痕累累”？当教师通过让幼儿们“当家做主”，参与到整理与分类的过程中来，不仅避免了物品使用与收纳的师幼矛盾，而且又有效培养了幼儿自我管理的能力水平，提升了班集体的归属感。

（3）活动区材料规格的管理。

严格管理活动区材料规格。活动区活动材料的规格应该由教师做出严格的规定与规范，不论是图书还是玩教具的采选，都应该本着科学、趣味、安全、优质的要求来挑选使用。多引导幼儿接近自然，利用自然资源，能够节省资源，形成节俭的优良习惯。

做好材料更新与杀毒。对于活动区的活动材料要进行定期的检核，对于一些质量较低、安全隐患大或使用时间过长、过于老旧的材料应予以淘汰处理。而对于积木或者其他可以循环使用的玩具，应该进行定期的消毒处理，尤其对于幼儿园最为擅长的“废物利用”，更应该将这些“废物”进行处理后，在安全与卫生上均达到标准的前提下才能投入到活动区中使用。

二、活动室环境管理常见问题

（一）对环境创设的作用认识不清

幼儿园班级环境的创设展现形式应该是丰富多样的，并定期更新，富于变化。通过适时的变化和更新相对较静态的幼儿园班级环境，必然有助于幼儿的身心发展。但是现在较多的幼儿园班级环境创设存在诸多问题，部分幼儿园的班级环境创设仅仅是应付检查，检查过了，就比较少或不再更新班级环境布置，有的即使更新，也只是部分区角的更换，不会把所有的环境内容进行有计划的更换。这就反映了幼儿教师对班级环境创设的教育功能的认识还不到位，不能把班级环境创设与日常教学活动相关联。同时也是幼儿园管理层面对班级环境创设工作的支持力度不够，不能提供足够的政策、经费上的支持。

（二）误判环境创设中的主客体关系

在幼儿园班级环境主题与内容创设过程中，幼儿教师应明确幼儿的主体地位，考虑到幼儿近期身心发展目标、教育目标，主题和内容的设计对幼儿来说应该有趣味、有吸引力，并且让幼儿一看就能明白是什么。如果幼儿教师在创设班级环境的过程中，仅仅是把班级环境布置作为一项应付检查的工作来做，不考虑幼儿近期发展目标，不考虑近期相关的教学活动，不考虑班级环境与外界环境的联系，不考虑其对幼儿各方面发展的影响作用，忽视对环境创设教育目标的实现，就误判了环境创设中的主客体关系，失去了环境创设的意义。

（三）环境创设和利用与课程脱节

在幼儿园班级环境创设中还存在一个突出的问题就是教师对班级环境的创设往往停留在观赏层面上。皮亚杰认为："儿童是在与周围环境相互作用的过程中，逐步建构起关于外部世界的知识，从而使自身认知结构得到发展"。而观赏性的班级环境创设只需幼儿用眼睛"看"，仅仅是一种静态的展示，不利于幼儿与环境产生"相互作用"，不利于幼儿进行"知识建构"。因此，幼儿园班级环境创设不能仅仅是静态上的展示，应多进行动态的、立体的展示，并且能够积极让班级幼儿，而且是班级所有幼儿参与到其中的展示安排。

三、活动室环境管理策略

（一）合理规划幼儿园的物质环境

幼儿园班级环境是幼儿园的一种重要教育资源，对幼儿的全面发展具有重要的意义。幼儿教师通过对班级环境的布置，可以向幼儿展示相关的知识，丰富幼儿的视野，同时又有利于培养幼儿健康的身心发展、良好的个性、健全的品格等。在幼儿园的环境创设中，幼儿园管理者和教师要创新理念，注重形成自己的办园特色，要从自身的办学特色出发，还可以结合各地区的文化积淀、风俗习惯和气候条件等。在进行幼儿园环境的创设时，必须考虑这些外在的环境和条件，方能因地制宜进行合理的幼儿园环境创设。

（二）鼓励幼儿参与到环境创设中来

幼儿参与活动区的创设是幼儿的主体权利之一，因为活动区创设的最主要的目的就是促进幼儿的发展，幼儿参与活动区的创设，不仅使幼儿在动手操作的同时获得创造力和想象力的发展，还能够为幼儿园活动区的创设带来更多的创意和惊喜。而在现实的情况中，教师观念上认为幼儿不应该参与活动区的创设，且没有参与活动区创设的能力，所以，无论是空间的设计与布局，材料的收集、制作以及投放，还是区域标示的建立，幼儿参与的机会都是非常少的。因此，要树立正确的观念，注重幼儿对活动区的参与，至于幼儿的参与形式，可以根据幼儿的年龄特点，选择多种方式进行。

（三）建立与课程互动的环境

要将活动区活动与课程有机地融合，这意味着不能把活动区活动看成是随意的活动，或者是自由的活动。活动区活动的开展需要有明确的目标和计划、需要幼儿园有专门的检查和指导，并以此作为活动区活动有效开展的支撑和保障。活动区活动与课程有机地融合，不是把活动区当成是主题课程的延展和补充，而是相辅相成的关系。在主题课程中遇到问题可以拿到活动区中继续探究，而在活动区中同样可以生成幼儿感兴趣的主题课程。因此，做到活动区活动与课程的有机融合，需要在尊重幼儿的主体性以及深入观察幼儿、了解幼儿内在需求的基础上，有目的、有计划地在二者之间建立联系。

小　结

一个人的幼年时期，大部分时间会在幼儿园中度过。可以说，幼儿园是幼儿成长、学习、生活的主要场所，而幼儿园的环境，无论是物质环境还是精神环境，都对幼儿的健康、良性成长具有不可低估的作用，对幼儿的智力、道德、性格、情绪等全面发展具有深远的影响。因此，在创设幼儿园环境的过程中，管理者要从实际出发、因地制宜、调动教师和幼儿的参与积极性，使幼儿教师树立正确的教育观、发展观、生态观，营造温馨和睦、活泼生动的教学环境，让幼儿快乐、健康地成长。

第二节　班级物品管理

班级物品是班级环境的重要组成部分，幼儿学习与发展离不开物品支撑，教师的教育教学活动离不开教辅材料，保育教师离不开清洁卫生用品。《幼儿园教育指导纲要（试行）》中明确指出："幼儿园的空间设施、活动材料和常规要求等应有利于引发、支持幼儿的游戏和各种探索活动，有利于引发、支持幼儿与周围环境之间积极的相互作用。"班级物品的管理直接影响着班级物品的使用率以及幼儿良好行为习惯的培养，是教师不可忽视的工作。

一、物品管理内容及要求

幼儿园班级物品指的是除班级空间外的一切设备设施和所用之物。班级物品定位、定类、定量有序管理，能给幼儿提供舒适、安全整洁的环境，既方便教师与幼儿对物品的使用，又为一日活动中各环节的开展提供便利，同时对幼儿的分类归纳、收拾、整理等能力的培养起到积极的作用。

（一）物品管理的内容

班级物品管理主要指的是对玩具教具的管理及班级杂物管理。班级物品管理不当会埋下安全隐患，影响师生的活动甚至危及生命安全。幼儿园班级物品管理是指教师根据班级的教育目标通过计划、组织，实施、调整等环节，将幼儿园班级内的一切物品进行规划调整，优化班级物品管理，从而提高班级管理效率，促进教育目标的实现。通过对班级物品合理、规范、有序的管理，可为幼儿创设一个丰富、健康的生活和活动环境，提高设备、物品的使用效率，更好地服务于教育教学活动，避免浪费和无意义的损坏，还可提高班级管理的效率，培养幼儿良好的物品使用习惯和自理能力。

1. 玩具教具的管理

幼儿园各班应配备一定数量和种类的玩具，若有条件可以多配一些，基本能保证班里的幼儿人手一份。目前，市场上的玩具很多，价钱较贵，幼儿园要量力而行，进口玩具贵，可以买国产玩具，甚至也可以收集废旧物品，只要安全、无污染即可。玩具应摆放整齐，定期检查，定期清洗、经常消毒。教师要注意培养幼儿自己收拾、整理玩具的习惯和能力，教育幼儿爱护玩具，不乱扔乱摔。

幼儿园应有存放教具的地方，并有专人管理。各类教具应根据教学需要，按作业、游戏、劳动等分类编号，分柜陈设。作业可按不同主题活动或各学科分类，做到件件有固定位置，存放方便，便于取用和复原。分类柜上应贴上编号或教具名称，编号或教具名称要醒目，以便于寻找。

2. 班级杂物管理

幼儿园班级里的物品繁杂，除上述物品外，还有一定数量的生活用品和办公用品等。为了更好地对这些物品进行管理，班级应制定相应的管理细则。班级物品管理细则主要有以下几种：

(1) 做好活动前的一切准备，包括幼儿活动安全，玩具、教具的选择。

(2) 正确操作学具材料，爱惜物品，操作完放回指定地方并摆放整齐。

(3) 会轻轻搬动椅子，转椅子时要拿起椅子摆好再坐下。放椅子时不能有声音，懂得爱护桌椅。

(4) 保持桌面、墙面清洁，特别是上美术课不用蜡笔、水彩画桌面。

(5) 会放好玩具、用品，不把玩具丢地上，不咬、玩教具。

(6) 禁止幼儿扔垃圾，看到垃圾要提醒小朋友捡起扔到垃圾桶里面。

（二）物品管理的要求

1. 安全实用

保护幼儿的安全健康是幼儿园的基本责任，《幼儿园教育指导纲要（试行）》明确指出："幼儿园必须把保护幼儿的生命和促进幼儿的健康放在工作的首位。"班级物品的安全，一方面是材料的安全，要确保无毒、无污染。另一方面是物品摆放的安全，电子产品，电源插座、玩具、悬挂物、墙饰、活动器械的摆放需符合安全规范。班级物品的收集避免多多益善，应根据幼儿学习、生活、活动的需要以及幼儿的身心特点设置区角、丰富材料。

2. 动态发展

班级物品是教师开展教育教学活动的物质保障，是幼儿生活、学习、游戏的重要保障，是促进幼儿发展的重要支柱。班级物品的提供应根据教育教学活动的变化及时整理、补充、丰富活动材料，为幼儿创设温馨、健康、丰富的活动环境，更好地服务于教育教学活动及一日活动的开展，还要根据季节的变化及时调整，比如根据气候的变化及时更换被褥等。

3. 物尽其用

在班级物品的管理中，要避免物品进行堆放式投放，应根据需要逐步投放，精打细算，不铺张，不浪费。纸箱、奶罐、纸杯、易拉罐、矿泉水瓶等都可以再利用，教师可引导幼儿充分发挥想象力、创新力，使其一物多用，变废为宝，既培养幼儿创造能力，同时在潜移默化中培养幼儿勤俭节约的美德。

4. 共同参与

班级物品的管理不只是教师和保育教师的职责，还是班级中每一位成员的职责，教师和幼儿都是班级的主人和班级物品管理的主体，教师应根据幼儿的年龄特点，与幼儿共同制作标识，制订班级物品管理的规则，规划班级区域，调动幼儿参与物品清洁、整理、整顿的积极性、主动性，培养幼儿科学管理物品、定位收放物品等良好的习惯，培养幼儿的责任感和按类别收拾整理物品的能力。

二、物品管理常见问题

班级是幼儿园最基本、最重要、最贴近幼儿生活的真实生活环境。班级物品多且使用率高，物品管理存在以下问题：

（一）班级物品管理的随意性

班级物品的摆放未划分区域，物品存放位置未定类、定位，物品放置杂乱、无标示。放置班级物品根据放置区域的空置位置决定。班级物品管理的随意性，不仅导致取放材料不方便，还存在安全隐患。

（二）班级物品管理的盲目性

班级区角设置、班级物品的管理缺乏科学规划、科学管理、定期整理及相关的制度与标准。物品如何归类、如何放置没有目标，只是简单地清理堆放。有的幼儿园因为班级场地窄小，或者活动室、午休室未分开，采用随意堆放式放置，导致需要物品时耗费大量时间寻找。

（三）班级物品管理的主观性

班级教师在设置区角、物品定位标识、进区角规则、插卡规则等方面与幼儿的沟通、商量不充分，由教师自行设置，往往导致设置以后幼儿不能按照老师的要求进行收拾、整理，也无法遵守规则。

三、物品管理的策略

（一）建立健全合理分工的班级物品管理制度

班级中的教师、幼儿是一个整体，班级物品的管理人人有责。各班应根据实际情况制定班级物品管理制度，按照“共同规划、分工合作、用管结合”原则进行管理。保育教师负责班级物品的整理、清扫、消毒工作，教师负责教学、幼儿学习、游戏用品的规划、并组织幼儿参与到物品的整理中，保证物品的摆放规范、有序。班级物品的管理既要分工又要合作，共同管理，做到有序管理，物尽其用。

相关链接

幼儿园班级物品管理制度

1. 幼儿园班级财产管理责任人为各班班长。

2. 分配各班使用的财产、物资每学期开学初登记一次，期末结束前，副班长及保育员要协同班长清点班务财产并做好登记。登记表一式两份，一份上交幼儿园后勤园长处，一份班级留存。如发生班长更换，新班长须按照登记表清点物品验收，内容及数目相符在交接栏内签名，以示班级财产物资交接清楚。

3. 各班保管使用的财产、物资，非本班人员不得擅自拿用，特殊需要的可向该班的班长借用，定期归还，如有损坏负责赔偿。

4. 班务财产在使用期间有损坏、遗失，由班长向后勤组长报告，属合理损耗的准予注销并根据需要重新补发，登记入册。如无需要不补发。如属不合理遗失或损坏，视情节轻重负责修理或赔偿。

5. 各班如需购置新物品，必须在每学期开学第一周制订出本班一学期所需的办公用品计划，报经园长审批后，由后勤组统一购买。

6. 如需购买急用物品时，必须先写一份申请报告，经园长批准后，才由本园派出专人购买或者本班老师自行购买，购买物品票据需齐全，交由后勤园长审核后方能报销。

（二）班级物品管理与行政事业单位资产管理结合

幼儿园的班级物品因班级幼儿人数的增减或者地点变换，班级物品会有变化。因此，班级物品管理可与幼儿园的资产管理相结合，每个班建立班级物品登记表，对班级内的设备设施、各类用品进行登记。每学期初和学期末对班级物品进行清理登记，如有损坏的资产，填写班级物品报损清单上报幼儿园资产管理部门，对进入固定资产管理的资产进行报废资产处置。每学年班级地点变换，清理、登记资产后，交接班级的教师对班级物品确认、签字，确保资产妥善、规范、有序管理，不流失。班级物品的登记、报废与幼儿园的固定资产管理结合，凡是登记入账的固定资产，须登记“资产编号”“资产名称”“入账时间”“品牌”等信息，并填列表中对应项目，便于资产的管理、报损等。如果班级物品的存放划分了区域，表中可增加一栏“存放地点”一栏。

（三）满足幼儿需要，提供幼儿存放个人物品的空间

《3～6 岁儿童学习与发展指南》建议幼儿园班级“提供一些纸箱、盒子，供幼儿收拾和存放自己的玩具、图书或生活用品等”。因此在条件允许的情况下，教师可给幼儿准备一个柜子或箱子，满足幼儿“个人空间”的需求，同时为幼儿自主管理个人用品提供机会。

（四）引入“6S”管理方法，科学管理班级物品

在幼儿园班级物品的管理中，引入“6S”管理可提高管理效率，6S 自主管理的能力，让幼儿真正成为班级小主人，并将这种有秩序的行为方式，迁移到学习、生活中。

1. “6S”管理简述

“6S”管理起源于企业，内容包括：整理（Seiri）、整顿（Seion）、清扫（Seiso）、清洁（Setketsu）、素养（Shitsuke）、安全（Security）六个方面，因为 6 个项目的日语名称的罗马拼音以“S”开头，简称“6S”，其目的是通过规范生产现场的人员、机器、材料、方法等，营造一目了然的生产环境，其作用是提高效率，保证质量，使工作环境整洁有序，预防为主，保证安全。“6S”是一种行之有效的现场管理方法，是秩序化、规范化的保证。

“6S”项目的含义如表 7-1 所示。

表 7-1 “6S”项目含义

项目	项目概念	简要描述
整理	区分必需品与非必需品	要与不要，一留一弃
整顿	将必需品有序放置	科学布置，取用快捷
清扫	将不需要的东西清除掉，保持工作现场无垃圾、无污秽状态	清除垃圾，美化环境

续前表

项目	项目概念	简要描述
清洁	将整理、整顿、清扫进行到底，并且标准化、制度化	形成制度，贯彻到底
素养	通过对前“4S”的坚持，形成习惯，提升素质	形成制度，养成习惯
安全	清除隐患、排除险情、预防事故发生	安全操作，生命第一

2. 运用“6S”管理班级物品策略

（1）整理物品，腾出空间，创设整洁美观、规范有序的环境。

整理是“6S”活动的第一步，进行的工作就是把不要物品清理出来。清理的过程主要包括：“现场检查、确定不要物判断标准、进行不要物处理。”现场检查是整理的第一步，通过现场检查确定出必需品，才能对非必需品进行处理。

现场检查要对班级的非必需品进行辨识，辨识非必需品的要点是使用频率。通过整理、清除班级物品凌乱的根源，腾出空间，既提高班级空间的利用率，又降低了空间拥挤带来的安全隐患。比如：根据主题活动的进展情况及幼儿活动情况，确定区角是否保留，区角材料是否进行新材料的投放。如果需要更换区角，根据材料的使用价值区分是否保留，如需保留的放置在箱子里，做好标识放置在储存室，以备以后使用。已损毁和无保留，无使用价值的果断丢弃。

（2）整顿物品，科学规划，根据“三定”方法放置班级物品。

所谓整顿就是根据使用的频率、功能和种类，将有用物品进行分类并贮存在适当地方，并将物品及存放地点加以标识，使任何人都能清楚地知道物品存放的地点和数量。经常使用的物品放在便于取放的位置，幼儿的药品、班级消毒、洗涤等用品专门保存。物品的放置根据“三定”的方法进行，“三定”是指定位、定类、定量。定位是指物品摆放的位置按照使用频率，使用顺序、重低轻高、大低小高的原则确定。在确定物品放置位置时根据物品的功能、使用的频率进行定类及定量的科学规划及管理。通过“三定”确定物品摆放位置及方法后，对物品摆放进行目视化管理，在物品放置的位置及区域画线或悬挂、张贴标示，打造一目了然、容易归位的环境。根据幼儿的年龄及认知特点，师生共同商议确定物品标示和位置标示，用图夹文、线条、图形或颜色、名字、数字等标示标明物品的摆放位置及摆放秩序。从显性逐渐向隐性过渡，让幼儿学会有秩序地摆放。使用物品后放回固定的地方，以便下一次使用。

班级的设备设施（空调、钢琴、电脑、幼儿床、多媒体）一般采用固定放置方法，班级中物品管理的重点和难点是活动区角活动材料及物品的管理。活动区角是幼儿游戏的主要场所，也是班级物品集中的地方。在活动区角标示设置上，小班幼儿以直观形象思维为主，可以通过活动区角玩具的照片、点卡、实物卡等对应玩具实物，中班幼儿已经从直观形象性思维向逻辑抽象性思维过渡，可以采用不同数量的动物匹配、图形对应等，大班幼儿逻辑能力较强，可以用数字、问题符号、自主设计区域标记来提高一定的难度。通过幼儿参与活动区角管理过程，提高幼儿的主动性和自主管理能力，使班级物品的摆放变得更有序、更整洁。让幼儿了解活动区角游戏及物品管理的内涵，才能真正建立良好的秩序，科学、规范地管理班级物品。

（3）及时清扫，彻底清洁，养成持久有效的清洁习惯。

清扫是检查的一种形式，通过清扫保证班级环境、物品的干净整洁。为了确保清扫工作的效果，班级每个人都应参与到清扫工作中，做到不漏人，不漏区域，还可用可视化标签提高清扫效果。可视化清扫标签包含清扫区域名称、区域主人、清扫周期、清扫工具，清扫方法等，做到边清扫边检查。清扫时根据幼儿园制定的清扫作业标准定期、定时进行清扫，对容易遗忘的角落（储藏室或杂物间）、清扫困难部位（空调后面、床下面、柜子上面下面）、容易脏乱的地方（活动区、卫生间）进行重点清扫。清扫检查时，关注细节与角落，多注意设备设施顶部、底部、柜子里面等容易藏污纳垢的地方。通过认真、细致的清扫保证班级环境、物品干净、整洁、规范、有序。除了常规性的清扫，对于儿童的生活用品、玩具，按照《托儿所幼儿园卫生保健管理办法》要求消毒，保持干净，并做好记录。

整理、整顿、清扫是“6S”管理的行为动作，清洁则是结果。清洁的目的是养成持久有效的清洁习惯，维持整理、整顿、清扫的成果。班级教师和幼儿共同遵守物品整顿的定位、画线、标示，彻底塑造物品明朗化的班级环境，确保设备设施、班级环境规范、有序、美化、优雅。不断总结、完善班级物品管理的制度，用制度化带动常态化。

（4）清除隐患，确保安全，提升素养。

安全是开展教育教学活动最基本的保障，合理布局班级活动区城的设置与物品的摆放，科学、安全地规划，利用班级空间，有利于消除和控制危险因素，确保幼儿活动中的安全。通道、活动区的物品摆放按要求放置，幼儿常用的玩教具材料，如积木、手工纸、超轻黏土、橡皮泥、水彩笔、图书、桌面玩具、剪刀、抽纸等，摆放既要考虑幼儿的身高、年龄特点，又要满足幼儿的需要。有害、危险物品专门放置、专人管理；定期检查班级物品、设备、设施有无损坏，及时排除安全隐患；电源插座、消防设施等安全标识要明显，并标明禁入区域。

素养是“6S”的重心，是整理、整顿、清扫、清洁定型化的成果。班级教师和幼儿在共同规划、设计标识、区域活动秩序等过程中，学会遵守规则，养成良好的习惯。幼儿是“6S”管理的主体，一切的创设、创造与创新都是为了让幼儿在一种有序的环境中，学会自我管理。先进的“6S”企业管理与班级物品管理、环境创设相结合，既规范班级物品管理，又提高了班级管理的效率。幼儿从参与整理物品、摆放物品、收放物品，逐渐过渡到学习的自主。如创设一日生活时间表等，让幼儿通过不同时间段的图文解读，了解每个时间段应该做的事情，从而提高幼儿学习的自主管理能力，体验到自主管理的成就感，从不同的层面促进幼儿个体能力的发展。

小 结

班级物品是班级环境的重要组成部分，幼儿学习与发展离不开物品支撑，教师的教育教学活动离不开教辅材料，保育教师离不开清洁卫生用品。班级物品的管理直接影响着班级物品的使用率以及幼儿良好行为习惯的培养，是教师不可忽视的工作。班级物品管理引入“6S”管理方法，在保证物品正常摆放取用的同时锻炼了幼儿的自主管理能力，值得借鉴。

第三节 班级文化环境管理

在寻求幼儿园建设新思路、建构幼儿园班级新文化的今天，每一个幼教工作者都面临着如何构建幼儿园班级文化环境的问题。真正能反映幼儿园管理水平、对幼儿的发展产生直接而显著的影响的，不是那些看起来宏大的建筑，听起来响亮的口号，而是那些经常发生在我们身边、在管理中隐隐约约、无处不在的细节之美。我国古代思想家老子说：“天下大事，必作于细。”幼儿园班级文化环境建设中的细节管理尤为独特，它能处处散发出馨香。究其原因，就是因为我们的对象是幼儿，是稚嫩却潜力无限的生命。在幼儿园的教育实践中，我们努力创设健康、丰富的生活和班级文化环境，吸引幼儿的主动参与，让孩子在宽松、和谐、快乐的幼儿园班级生活中获得有益于身心发展的经验。

一、班级文化环境管理内容及意义

我们在感受一所幼儿园班级的时候，它的空间安排、墙面设计、室内布置会给人留下初步的印象。再深入了解的话，这个班级教师的言语行为、工作秩序和管理水平、办园理念和办园宗旨、幼儿发展状况和发展水平会给人留下深刻的印象。人们所看到的、听到的、感受到的一切都在说明这个班级与众不同的地方，这其实就是幼儿园班级文化的体现。

（一）班级文化环境管理内容

1. 环境文化

环境文化是幼儿园班级文化的一个载体，它具有外显性和感官性。它可以反映和折射出这个班级的思想和理念。

幼教故事

班级特色文化创设如何体现在环创上?

节日是文化的象征，幼儿园经常举办一些节日活动，比如父亲节、母亲节、儿童节等，孩子们在节日里很开心，因为除了有爸爸妈妈的参与，还能体验到五彩缤纷的班级环境，而环境创设不是一件容易的事情，于是老师们就会借助家长和小朋友们的力量，提前两周让家长协助准备材料，平日带孩子们制作各种手工作品，有时候也会让家长参与进来，还会将节日活动渗透在主题活动中，也会带孩子到附近安全的地方踏青，比如小区园地，这里有很多石子、树枝、花瓣等，将它们捡拾回来，或挂在墙上，或吊在空中，或制成标本，真正做到自己动手、丰衣足食。总之，时间久了，教室越来越丰富!

（本案例来源于山东省济南市某幼儿园教师，刘美霞）

好的班级环境文化体现出的是一部立体的、多彩的、富有吸引力的教科书，它可以使教师和幼儿产生和谐、稳定与安全的感受。文化渗透在环境中，能够让班级的一草一木、一景一物、每个角落都无声地“说话”，让孩子无论身处何处都能受到文化的熏陶，都能陶冶情操、美化心灵、激发灵感、启迪智慧。美好舒适的环境文化可以使幼儿、教师以及家长找到归属感，有利于幼儿素质的提高。

教室是幼儿活动的基础场所，也是促成师生之间、生生之间合作与交往的一个重要场地。教室应该是一个开放性的环境，在空间与设施的布局上，要考虑孩子的年龄特点，便于幼儿灵活取用材料和进行自由操作。室内的主题环境应该根据孩子的发展需要来确定，在主题活动发展的过程中，教师应该与幼儿共同收集相关的资料或信息，让教室的每一个角落和每一面墙壁成为传递信息、创设氛围及展示其学习成果的地方。

2. 精神文化

幼儿园班级的精神文化是幼儿园文化的核心内容，是一种隐性、深层、无形而又抽象的文化。它主要是幼儿园班级中被大多数人认同的文化观念、价值观念、生活信念等，它是一个班级本质的、个性的精神风貌的集中反映，是班级发展的动力。

幼儿园班级的精神文化对教师与幼儿在思想、态度和行为上产生影响，因此要注重教师个人的精神追求与幼儿园的精神文化建设之间的和谐与互动。一方面要鼓励、提倡教师尊重自我，有自己独立的思考与见解，有自主、自动、奋发的精神；另一方面也要注意培养幼儿的价值观。

3. 课程文化

班级课程文化是课程观念和活动形态的具体表现。它包含课程目标文化、课程内容文化、课程实施文化以及课程评价文化。课程目标文化应注重多元价值取向，突出情感态度、生活经验、个性与社会性、实际能力、知识技能等目标的实现。课程内容文化应以“友爱与情感、和谐、价值、信念”为核心价值取向，并使之渗入幼儿园健康、社会、语言、科学、艺术等教育领域。班级作为幼儿园的教学单位，课程实施文化应注重其多样性和多层次性，应考虑生活体验、互动对话及幼儿的水平差异，让幼儿通过平等民主的参与式交流获得积极体验，激发幼儿学习探究的兴趣。课程评价文化应是密切关注课程的目标、内容、实施，强调评价的手段化、评价主体多元化、评价过程情境化、评价方法多样化等。

（二）班级文化环境管理意义

文化是一种感受。班级的标语口号、设施设备、教师的服饰与精神面貌以及对待工作的态度、行为规范、团队精神或老师的一个微笑都会给人留下印象。这就是班级文化环境给人们的感受，一个和谐的班级文化氛围对幼儿园的成长有着极其重要的意义。

1. 有利于确立和形成班级的核心价值观

幼儿园班级文化环境的创设可以让班级的课程理念融入每一个幼儿与教师的心灵。理念的形成过程事实上是一个“入心”的过程，在这样一个过程中，促使教师把实现自我价值与园所的发展目标结合起来，树立班级的核心价值观，让幼儿在潜移默化中受到班级文化的影响。

2. 有利于凝聚人心、形成合力

和谐的文化环境可以激发教师对班级的认同感与使命感，能有效地调节和激励教师思想行为，培养和激发群体意识和集体精神，促进师生员工的自我约束、自我管理和自我完善，能使教师在工作中感受到集体的温暖、社会的尊重，形成一种真正强大的班级凝聚力。

3. 有利于教师的成长

教师是班级文化建设的主人，是班级发展的关键。班级和谐的文化环境可以影响教师的教育观念与实践，影响教师的行为规范。教师的整体水平提高和个体能力的成长是植根于文化这个土壤的。良好的班级文化环境有利于教师的科学与文化素质的提高、积极性与创造性的发挥。

4. 有利于孩子的成长

和谐文化环境标志着幼儿真正拥有一个快乐与幸福的生活与学习环境；环境作为一种隐性课程，在开发幼儿智力，促进幼儿个性方面，越来越引起人们的重视。谁都不会否认，环境对个体的发展产生着巨大的作用，在这些作用中，有的是积极的，它能推动个体向良好势态发展；有的则是消极的，它对个体产生不良影响，甚至阻碍了个体的发展。幼儿由于年龄小，自身的认识能力和控制能力差，对外界的依赖性强，环境对其的影响力就更大。良好的班级文化环境能满足孩子们生理和心理发展的需要，促进他们积极健康的成长，帮助他们尽快适应社会。

二、班级文化环境管理常见问题

随着我国社会经济的不断发展，幼儿园的环境创设也有了较大的改善，尤其是许多新建的幼儿园，外观精致漂亮，园内设施齐备。改建后的幼儿园，环境设施也比之前有了很大的改进和提高。然而，在幼儿园中最基本的构成单位——班级的环境创设中仍然存在着许多问题，主要有以下几点。

（一）布局设计上缺乏幼儿的参与性

意大利著名幼教专家蒙台梭利认为：“环境应是为儿童的，为儿童使用的。建立一个配备好的周边环境，适合儿童发展。”这就意味着，广大的教育工作者在创设环境时，应该树立正确的儿童观，积极主动地把幼儿融入环境创设的过程中。目前在环境创设的过程中，教师完全包揽的现象已经减少，幼儿或多或少参与其中的现象逐渐多了起来。但是，普遍存在着“为了参与而参与”以及“随意性地让幼儿参与”的情况。首先，一些教师为了让幼儿“参与”环境创设，就把幼儿自己创作的绘画和手工作品等贴到墙上作为展示。这样既能满足幼儿的自我表现欲望，又符合幼儿参与环境创设的要求，幼儿们喜欢，教师们也省心。然而事实却是，类似“作品展示”的“幼儿参与式”环境创设对幼儿的发展性意义甚小。其次，有的教师出于对幼儿能力的不信任以及凡事过于追求完美，因此在环境创设的过程中总是出现“教师动手动脑多，幼儿动手动脑少；教师设想计划多，幼儿设想计划少”的现象。而教师单方面的创设环境，虽然辛苦，但创设的效果不甚理想。许多环境设施吸引不了幼儿，又无法让幼儿参与其中，这一问题值得我们在班级环境创设过程中多加思考。最后，许多幼儿园在环境创设时片面地追求新奇独特的效果，忽视从幼儿本身的兴趣、需要和发展水平出发进行环境创设，结果导致教师们个个绞尽脑汁、苦思冥想也没能标新立异，幼儿们跃跃欲试却没有机会。

依照幼儿教育中的生态系统理论，儿童发展的生态系统就是“儿童生物学属性的气质和性情，与造就儿童发展的诸多环境因素的结合体”。环境是一种真实存在的实体，环境中融入了儿童的主体因素，环境会对儿童的发展过程产生影响，同时儿童的主体因素在儿童发展过程中也会对环境发生作用，因此，儿童的发展与环境之间是相互交织的复杂关系。幼儿园班级环境创设的主体单一，不仅增加了教师的工作负担，从生态学的视角看，更忽视了幼儿的主人翁意识，限制了幼儿的操作能力和创造意识，还存在着没有真正体现出幼儿的发展性，对幼儿的关注度不够等一系列问题。

（二）室外空间上缺乏教育性、系统性

人类发展生态学把环境看作一个复杂的系统，包括微观系统、中间系统、外层系统和宏观系统四个层次。其中，微观系统是指发展中的个体在一定的环境中体验活动、担当角色及处理人际关系的模型。这里的环境，是指人们可以有准备地参与其中面对面地发生相互作用的场所，如家庭、托幼机构、游戏场地等。微观系统的要素有活动、角色和人际关系。“幼儿园环境包括幼儿园内幼儿身心发展所必须具备的一切物质条件和精神条件的总和，物质环境和人文环境都必不可少。一个好的幼儿园环境创设是具有教育性、整体性的，是一个系统，从班级设定到环境布置，都是具有一贯性的。”但是，如果我们从生态学的角度来看目前幼儿园班级环境创设在室外空间方面的内容，就可以发现其教育性、系统性的缺乏。

首先，大多数班级容易将环境创设理解为单纯的物质环境创设，因而十分注重教具陈设以及室内外装饰等。比如，幼儿园内五颜六色的纸贴，活动室墙面上的鲜花绿草。这些虽然在视觉上给人以鲜艳和美丽之感，但是在内容上显得孤立和随意，缺乏连贯的系统性，无法做到内容主题之间的合理延伸，也就失去了影响和促进幼儿发展的教育价值。其次，物质环境的创设因其直观性、生动性、形象性的特点，容易激发幼儿情感的愉悦和共鸣。创设丰富多彩的符合幼儿需要的物质环境，这本身无可厚非，但过分或只注重物质环境的创设就割裂了精神与物质环境创设的密切关系。幼儿园缺乏对班级班风班貌、教师工作作风、人际关系以及情感氛围等这些核心文化内容的关注与创设，就会直接导致幼儿园班级环境创设缺乏教育性。例如，教师不能在班级内部营造良好的人际环境和精神氛围，幼儿感觉周围的一切冰冷生硬，毫无安全感、归属感，幼儿园的教育性也无从谈起了。再次，许多幼儿园班级内创设的环境和设备不允许幼儿随意接触或使用，只在规定的时间内、特殊的场合下比如迎接检查的时候才对其开放，其余的时间环境只是一种摆设、一种被浪费的资源。幼儿园班级环境创设的最终目标是促进幼儿的综合发展，幼儿如果没有充分享受和参与到班级创设

的环境中，就没法充分促进自身的综合发展，更不能充分体现班级环境的教育性。

（三）室内空间上缺乏创新性、开放性

当前，很多幼儿园中班级的环境创设总体上已经发生了很大的变化，并且努力做到追求材料美观形式多样，但从生态学的视角来看，幼儿园班级环境创设的室内空间缺乏开放性、整体性和长远性，设计也过分拘泥于传统，没有体现出发展性的变化，对环境创设的创新度不够。主要体现在以下三个方面。

第一，班级环境创设的范围太狭窄。目前，多数幼儿园的环境创设主要集中在活动室与班级，而二者的环境创设又多以主墙为主。幼儿园班级环境的创设范围不能仅限于此，而是应该包括幼儿在班内活动的每个角落。而这样狭义地理解环境创设的范围，缩小了环境创设的发展空间，限制了环境创设的创新。第二，班级环境创设的方式过于单一。当下几乎所有的幼儿园的班级环境创设都是以平面装饰为主。当然我们不能否认，一部分教师在理论上懂得环境创设的重要意义，并且了解一些非常规的环境创设方式，但是在实际操作的过程中，难免因为考虑成本布局、质量结构、材料色彩等方面而选择平面装饰。这种单一的墙面平铺和粘贴，不仅是对环境创设的形式限制，也是对环境创设内容的制约。第三，班级环境创设的效果不显著。班级环境创设的直接目的是在幼儿与环境的相互作用中形成环境刺激。所以，班级要尽可能从多方面、多途径来创设环境以作用和刺激幼儿的感官，促进幼儿的全面发展。但是，由于班级环境创设的范围狭窄、方式单一，缺乏可以调动幼儿各个感官参与的、让幼儿可以操作的、灵活变化的内容和形式，所以创设的效果也只能是通过给幼儿“看”的方式产生视觉刺激，而阻碍了幼儿其他各方面的发展。

（四）班级区域活动中缺乏师幼的互动性

近年来，“活动区具有教育功能，可以成为幼儿自主、宽松的学习环境”的观点得到了普遍认同。但实际要如何操作以更好地发挥活动区的教育作用、支持幼儿的发展，是不少幼教工作者困惑的地方。究其原因，幼教工作者对活动区的认识水平不高，无法实现师幼之间的有效互动是影响活动区活动开展的主要因素。有的教师认为，活动区活动是教学活动的延续，故采用分组教学的形式帮助幼儿理解和运用知识；有的教师认为活动区是自由游戏的场所，让幼儿通过自发的游戏获得有关经验。儿童发展的生态环境包含四个种类的生态系统，分别是小系统、中间系统、外系统和大系统，前者逐个被包含在后者之中，形成一种同心圆样式的结构。每一个层级的系统都对人产生不同影响。人类发展生态学把人的发展放在一个庞大的生态体系中考察研究，在这个过程中，人们逐渐认识生态环境，参与环境中的活动，积极利用和改造环境。生态系统的理论告诉我们，幼儿在班级环境中，通过自身持续发展的变化感知到自己所处的生态环境，并与之形成和谐良好的互动。然而，从生态学的角度来看，目前在幼儿园班级环境创设的实践中，存在的最大难题就是“让班级环境与幼儿之间

实现真正的双向互动”。

三、班级文化环境管理策略

良好的文化环境是课程的载体，是支持幼儿社会性发展，开展探究性学习的平台，幼儿就是在与环境的互动中成长的。我们要创设良好的文化环境，让幼儿与环境互动起来，获得有益的经验，从而促进其身心健全地发展。

（一）突出特色与创新的教室文化

教室是幼儿园文化环境的一个重要变量，它为幼儿活动提供各种便利，也促成师幼、幼幼间的合作和交往。教室内的环境创设，应该从幼儿的需要、教育的需要出发，关注到普遍性原则——环境与幼儿整体水平相符；特殊性原则——兼顾超常与较弱幼儿发展水平。同时也要考虑到它的开放性、适宜性等特点，要提供便于幼儿自由操作和灵活取用的设施和材料，要留给幼儿足够的尝试与参与空间并体现出班级的文化特色与信息。

1. 明确教室环境的内容与主题

教室环境要突出教育活动主题，可以选取幼儿的主题探究活动以及日常生活中比较熟悉与喜爱的内容，用各种卡通的、动物的、幼儿创作的造型等组合成主题墙面并在后续的活动中不断加以完善。

2. 把环境的主动权交给幼儿

教师要大胆放手，让幼儿学会自主创造，将环境的主动权交给孩子。要鼓励孩子们积极参与班级的环境设计与制作的全过程，让孩子们体验设计与制作的快乐，享受成功的喜悦。教师可以和孩子一起对教室内的墙面、活动区设置以及角落的使用等进行一个基本的框架规划，让孩子们提出意见、发表见解，将幼儿真正地纳入环境的创设中。

3. 让环境与幼儿互动

在教室环境文化的创设过程中，幼儿会对富有新意的环境表现出特别的敏感而有兴趣，都想看看、听听、摸摸、碰碰、问问，这时他们的思维活动与探索精神也处于最佳状态。如果教师能抓住时机，对幼儿进行启发、诱导，幼儿就能主动、不断地获得信息。随着教育活动的发展与深入，教室的环境应该逐步丰富，孩子们可以和老师一起收集相关主题的资料，让幼儿表达其想法和展示其作品，也可以出现有体现师幼及幼儿之间互动的精彩对话以及随着主题活动的发展而丰富起来的主题网络图等。同时，教师要根据幼儿发展的需要，在教室活动区内投放相应的操作材料，并随着活动的深入逐步加以丰富和调整，让孩子们在不断的操作中，学会合作、学会分享、学会互相帮助，同时也不断地产生问题并学习解决问题的办法。

（二）建立融洽、和谐、健康的精神文化环境

在幼儿园班级环境创设中，物质文化环境的创设固然重要，但精神文化环境更为

重要，它虽然是无形的，却直接影响着幼儿的情感、交往行为和个性的发展。在幼儿年龄段，他们更需要在相互信任、相互平等、相互尊重的环境中生活，只有在这样的环境中，幼儿才能积极主动地学习、探索与创造，从而获得最佳发展。

1. 建立宽松和谐的人际氛围

班级取得优异成绩的关键是有一支优秀的教师团队。在一个宽松和谐、开放的人际环境之中，教师会有很强的凝聚力，人的主动性、积极性、创造性得到最大程度的发挥。因此幼儿园要注重引导家长从尊重、信任、理解、爱护角度出发，对教师的工作表示兴趣与欣赏，让教师感到他们是在一个充满支持的环境中工作。同时，要注重强化教师的职业道德修养。教师是班级心理环境的核心，教师良好的态度和管理方式有助于形成对于幼儿来说安全、温馨的心理环境。

2. 创建积极有效的师幼互动环境

师幼之间的交往和互动应基于尊重、平等、和谐宽松、自由快乐的良好关系。

教师要把握好角色定位，做师幼互动环节的创造者、交流机会的提供者和幼儿发展的合作者、支持者、观察者、倾听者、引导者。教师支持但不指使幼儿的具体行为，教师要通过自己的言谈举止、行为、态度，与幼儿积极有效地交流、互动。在这样一个过程中，师幼之间的关系是平等的，每个孩子在没有学习压力的情况下去探索、表现、获得经验，而教师的作用只是最多的观察、最少的干预，只有当幼儿遇到困难、认识出现偏差、需要老师帮助时，教师才可以介入。

3. 建立良好的同伴关系

幼儿期是同伴关系形成和发展的关键期，同伴关系在儿童社会化过程中起着成人无法取代的独特作用。积极的同伴关系有利于儿童社会价值的获得、社会能力的培养以及认知和人格的健康发展。帮助幼儿建立良好的同伴关系对于幼儿未来适应社会至关重要。在帮助幼儿建立良好的同伴关系时，要注意营造和谐、民主的气氛，为幼儿提供成功的同伴交往经验，增强幼儿的认知能力，懂得同伴之间友好、和谐地相处，可以使每个人心情舒畅。要让幼儿不仅懂得爱，还要学会爱，不仅感受被爱的温暖，也要回报别人对自己的爱，懂得关心和爱护每一个人。同时还要注意帮助幼儿养成良好的行为习惯，帮助幼儿建立自信，学会与人沟通的技巧。

相关链接

幼儿的成长离不开环境，环境对幼儿发展的影响是极其深远的。我国古代对此就有精辟的论述，如“近朱者赤，近墨者黑”，就是强调环境对人的感染作用，又如“孟母三迁”的故事，说明培养人才要重视环境的选择，所以说环境对幼儿的发展作用是重要的，不可替代的。《幼儿园教育指导纲要（试行）》指出："环境是重要的教育资源，应通过环境的创设和利用，有效地促进幼儿的发展。""幼儿园应为幼儿提供健康、丰富的生活和活动环境，满足他们多方面发展的需要，使他们在快乐的童年生活中获得有益于身心发展的经验。"幼儿园通过班级环境创设对幼儿进行生动、直观、形象和综合的教育，让幼儿参与和利用环境对幼儿进行全方位的信息刺激，激发幼儿内在的积极性，让幼儿直接得到一种情感和知识的启迪，从而促进幼儿的全面发展。因此，幼儿园班级环境创设是幼儿园重要工作之一，我们应通过环境的创设和利用，有效地促进幼儿的发展。

小　结

幼儿园班级文化建设是一个过程，而不是终结。生命总是涌动着活力的，所以需要不断充实，不断发展。让班级的每一处地方都成为陶冶孩子情操、规范孩子行为、净化孩子心灵、在潜移默化中带给孩子善与美的教育资源。总之，班级环境文化的创设一定要以幼儿为中心，以促进幼儿的发展为标准。

拓展阅读

[1] 康琳．幼儿园环境创设与利用 [M]．武汉：华中科技大学出版社，2017.

[2] 赵娟，靳林，李敏．幼儿园环境创设与玩教具制作 [M]．北京：北京师范大学出版社，2017.

[3] 鄢超云，等．低成本有质量的幼儿园环境创设 [M]．北京：教育科学出版社，2013.

[4] 何桂香．幼儿园环境创设新视角 [M]．北京：农村读物出版社，2008.

[5] 岳晓春．幼儿园环境创设与美育 [M]．北京：北京教育出版社，1996.

思考与练习

1. 请举例说明环境与课程的关系。

2. 针对幼儿园班级材料管理的常见问题可以采用哪些管理策略?

3. 请说明幼儿园文化管理的意义是什么?

4. 有时候受到各种原因的限制，我们要学会动脑筋拓展空间。例如，手工课上孩子们做的迎春花，他们的作业袋里放不下，怎么办呢?请你设计一个解决的办法。

5. 针对制度不健全，物品管理乱的问题，如何建立一套完整的材料管理制度?你有什么建议?

第八章　因人而异，循序渐进
——各年龄段的班级管理

英国作家萨克雷说过：“播种行为，收获习惯；播种习惯，收获性格；播种性格，收获命运。”良好行为习惯的养成以及规则意识的形成，对于一个人尤其对于幼儿来说，具有不可估量的价值和意义。幼儿期是人的一生中最具可塑性的时期，是养成良好行为习惯、形成规则意识的关键期。作为幼儿一日生活的核心单位和重要场所——幼儿园班级，班级管理活动开展得当与否不仅直接关系着幼儿园教育的质量，而且直接关系着幼儿身心是否能全面和谐发展。在幼儿园班级管理工作中，各年龄段班级常规管理的内容是什么？教师应如何对不同年龄班的幼儿进行管理呢？本章将围绕这一系列问题进行详细阐述。

学习目标

1. 了解各年龄阶段常规管理的内容。
2. 掌握各年龄阶段常规管理的要求。
3. 掌握各年龄阶段班级管理中的常见问题。
4. 能够运用班级管理的具体策略，结合具体的案例分析应采取的措施，解决实际问题。

思维导图

- 各年龄段的班级管理
  - 小班幼儿的班级管理
    - 小班幼儿常规管理
    - 小班幼儿管理的常见问题及应对方式
  - 中班幼儿的班级管理
    - 中班幼儿常规管理
    - 中班幼儿管理的常见问题及应对方式
  - 大班幼儿的班级管理
    - 大班幼儿常规管理
    - 大班幼儿管理的常见问题及应对方式
  - 其他班型的班级管理
    - 托班幼儿的班级管理
    - 混龄班的班级管理

典型案例

无声胜有声

午睡前，老师要求孩子们解完小便后安静地走到自己的位置上，可总有一些孩子安静不下来，这时，一位老师一边学着小猫的动作，一边轻轻地说："喵～喵～我们一起来学小花猫轻轻地走进午睡室。"这是幼儿园小班班级活动中常见的情景，老师似乎有魔法，很轻松地就让孩子们瞬间安静。因此，班级管理要遵循各年龄阶段孩子的特点，了解孩子才能管理好班级。

小班孩子入睡困难，教师利用以往的教育经验，通过扮演小花猫轻松的就让小班幼儿安静了下来，但由于中大班幼儿与小班幼儿具有年龄差异，所以此方法对中大班的幼儿却不那么有效。各年龄阶段的幼儿有不同的年龄特点，教师应如何根据幼儿年龄特点进行班级管理呢？

第一节　小班幼儿的班级管理

幼儿园小班班级管理工作十分重要。对于刚入园的小班孩子来说，他们自理能力差，感情依赖性强，刚刚离开父母、家庭，管理起来很困难，因此，加强小班幼儿的班级管理是十分必要的。

一、小班幼儿常规管理

小班幼儿一般是指3周岁到4周岁的幼儿。他们的年龄特点有以下几方面：

（1）注意力易转移，无意注意占明显优势。凡是鲜明、生动、活泼、形象的事物都容易引起小班幼儿的注意。

（2）自主性差，依赖感强。小班幼儿自我意识和个性特征尚未形成，在幼儿园活动中喜欢模仿他人、追随他人，缺乏主见和自主性，在各种活动中更多地依赖成人的指导和帮助。

（3）情感波动较大，不稳定。小班幼儿比较容易激动，而且激动起来难以控制，甚至在很长一段时间内无法平复，他们对成人表现出强烈的依恋，初次离开父母，会表现出极度的惶恐和不安。

（4）以自我为中心，产生真正的自我意识。小班幼儿不再像以前那么“听话”，开始出现“叛逆行为”，他们常以沉默、退缩、身体的抗拒等来拒绝成人的要求，并常用“我自己来”拒绝成人的帮助，在游戏中，他们往往只关注自己，而不会关心身边的同伴在做什么。

（一）小班生活常规管理的内容及要求

我们根据小班幼儿的年龄特点和常规教育的规律，从来园活动、盥洗、饮食、午睡、离园等几个环节来规定小班生活常规管理的内容。

1. 来园活动

（1）高高兴兴上幼儿园，向老师问早、问好。

（2）带手帕，衣着整洁，能高兴地接受晨检，插放晨检标记。

（3）进班后，在教师的指导下，将脱下的衣服和帽子放在固定的地方。

（4）双手轻拿轻放小椅子。

2. 饮食活动

（1）安静就座，愉快进餐。

（2）学习使用餐具。

（3）学习文明的进餐行为，细嚼慢咽，不挑食，精神集中地吃饭，保持桌面、地面、衣服整洁。

（4）学会餐后擦嘴，用温水漱口。

（5）能主动表示想喝水。

3. 睡眠活动

（1）安静就寝，睡姿正确。

（2）在教师的帮助下，能按顺序脱衣裤鞋袜，放在固定的地方。

4. 盥洗活动

（1）逐步养成饭前、便后和手脏时洗手的习惯。

（2）洗手前将衣袖卷起，洗手时能按顺序认真地洗。

（3）洗手时不玩水，学会擦肥皂，洗好后用自己的毛巾擦手。

（4）能主动向老师表示要上大小便，学会上厕所小便，逐步养成每日大便的习惯。

（5）逐步学会饭后洗脸、漱口。

5. 散步活动

（1）在教师的带领下，一个跟着一个，有秩序地散步。

（2）散步时不奔跑，注意安全。

6. 离园活动

（1）收拾好玩具，放好桌椅，离开活动室。

（2）将脱下的衣服、帽子穿好回家。

（二）小班教育常规管理的内容及要求

小班教育常规的管理主要包括教学活动的管理、游戏活动的管理。

1. 教学活动的管理

小班教学活动管理的内容包括动作、语言和认知、品德及社会能力等方面。

（1）动作方面。

幼儿喜欢跟着教师到户外散步、做操、游戏；会模仿教师的动作；逐步熟悉早操的地点及户外活动的周围环境；知道户外活动时不远离教师，离开时要告诉教师；认识户外大型体育器械如滑梯、转椅、荡船等，认识体育玩具如摇马、球、玩水的器皿、沙坑玩具等，并能在教师指导下玩；冬季锻炼不怕冷，不戴帽子，不戴围脖和手套；学习使用剪刀，用右手拇指与其余手指握住左右剪刀把柄，正确张合刀口。用完放下，不拿着剪刀冲人比画；学会用捏泥、撕纸、粘贴、画、穿、插等技能进行制作。

（2）语言和认知方面。

幼儿有兴趣、愿意参加集体学习活动；知道注意听教师讲话，按教师的要求去做；能保持稳定注意的时间为5～10分钟；认真参加活动，学会动手、动口、动脑；大胆地回答问题，愿意用语言表达自己的意思，敢在集体面前讲话；学习正确的姿势，包括坐姿，看书、绘画姿势，握笔姿势。

（3）品德和社会能力方面。

幼儿有兴趣去观察教师的各项劳动，知道教师们工作很辛苦，愿意保持自己衣裤和班上各个角落的整洁；愿意参加一些劳动，学会在教师帮助下给植物浇水，喂养小动物，擦桌椅，整理玩具及图书角等，初步体会劳动的快乐；知道爱护用具和材料，节约使用，不摔、不乱丢等；有困难时不哭，愿意自己动手尝试解决困难或找教师请求帮助；愿意和小朋友们一起玩。

2. 游戏活动的管理

（1）能积极参与游戏活动，在活动中表现出愉快的情绪。

（2）能按意愿选择游戏的主题。

（3）能与同伴交往，感受到与同伴共同游戏的乐趣。能够学习遵守新的游戏常规。

（4）在老师的鼓励下，愿意动手尝试，能够按自己的意愿大胆游戏。

（5）能爱护游戏活动的成果，学会共同使用玩具，学会有顺序地收拾玩具。

（6）有与同伴共同表演的兴趣，通过游戏学会与同伴友好地相处。

（7）学会遵守简单的游戏规则。

二、小班幼儿管理的常见问题及应对方式

幼教故事

新生入园

每年9月，幼儿园都会迎来一批新的孩子。这群孩子刚满3岁，他们离开了朝夕相处的爸爸妈妈，离开了自己从小到大熟悉了的家庭环境，来到幼儿园这个陌生的地方，这对他们充满了挑战。所以，在小班的教室里常常会出现以下情况：早上，班级门口总是聚集着依依不舍的家长和哭得惊天动地的孩子；一日活动中，总有一声不吭、完全不参与活动的孩子，也不乏从入园哭到离园的孩子；吃饭、睡觉、喝水、上厕所，很多孩子什么都不会，全都等着老师来帮，老师忙得焦头烂额。

不愿入园、情绪不稳、自理能力差是小班幼儿一个突出现象。有的幼儿一接近幼儿园就哭；有的幼儿离开父母情绪不稳定，吃饭在哭，睡觉也在哭；有的幼儿自理能力差，不会脱裤子，吃饭需要喂。教师应成为幼儿的帮助者、引导者，以便让幼儿更好地适应集体生活。

（一）小班管理的常见问题

1. 经验不足

面对小班幼儿们的不愿入园、情绪不稳、哭泣不止等现象，有的教师表现出焦虑、无所适从。每年九月是新生入园时间，幼儿因分离焦虑引起哭闹、发脾气，甚至排斥上幼儿园。有的教师不能有效缓解幼儿分离焦虑、稳定幼儿情绪，表现出慌乱，不知道自己该做什么，怎么做；有的教师面对孩子哭甚至采取冷漠、不理睬、放任的态度。小班幼儿入园哭闹问题一直是小班教师最头疼、最棘手的问题。幼儿的哭闹会使家长放心不下，更会直接影响其他幼儿的情绪。由于缺乏经验和正确的方法，教师不能及时有效地解决幼儿哭闹问题，因此，教师在班级管理中表现出慌乱、无所适从。

相关链接

小班幼儿情绪感染

“羊群效应”是指管理学上一些企业的市场行为所产生的一种现象。经济学里经常用“羊群效应”来描述经济个体的从众跟风心理。羊群是一种很散乱的组织，平时在一起也是盲目地左冲右撞，但一旦有一只头羊动起来，其他的羊会不假思索地一哄而上，全然不顾前面可能有狼或者不远处有更好的草。因此，“羊群效应”比喻人的一种从众心理。从众心理很容易导致盲从，而盲从往往会陷入骗局或遭到失败。

刚入园的幼儿因离开亲人感到不安，情绪状态不稳定，开始哭闹。幼儿的情绪易受感染，不哭闹的小朋友看到身边的小朋友在哭，不一会儿，他也会眼泪汪汪，跟着大哭起来，这也是所谓的“羊群效应”。

2. 随机教育能力较薄弱

教师在教育幼儿的过程中，灵活变通的能力较薄弱。情绪易受支配、注意力易分散、无意注意为主，这些都是小班幼儿认知过程中的主要特点。因此，教师应采用随机教育，其教育计划随幼儿兴趣及反应进行适时的调整，这符合小班幼儿的思维发展模式。但是在幼儿园的教学活动中，我们看到这样的镜头：教师在组织幼儿活动时，忽然窗外下起了大雨，幼儿们都被大雨所吸引，而老师却禁止幼儿向窗外看，并要求幼儿认真听课。这时，教师完全可以树立起随机教育观念，采用各种教育方法和手段让幼儿观察雨，并听雨滴答的声音。教师应能善于捕捉幼儿的兴趣，抓住兴趣，让幼儿主动探索知识。有的教师不会灵活变通，认为上课才是学知识的时间，殊不知幼儿在其他时间也很容易接受成人对他们的教育。

3. 以自我为中心

教师权威式控制多。教师违背幼儿的发展规律，以自身为中心，过分强调自己的权威性，一味地用自己是“老师”这一角色去压制幼儿。管理的方法和途径也是只注重说教，不断地提出要求，在幼儿园的教育生活中不断地提醒督促，对违反常规的行为进行惩罚，这样单纯的说教和强制都难以起到真正的作用，而且对幼儿个体发展的影响也是消极的，造成有些幼儿哭闹退缩甚至害怕上幼儿园。例如：很多幼儿园仍然使用着“小嘴巴，闭起来，小眼睛，看老师”“一二三，坐坐好，四五六，静静静”这些简单、朗朗上口的常规把一个个活泼可爱的孩子变成了“机器人”。为了让幼儿上课认真听讲不做小动作，部分老师还要求幼儿双手背后。老师要求幼儿在同一时间午睡、起床；先拿到点心的幼儿必须要等到教师说“小朋友请用”才可以吃。在幼儿园班级生活中随时能听到老师说“不能乱丢玩具，不许大声说话”“不许拿别人玩具”等限制性话语，还有那些包含着“不行、不要、不能”的指令性语言，说明在教师心目中班级管理的内容就是“管”幼儿，限制幼儿的不良行为。教师任务多、压力大，很容易对幼儿采取权威式的控制，批评、说教、命令等成为教师最常用的常规教育方法。

（二）小班幼儿管理的应对方式

1. 充满爱意，从容应对

首先，教师要认识到对于多数初入园的孩子来说，哭闹、情绪不佳等过程都是比较短暂的。随着在园时间的延长，只要付出足够的耐心和爱心安抚孩子，顺利度过适应期不是难事。其次，当幼儿哭闹、发脾气时，教师应尊重和同情他们，让他们的情绪充分表达出来；同时创设幼儿可表达自己情绪和感受的机会，引导他们学会选择对自己和他人无伤害的方式宣泄不良情绪，减轻心理负担。最后，教师应以鼓励的语言、对幼儿注视、微笑、点头以及身体接触，使幼儿获得赏识、理解、关怀、接纳、尊重的信息，有一种被关爱、被尊重的心理感受，产生一种安全、关爱感，从而化解焦虑的情绪。

2. 随机教育，适时引导

小班幼儿在认知过程中的主要特点决定了教师可以对幼儿进行随机教育。一方面，教师要有效地开展随机教育，就必须到幼儿中去，观察幼儿的一举一动，了解幼儿的所思所想，从而为自己开展随机教育奠定基础。另一方面，教师在活动中应抓住教育机遇，灵活变通现有的活动计划，以幼儿的关注点作为导向，顺势进行引导。例如：在一次小班语言活动“雪娃娃”的学习过程中，教师发现幼儿对窗外下雪的兴趣远远超过了对语言活动本身的兴趣。于是教师便抓住这一点，带领幼儿出门观看雪花，感受雪花的温度，观察雪花在手中融化的形态。在幼儿对雪这一概念有了初步的认识后，教师再次引入“雪娃娃”的故事。这样一来，幼儿的好奇心得到满足的同时，也为教师的活动提供了认知方面的支持。因此，教师要重视和抓住生活中的随机教育，但随机教育也只是教育方法的一种，它的作用也不是万能的，教师必须把随机教育和有目的、有计划的教育有机结合起来，不断地进行探索和总结，更有效地发挥随机教育的作用。

3. 谨慎用语，尊重幼儿

幼儿教师用命令式、权威式的言辞或行动去禁止和约束幼儿的活动，违背了在对幼儿教育的过程中要尊重与保护幼儿的原则，给幼儿造成不良影响。因此，为了让幼儿健康向上发展，首先，教师要树立正确的教育观。知道幼儿是独立存在的人，幼儿和成人一样，有独立的人格，他们的需求应受到尊重并得到满足。教师与幼儿交往时的态度、方式都应该让幼儿感到安全、没有压力、受重视，让幼儿感受到教师的爱和尊重。其次，避免说指令性、限制性的语言。课堂上，教师总会要求幼儿“小手放在腿上”“小手背后，乖乖坐好不准动”等，幼儿只能被动地接受教师的灌输。教师要改变对幼儿权威式的控制、批评、说教、命令，允许幼儿有自己的见解，表达自己的想法。最后，形成合作探究式的师幼关系。教师要改变传统观念，即老师是权威的化身，老师总是对的。在师幼互动中，教师应把自己更多地定位为引导者和帮助者，允许幼儿主动发起互动信号，教师要关注幼儿心理、情感上有什么特殊需要，与幼儿进行情感的交流和互动，尊重、信任幼儿，并形成“合作探究式的师幼互动”关系。

小　结

小班班级管理是一项艰巨而细致的工作，需要教师的智慧引领、艺术处理，唯有这样，幼儿才会积极主动地参与其中，渐渐的由他律走向自律，逐步成长为遵守常规的小小文明人。

第二节 中班幼儿的班级管理

幼儿园中班处于小班到大班的过渡期，是幼儿身心发展承上启下的阶段。随着幼儿神经系统的日益发展，幼儿进入中班预示着其进入了一个新的发展阶段。这就要求每一位教师认真分析、深入了解、全面把握中班幼儿的年龄特点，促进优秀中班班集体的形成，为中班幼儿的身心发展创造和谐的班级环境和氛围。

一、中班幼儿常规管理

中班幼儿一般是指 4 周岁到 5 周岁的幼儿。他们的年龄特点有以下几方面：

(1) 活泼好动，乐于交往。中班幼儿活泼好动，动作进一步发展，活动能力增强，喜欢跑、跳、攀、钻等各种活动，游戏中能与他人合作。

(2) 具有初步自我控制的能力。中班幼儿咬人、打人现象比小班时明显减少，他们在教师的帮助下，具有一定辨别是非的能力，所以当看见别人的不良现象时，爱向父母和教师告状。

(3) 规则意识萌芽。中班幼儿开始表现出自信，在集体中，开始有规则意识的萌芽，如懂得要排队洗手、依次玩玩具等。当他们与人相处时，表现得有礼貌，会主动说“谢谢”“对不起”等。

(4) 好提问题。中班幼儿总是不停地看、听、摸、动，见到了新奇的东西，总爱伸手去拿、去摸，还会放在嘴里咬咬、尝尝，或者放在耳边听听、凑到鼻子前闻闻，他们会积极地运用感官去探索、去了解新鲜事物。还常常喜欢寻根刨底，不但要知道“是什么”，而且还要探究“为什么”。

（一）中班生活常规管理的内容及要求

1. 来园、离园活动

(1) 来园。衣着整齐、主动地接受晨检，插放晨检标记；进班后，学习将帽子、外衣叠放在固定的地方；学习擦桌椅，并放整齐。

（2）离园。收拾好玩具，整理好场地；将脱下的衣帽带回家；主动和老师、小朋友说再见。

2. 饮食活动

（1）安静愉快地进餐，坐姿自然。

（2）正确使用餐具，学习用筷子夹菜，用手扶碗。学习收拾碗筷。

（3）逐步养成文明的进餐习惯，细嚼慢咽，吃饭时不发出响声。不用手抓菜，不用汤泡饭，不挑食。不剩饭菜。

（4）逐步养成“四净”习惯：桌面干净、地面干净、身上干净、碗内干净。

（5）咽完最后一口饭菜离开座位。餐后擦嘴，用温水漱口。餐具轻拿轻放。

（6）能自己取杯子喝水。

（7）在老师帮助下，按规定时间吃完一份饭菜。

3. 睡眠活动

（1）安静就寝，睡姿正确，不蒙头睡觉。

（2）睡前若身体不适要及时告诉老师。

（3）学习独立、有序地穿脱衣裤、鞋袜。能将脱下的衣裤、鞋袜放在固定地方。能认识左右鞋，并穿好鞋，会系鞋带。

（4）学习整理床铺：学会叠小被子，在教师指导下会叠大被子，整齐地拉平床单，将枕头放在叠好的被子上面。

4. 盥洗活动

（1）养成饭前便后及时洗手的习惯，会自己卷衣袖，在教师的指导下会擦肥皂并冲洗干净，擦干手挂好毛巾。

（2）大小便基本能自理，定时大便，小便姿势正确，学会拉好裤子，注意腹部保暖。

（二）中班教育常规管理的内容及要求

1. 集体教育活动的管理

幼儿园的集体教育活动包括上课、参观、劳动、操作、体育活动等。

（1）上课方面。

幼儿能注意力集中（能稳定 10～15 分钟），有兴趣地参加集体学习活动，愿意学本领，能认真听讲，按教师的要求去做；在活动中手脑并用，能独立、认真地思考问题。在教师的启发下培养初步解决问题的能力；知道要说话先举手的道理，得到教师允许后再发言。能用较标准的普通话回答问题，大方自然，吐字清楚，声音响亮适宜。能勇敢地在集体面前讲话；能安静地听教师和同伴讲话，不打断别人的讲话，不插嘴；愿意协助教师准备学习用具、材料；学会正确使用和爱护各种学习用具、材料；用完后在教师的指导下学习收拾和整理学习用具、材料；在活动中能保持正确的坐、写、画的姿势，在教师或同伴的提醒下能自觉纠正不正确的姿势；掌握正确的与同伴交往的技能，能和同伴商量或讨论教师提出的问题或要求；学会和同伴共同使用学习用具、材料；知道珍惜自己和别人的活动成果，学习正确评价别人和自己的作品。

（2）参观方面。

幼儿乐意参加各种参观活动，有兴趣了解周围生活中的自然和社会现象、事件、设施等；在去参观的途中注意安全，知道离开集体的危险，不掉队，不大声喧哗；会按教师的要求用自己的感官去观察，去思考，学习参观的方法；会用言语、绘画或其他形式表现参观的内容、感想和收获。

（3）劳动方面。

幼儿能学习独立地做自己的事，知道自己的事自己做；愿意做爱劳动的孩子，能积极愉快地接受教师和集体的委托，并努力认真地去完成；能认真地做好值日生工作，愿意为同伴和集体服务，乐意帮助大家，培养初步的责任感和任务意识，知道为集体做事光荣；在教师的带领和指导下，学会整理玩具，打扫活动室卫生，布置活动室环境；学会简单的劳动技能，如扫地、抹桌椅、擦玻璃等；学会简单的种植和饲养技能，会使用简单的劳动工具，会照料动植物的生长，观察动植物的变化，并用画图的方式记录下来，关心爱护动植物。

（4）操作方面。

幼儿有兴趣参加操作活动，能按教师的要求，按一定的顺序去操作；在操作过程中勤于动脑，善于思考；在操作中学会与同伴正确友好地交往，有事愿与同伴协商、讨论；操作活动中不大声喧哗，不影响别人；爱护操作材料，活动结束后能收拾、整理操作材料。

（5）体育活动方面。

幼儿能主动参加各种体育活动，对体育活动有兴趣；在教师提醒下，活动前会整理服装，系好鞋带，知道适时增减衣服；学习基本动作走、跑、跳、爬、攀登、钻、投掷和拍球，学会听口令做动作和变换队形，能掌握基本的动作要领；逐步懂得自我保护，掌握玩运动器械、体育玩具的玩法和要求及玩时的一些安全常识，爱护运动器械、体育玩具，锻炼时身体若有不适会及时告诉老师；正确对待体育游戏竞赛中的胜败和输赢；积极参加远足活动，不怕累，不怕苦，能克服困难，坚持到底。

2. 游戏活动的管理

（1）喜欢参加各项游戏活动，逐步按规则要求开展游戏。

（2）能按自己的意愿选择游戏。

（3）学习和同伴商量着玩，一起玩。不经别人同意，不随便翻拿别人的东西。

（4）爱护玩具，轻拿轻放，学习整理玩具。

(5) 根据游戏的需要，能用多种材料自己制作简单的玩具，丰富游戏内容。

(6) 会按照图片和根据自己的想象，用材料进行造型，掌握一定的拼搭技术，并能用言语表述。

(7) 明确角色意识，并会逐步开展角色间的交往。

(8) 在游戏中能较恰当地使用礼貌语言。

(9) 遇到困难，能动脑筋想办法解决；遇到纠纷能在教师的帮助下商量解决。

二、中班幼儿管理的常见问题及应对方式

幼教故事

自由的小孩

喝完水后，洋洋老师让孩子们自由地玩耍。没一会儿，只见萱萱急着跑来对老师说："老师，文文抢我的玩具。"不一会儿，甜甜又大声地喊道："老师，航航打我。"在幼儿园生活了一年的小朋友，已经比刚入园时成长了许多。他们不再是那个离开爸爸妈妈怀抱就哭泣、焦虑的小朋友了，已经适应了幼儿园的生活。但是他们由于缺乏足够的规则意识、社会交往技巧和能力，班级中告状、争抢玩具等现象时有发生。

幼儿告状行为是当他们处于被侵犯或者发现伙伴的某种行为违反了某种规则而产生的，这种行为在中班频发，其背后是有一定的原因，教师忽略幼儿的告状行为，对其不耐烦、不理睬，会阻止幼儿心理积极的发展。因此，教师应究其原因，正确对待幼儿告状行为。

（一）中班幼儿管理的常见问题

1. 不能正确对待幼儿告状

教师不重视幼儿告状行为，对幼儿的告状持排斥态度。中班幼儿的思维具有自我中心化特点，这种思维方式使幼儿在考虑问题时总是以自己的感觉出发，而不善于站在别人的观点和立场上想问题。他们已经有了一定的社交能力，他们的认知、判断和道德评价能力有了发展。幼儿在日常生活中为自己受到来自同伴某一方面的侵犯，或者发现同伴的某种行为与幼儿园的集体规则、教师的某项要求不相符合时，幼儿会产生告状行为，他们往往通过"告状"来寻求教师的帮助。而有的教师害怕幼儿告状，对幼儿告状行为很排斥，在幼儿告状时教师中途打断幼儿的话或者教师对幼儿告状表

现出不耐烦。幼儿告状是他们亲近社会的一种表现，只有在幼儿相互交往中，幼儿的社会实践能力才能不断发展。教师对幼儿告状行为采取冷漠、忽视的态度，会阻止幼儿的心理品质更进一步的发展。

2. 对幼儿分享行为认识不到位

教师对幼儿分享行为没有充分的认识与理解，采取控制或放任的态度，即使认识到幼儿分享行为需要教师引导，但教师也不能完全指导幼儿分享行为。有些教师认为对于幼儿的分享行为应采取控制的方式，认为幼儿没有形成完整的道德概念，在分享的问题上幼儿不知道怎样做是对的，因此需要教师为幼儿树立道德观念。例如班级节日活动时有幼儿带来了小零食，他本不愿意分给其他小朋友，但教师却命令式地说："给其他小朋友分分，不然你也别吃！"这种命令式的话语起到了让中班幼儿分享的目的，但是却没有给幼儿正确的分享观念。有的教师对幼儿表现出的分享行为采用沉默的方式处理，或者是给予宽泛的表扬；对于不能够做出分享的幼儿，教师也不采取任何教育行为，只哄着幼儿不吵闹罢了。持这种观点的教师对中班幼儿分享观念和行为的发展不甚了解，没有掌握幼儿社会性发展的规律，对教育目的的理解不够深入。

3. 忽视榜样的作用

教师忽略了自身言行对幼儿的重要影响。榜样的力量是无穷的，尤其对于模仿意识强、易受暗示的中班幼儿来说，利用具体的正面形象或良好行为作为榜样，来引导幼儿遵守班级规则，规范自身行为以及激励幼儿表现出积极行为具有重要的作用。在幼儿园生活中，幼儿通常以教师为榜样，但教师却忽略了自身的言行对幼儿的示范引领和耳濡目染的作用与影响。部分教师对幼儿只有言传，没有身教。他们言行不一致，要求幼儿这样，要求幼儿那样，自己却没有做到，没有给幼儿树立良好的榜样，没有做到言传身教。

（二）中班幼儿管理的应对方式

1. 分清幼儿告状类型，正确处理告状行为

中班幼儿告状频发，且类型多样：

（1）求助型告状：旨在请求教师保护或求得教师公正解决纠纷的告状行为，该行为在中班中十分常见。

（2）求赏型告状：求赏是中班幼儿的普遍心理，该类型的告状具有引起关注的意味，一般当同伴出现违规行为时，发现者就会迫不及待地向教师告状，与好孩子定向的心理状态相关，希望引起教师对自己"好孩子"的关注。

（3）求罚型告状：该类告状行为的动机是告发、报复或嫉妒对方，希望教师站出来为自己"主持公道"，并以教师惩罚对方为目的。

（4）试探型告状：这是幼儿为了试探教师态度而产生的一种告状，可能幼儿并未与他人发生冲突，"没来由"地去老师处告发同伴的某一行为，其目的要想试探一下

教师对该行为的态度，如若教师不否定，该幼儿很可能会做出类似行为。

对不同类型的中班幼儿告状行为，教师应“对症下药”：

（1）对求助型告状：鼓其勇气，增强信心。很多情况下，幼儿会因为同伴之间一些拉拉扯扯的小事而告状，大多是同伴交往中的一些“小逗弄”，如拉拉头发，从后面抱抱等，这种情况下，教师应帮助孩子认清“小逗弄”，鼓励幼儿之间友好相处，教会孩子解决同伴冲突的技巧，如协商、分享、合作、请求等，鼓励孩子自行解决摩擦，增强自信，维护同伴友谊。

（2）对求赏型告状：忌忽视或批评，与幼儿共商解决策略。“老师，雯雯在对天天大喊。”“老师，萌萌把雪花片藏自己口袋里了。”对这类为了引发教师关注自己的告状，教师不可怠慢。孩子求赏型告状心理，从一个重要角度表明了孩子是非观的进步，将生活中的规则、道德要求作为评判依据，产生某种道德体验。教师如若批评指责或漠视，让其少管闲事，会扼杀幼儿的道德责任感。这时，教师可以与告状者探讨如何解决这一问题，以此转变幼儿问题解决思维。

（3）对求罚型告状：把握惩罚尺度，公正裁决。若告状者目的纯粹是出于告发、报复或嫉妒心理，教师应对告状者予以正确引导。一方面，查清“真相”，若真有其事，对被告应该做出一定惩罚，如要求道歉等。另一方面，帮助告状者学会宽容，发掘别人身上的闪光点，建立良好的同伴友谊，教会孩子更多的应对同伴交往摩擦的技能技巧。

（4）对试探型告状：明确立场，坚持原则。如，幼儿园一般情况下不允许孩子从家里带物品到幼儿园。若今天教师没有明确立场，不置可否地回应乐乐状告鹏鹏私自带漫画书来幼儿园，可能明天乐乐也会做同样的事，等到那时再去教育，只会让乐乐觉得老师前后不一致，孩子自身认知也会混乱不清。

2. 加强亲社会行为理论的认识

首先，教师要有自我学习能力，掌握一些与幼儿亲社会行为相关的理论和研究有利于提高教师对幼儿亲社会行为，特别是分享行为指导的认识和理解。其实，幼儿在中班这个年龄段正是分享行为养成和发展的关键期。因此，幼儿分享行为的发展需要教师指导。

其次，需要加强教师对《幼儿园教育指导纲要（试行）》和《3～6岁儿童学习与发展指南》的学习和理解。转变以知识和技能培养为主的教育观念，良好习惯和能力的培养才是幼儿园教育的最终目的。

再次，游戏是幼儿最主要的学习方式，亲社会行为的学习也离不开游戏，离不开教师指导。教师一定要在思想上重视幼儿亲社会行为的培养。

最后，教师是环境的提供者，幼儿是游戏活动的主体，教师起到的是主导作用。如果教师能够真正做到尊重幼儿的主体地位，那么在对幼儿亲社会行为的指导中深入指导的比重会大得多。

3. 树立良好榜样，发挥示范作用

由于幼儿经验的缺乏、判断力的不足、模仿的天性、对教师的崇拜等，他们对教师的行为几乎全盘接收。对于幼儿来说，教师的一言一行、一举一动，都会成为幼儿效仿与学习的对象。因此，教师在班级管理的过程中需要注意自己的言行举止，自然、得体、大方，为幼儿树立良好的榜样，使幼儿在潜移默化中受到积极影响。教师要善于用眼神、手势以及语言来表达自己的情感，批评和指责时的严厉，表扬、赞许时的和善等都会给幼儿积极的暗示，既让幼儿容易接受，又不会对他们造成伤害，教师还可以用自己的实际行动直观地告诉幼儿是与否、对与错、美与丑、善与恶，真正做到言传身教。因此，幼儿教师在日常活动中，要注意自己的言行，从而对幼儿产生积极影响。

小　结

中班幼儿的班级管理主要集中在规则的培养、幼儿的社会行为方面，教师要明白幼儿行为背后的原因，并帮幼儿明确规则，正确培养幼儿的亲社会行为，这对幼儿形成良好的人际关系具有重要意义。

第三节　大班幼儿的班级管理

进入幼儿园大班，孩子们又长大了。看着这些天天长、岁岁变的孩子，欣慰、自豪感充满教师的心怀。再过一年他们即将进入金色童年的学龄期，带着一份自豪和喜悦跨进小学的门槛。那么，幼儿园的最后一年，即大班的管理该怎么抓呢？

一、大班幼儿常规管理

大班幼儿处于学前晚期，是由学前教育过渡到小学教育的承上启下的时期。随着

年龄的增长，相对于中班、小班的幼儿来说，5～6岁的大班幼儿的年龄特点呈现出一个新的水平和阶段，主要包括以下方面：

（1）强烈的好奇心和探索欲。大班幼儿对周围未知的一切充满浓厚的兴趣，乐于探索和发现，从而满足自己的探索欲望，他们不再局限于对事物表面现象的兴趣，他们喜欢探究事物的内在，喜欢问诸如“为什么小鱼要生活在水里”“为什么夏天热冬天冷”“为什么妈妈没有胡子，而爸爸有胡子”等问题。

（2）自控能力显著增强。大班幼儿具备了一定的自我约束能力，不仅表现为幼儿对各种动作准确性的控制上——能按照要求做出各种各样的动作，而且还表现为幼儿对自身行为的控制上——在活动中遵守活动规则以及教师的要求。

（3）自我服务能力明显提高。大班幼儿能独立穿脱衣服、鞋袜，收拾整理床铺，进餐等，还具备了服务于他人的能力，比如为其他幼儿分发餐具、纸巾，帮助需要帮助的幼儿系扣子、解鞋带等。

（4）自主性凸显。大班幼儿有了自己的想法和主见，不再满足于简单地追随、服从教师的安排或控制，活动的自主性、主动性水平明显提高。

（一）大班生活常规管理的内容及要求

良好的生活常规主要包括：良好的饮食、睡眠、盥洗和排便等习惯；知道保护眼、耳、口、鼻等器官及保持身体清洁和仪表整洁等卫生知识；在日常生活中有良好的行为习惯，如说话文明、友好地与人交往，乐于倾听别人的意见；形成初步的安全意识等。大班一日各项生活常规的具体要求：

1. 晨间入园

（1）衣着整洁，愉快入园，有礼貌地和老师、小朋友见面。

（2）会告诉老师自己的身体内外有无不舒服的感觉。

（3）有礼貌地和家长告别。

（4）积极投入晨间活动。

2. 进餐活动

（1）正确使用筷子吃饭，左手扶住碗，喝汤时两手端碗，培养独立进餐的习惯。

（2）养成细嚼慢咽，不挑食，不浪费，不弄脏桌面和衣服等行为习惯。

（3）用筷子将饭桌上的饭粒、残渣弄进碗里，放好椅子，送回餐具。

（4）力所能及地帮助保教人员做好餐前准备工作并收拾餐厅。

3. 睡眠活动

（1）不带小玩物上床，迅速铺好被，不东张西望。闭上眼睛，安静入睡。

（2）养成正确的睡眠姿势。

（3）按时起床，按顺序穿衣服。

（4）学习自己整理床铺。

4. 盥洗活动

（1）掌握洗手、洗脸的一定秩序和方法。

（2）动作迅速，认真，不打架，不玩水，不浸湿衣服和地面。

（3）每天早晚刷牙，刷牙时上下、前后、左右、里外刷，最后用水漱干净，用水把牙刷洗干净。

5. 喝水常规

（1）用自己的水杯按时喝水。

（2）活动后或口渴时随时饮水。

（3）不浪费开水，不喝生水。

6. 行为习惯

（1）讲文明，有礼貌，遵守各项行为规则。

（2）友好地与人交往，同情、关心并乐于帮助他人。

（3）能主动、积极地与他人交流，并专注地倾听别人谈话等。

7. 安全意识

（1）了解饮食起居方面的安全常识。

（2）不将异物放入口、鼻、耳内。

（3）玩大型玩具注意安全。

（二）大班教育常规管理的内容及要求

大班幼儿的教育主要有两方面内容：一方面是在中班基础上的继续教育，另一方面是顺利入小学的衔接教育。因此，其目标是在中班培养目标上的提高，与入学顺利过渡的衔接。

1. 教学活动的管理

大班教学活动管理的内容集中在社会、数学、科学、音乐、美术、健康和语言等方面。

（1）社会方面。

幼儿能进一步了解自己所在的集体，知道自己是集体中的一员，主动地做对集体有益的事，使幼儿具有初步的集体荣誉感；主动、正确地使用礼貌用语，以恰当的方式与他人交往，与同伴友好相处；学会主动照顾，关心中小班的幼儿；自觉遵守幼儿园的各项规章制度，控制自己的情绪和行为；遵守社会公共规则；热爱劳动，爱惜劳动成果，珍惜公共财物；正确评价自己与他人，愿意学习他人的优点，不讥笑他人的缺点，不自满，敢于承认并改正自己的缺点；大胆地表达自己的意见，学会独立地解决碰到的问题和困难；做事有信心、有耐心，认真地完成老师布置的任务；学会分辨简单的是非，懂得要学习好的榜样，不模仿不良行为。

（2）数学方面。

幼儿能学习序数，单、双数等知识，学习 10 以内数的分解、组成和加减，并理解其内涵；学习按物体两个或两个以上特征进行分类，认识常见的立体图形并进行分类；学习自然测量，以自身或客体为中心区分左右；认识时钟和纸币；遵守操作活动的规则，讲述操作活动的过程和结果；积极主动地进行活动；学习从不同角度、不同方面观察思考问题；能归纳、概括有关的数字经验；能与同伴友好、合作地进行数字游戏。

（3）科学方面。

幼儿能学习观察的方法、分类、测量方法，表达自己的探索过程和方法；喜欢参与科学活动，主动探索周围自然界。

（4）音乐方面。

幼儿初步学会领唱、齐唱等多种歌唱表演形式，会控制、调节自己的歌声；产生初步的默契感；做各种稍复杂的基本动作、模仿动作和舞蹈动作组合；学跳有创造性成分的集体舞；学习多种打击乐器的基本奏法，初步体会各种演奏方案中音色、音量和节奏配置的表现规律；掌握音乐的结构，分辨乐段、乐句中明显的重复和变化关系，能比较自觉地从音乐、舞蹈欣赏中获取各种艺术和非艺术的经验。

（5）美术方面。

幼儿学习利用多种绘画工具和材料；独立地、多样化地表现物体的完整形象和细节学习；学习色彩搭配，均衡对称安排画面；较熟练地使用和选择手工工具材料，创造性地表现自己的认识和感受；用点状、线状、面状材料表现物体；学习泥工技法和纸工技法；综合利用各种材料、工具、技法来布置环境，自制玩具等；欣赏能理解的绘画作品、工艺品、雕塑等，欣赏其造型、色彩、构图，知道对称、均衡美，初步学会正确评价美；培养幼儿积极主动参与欣赏活动并用语言、动作等表现自己对作品的感受和想象。

（6）健康方面。

幼儿能保持个人卫生，注重生活环境的卫生，培养独立生活能力和良好的学习习惯；使用筷子就餐，培养良好的饮食习惯；知道不同的食物有不同的营养，养成不挑食的习惯；认识身体的主要器官及功能，了解简单的保护方法；了解防龋齿及换牙的有关知识；认识有关安全标志，遵守交通规则；注意防止意外事故，培养初步的自我保护能力；能走、跑交替 300 米，快跑 30 米，步行 2 公里，连续跑 1 分钟。

（7）语言方面。

幼儿能主动、积极、专注地倾听别人谈话；能围绕话题谈话，会用轮流的方式交流，用恰当的语言表达自己的情感；提高语言交流水平；通过观察，理解图片、情景中蕴含的主要人物事件关系和思想情感倾向；有重点地讲述实物、图片和情景，突出讲述的中心内容；能根据场合的需要调节自己讲述的音量和语速；在游戏中学习正确运用反义词、量词和连词，并能说完整的合成句；提高倾听的精确程度，准确掌握和传递有细微差别的信息；知道图书中画面与文字的对应关系，有兴趣阅读图画书中的简单文字；注意在生活中运用已获得的书面语言；掌握基本的书写姿势，在有趣的图形练习中做好写字的准备；乐意欣赏不同体裁、不同风格的文学作品，积累文学语言；学习理解作品的主题或感受作品的情感脉络；依据文学作品提供的想象线索，联系个人已有经验扩展想象，并创造性地进行表述。

2. 游戏活动的管理

（1）能掌握一些进行游戏的基本技能，能自选主题，并在游戏中感到快乐。

（2）能与同伴合作游戏，不争抢玩具，会处理合作时出现的问题。

（3）游戏结束后，能有条理地收拾玩具，收放、整理材料时迅速、整齐、有序，养成爱护游戏材料的良好行为习惯。

（4）能处理同伴间出现的纠纷。

（5）喜欢玩情节、过程较复杂的游戏。

（6）能根据材料进行丰富的想象，会创造性地玩多种材料。

（7）能仔细观察、分析和比较，养成爱动脑筋的习惯，独立发现和解决游戏中的小问题。

二、大班幼儿管理的常见问题及应对方式

相对于小班、中班幼儿，大班幼儿常规培养得很好，但自我管理能力发展仍有所欠缺。此外，大班幼儿还面临着即将升入小学的过渡期。对于大班幼儿来说，教师如何进行班级管理，为幼儿顺利进入小学做好准备呢？

（一）大班幼儿管理的常见问题

1. 剥夺幼儿参与班级管理的权利

教师掌握班级管理的主动权，不给幼儿参与班级管理的机会，从而使得幼儿自我管理的能力欠缺。幼儿自我管理能力是指幼儿自己在一日活动中进行自我安排和规划，树立一定的规则意识，并进行行为内化，从而进行正确的自我评价，管理自己的生活、学习、游戏等各环节的能力，以使各项活动都能自主、有序开展。幼儿园或班级的规则往往是由教师或教育工作者制定的，幼儿是执行规则的人。教师不给幼儿参与制定班级规则的机会，把制定规则的主动权紧握在自己手中，幼儿感受不到自己是班里的小主人，没有参与班级管理的机会，那么幼儿的自我管理能力也会相对欠缺。

2. 常规教育较表面

幼儿园大班存在一个很严重的问题，那就是教育的表面性。教师在组织活动时只注重了表面的东西，华而不实，没有把目标放在心中，一个活动的成功与否第一个需要衡量的就是目标有没有实现。如果目标没有实现，其余的一切都会大打折扣。例如，教师为了达到安全教育的目标，把安全知识分成 10 个内容，每个内容都以儿歌的形式呈现，简单好记。一时间，安全小儿歌充满着幼儿园的每个角落，但是幼儿的如厕、喝水、就

餐等，却没有因为学习了安全教育知识而有所改变，嘴里念着“你不推，我不挤”，却和另一名幼儿相互追赶着。幼儿虽然把安全小儿歌都记住了，但却没有把儿歌中所讲的内容运用到实处。教学目标没有实现，幼儿学会的也只有几句话而已，作为教师必须把实现目标放在首位，在目标可以实现的前提下添加一些幼儿感兴趣的东西。

3. 入学准备不充分

幼教故事

乐乐的烦恼

还没上小学的时候，乐乐特别兴奋，妈妈给她买了新书包、新文具。可是现在她却非常想念幼儿园的生活。幼儿园上课都是唱歌、跳舞、画画、做手工和玩游戏，回到家里要么是玩，要么是看动画片。上了小学，每天白天要上 6 节课，晚上还有很多作业，爸爸妈妈每天都要问：今天学了什么东西？这令乐乐十分郁闷。乐乐有这样的烦恼，归根结底还是在幼儿园时，教师没有帮助她做好入学准备。

很多孩子在上小学后，出现一些不适应的情况，比如上课 40 分钟很难坐得安稳，听课做作业时精神不专注，不喜欢上课，甚至不愿意上学等。这都是由于孩子在上幼儿园大班时教师没有做好充足的入学准备，导致幼升小不能顺利地过渡，从而产生以上的情况。

教师应帮助幼儿做好生活、学习、社会性方面的准备，但部分教师认为只要做好学习方面的准备，幼儿就能顺利从幼儿园过渡到小学，他们将侧重点放在了学习上。幼儿进入小学生活学习，不仅要适应新的学习环境，遵守相应的作息制度，而且要有较强的规则意识、任务意识，能够与同伴友好相处，要具备一定的人际交往能力。只在学习方面做好准备还远远不够，只有各方面都做好充分准备，幼儿才能顺利适应小学的生活。

（二）大班幼儿管理的应对方式

1. 适当“放权”，允许幼儿参与管理

教师让幼儿参与班级管理，逐步提高幼儿自我管理能力的关键是：第一，教师可以把班级的管理权适度地交到幼儿手中，幼儿在管理他人的同时也会不自觉地约束和调整自己的行为和语言。教师应把制定规则的主动权交给幼儿，让幼儿在与同伴间的讨论、协商中来制定、实施、评价规则，让外在的意识内化为行动，让幼儿学会自控、自律，从而提高幼儿的自我管理能力。如担任值日生和小组长，在学习和生活中

主动承担起收拾、分发餐具和学习用具，学习整理桌面，形成为班集体服务的意识。教师可以制定值日计划表（见表 8－1），由幼儿选择自己喜欢并能胜任的值日生工作，在表中填写自己的名字。第二，在进行班级管理时要让幼儿行使管理的权利，幼儿在管理他人时，自我意识在不断地发展，自我行为也在不断地修正，从而能够提高幼儿的自我管理能力。

表 8－1 值日生登记表

星期	纪律监督员	卫生管理员	生活管理员
星期一			
星期二			
星期三			
星期四			
星期五			

2. 重视常规教育，改变引导方式

首先，教师应灵活运用常规。例如在活动中经常出现幼儿兴致很高时，却到了进行下一项活动的时间。这时，教师一定要心中装着大目标，灵活、民主地运用常规，让幼儿自然地进入下一项活动。其次，要对不合理的常规及时调整，幼儿园常规管理细则中，要求了每一个细节，如吃饭时勺子要放在碗的右边。这样过于细致的常规很容易让幼儿形成定性的思维模式，教师一定要仔细观察和思考，及时改进常规管理中不合理的地方。同时，教师在进行常规教育活动中，应注意以多种组织形式进行教学。儿歌短小精悍，读起来朗朗上口，利用儿歌来引起幼儿的兴趣和帮助幼儿掌握常规的要领。教师应尽量避免以临时指令代替原则，在规则的执行过程中，让幼儿体验规则的公正与互惠，从而提高遵守常规的自觉性，避免幼儿总是用规则去要求别人，而很少要求自己。

3. 做好幼儿入学准备

大班入学准备的内容主要包括 3 个方面：社会性准备、生活准备、学习准备。

（1）社会性准备：激发幼儿对小学生活的向往，培养幼儿良好的入学动机。教师应帮助幼儿形成对小学的正确认识和态度，使他们懂得到小学读书可以获得更多的知识，长大后可以成为有学问有作为的人。幼儿园可组织大班幼儿参观小学，熟悉小学的校园环境，参观学校的户外环境、操场、教室、图书馆、少先队活动室等，消除幼儿对新环境的陌生感。引导幼儿观察小学生上课的情形，如上课的坐姿，回答问题的行为方式，激发幼儿对小学生活的向往。另外，还可请已经毕业的儿童回园谈谈自己上小学的感受，讲述自己是如何适应小学生活，如何勤奋学习、克服困难的，并展示自己的本领，为大班幼儿树立良好的榜样，让幼儿萌生对小学生活的喜爱之情。

（2）生活准备：培养幼儿独立生活的能力，养成良好的行为习惯。对大班幼儿独立生活能力的培养，关键要在日常生活中多给予他们生活自理的机会，将生活自理能

力、卫生习惯的培养渗透到一日生活中，引导幼儿学会自己吃饭、如厕、睡觉、穿衣、系鞋带、叠被子。若遇到个别有困难的儿童，教师要进行一对一的指导和帮助。同时，也可以组织专门的教育活动，加入一些小游戏或是比赛活动，引导幼儿学习整理书包和玩具，为入小学做好生活自理的准备。

（3）学习准备：培养幼儿的规则意识和任务意识，锻炼幼儿人际交往的能力。教师在一日生活中要注重对幼儿规则意识的培养，如在就餐、饮水、如厕时，要学会排队，遵守先来后到的规则；在午睡时，不大声喧哗、不影响同伴睡觉；在公共场合，不讲脏话、不乱扔垃圾，遵守集体生活的规则。同时，要在日常生活教育、集体教学、区域活动中注重培养幼儿的任务意识，通过小组比赛、评比等方式，增强幼儿完成任务的兴趣，并专心致志地完成任务。在这个过程中，若发现幼儿半途而废、遇到困难就放弃，教师要采用正面教育的方法及时引导，帮助幼儿克服困难。

此外，教师要注重引导幼儿掌握人际交往的技能，如学会在集体中和他人和睦相处，不争吵、不打架，学会和同伴商量、合作，遇到问题共同讨论、交流，听取同伴的意见。同时教师可模拟情景，让幼儿在角色扮演中学习与人交往，学习了解同伴的想法和需要，并学会用恰当的方式表达自己的情感，这样既能培养幼儿换位思考的能力，同时也能增强幼儿人际交往的能力。

小　结

幼儿园大班班级管理是一件既辛苦又充满乐趣的工作，教师要重视大班的常规教育，帮助他们提升自我管理能力，做好进入小学的准备，是大班时期班级管理的重要任务。

第四节　其他班型的班级管理

目前，随着家长教育意识的增强，部分幼儿园除了设立小班、中班、大班，还设立了其他班型，比如托班和混龄班，家长根据孩子的年龄特点去选择适合自己孩子的班型，能够促进幼儿的全面发展。每一种班型，都有其教育意义。

一、托班幼儿的班级管理

托班幼儿是指 2～3 岁的幼儿，因这个年龄段的幼儿由于受到动作能力发展的制约，加之他们的语言和行为也不完善，所以在进行管理时有一定的难度。托班幼儿的管理直接影响到以后各年龄段的管理，若是在托班没有养成良好的习惯，会给小中大班的管理带来一定的困难。因此，我们一定要重视托班幼儿的管理，开个好头，为小中大班的管理奠定良好的基础。

（一）托班幼儿的年龄特点

1. 情绪不稳定，有强烈的情感依恋

托班幼儿情绪发展的明显特征是易感性和易变性，他们的情绪非常外露，极易受环境的影响。他们一吓就哭、一哄就笑，高兴与不高兴、愿意与不愿意都流露在脸上。托班幼儿对亲近的人有强烈的情感依恋，当与亲人分离时，大多数都要经历或长或短的分离焦虑过程。他们用啼哭等方式表示分离的痛苦，这种因情感依恋而产生的分离焦虑表明该年龄儿童对依恋对象的存在和消失十分敏感。

2. 自我中心倾向明显，出现反抗现象

托班幼儿由于动作、语言和认知能力的发展，扩大了社会交往的范围，逐渐习惯与同龄伙伴及其成人的交往，如在游乐场愿意到小朋友多的地方玩。但在交往中带有明显的自我中心倾向，常常以自己的需要作为唯一的标准，如在与小朋友玩时常常会抢别人的东西，不能满足时甚至会抓咬别人。此年龄段出现了人生的第一个反抗期。

3. 尝试模仿、喜欢重复

托班幼儿爱模仿别人，他们看见别人玩什么，自己也玩什么。在家里模仿大人的行为，在幼儿园模仿小朋友、老师的行为。模仿的大多数是一些具体、简单的外部动作。托班幼儿的注意及记忆是不随意的、短暂的。喜欢重复是此年龄段儿童显著的特点。他们喜欢重复地摆弄物品，喜欢听教师重复讲同一个故事，重复做某个动作，如反复地喂娃娃吃饭。在往返的重复中逐渐认识物体的属性、发展语言与动作，并由此逐渐认识事物简单的关联、产生简单的想象。

总之，托班幼儿在日常生活中表现出独立的倾向，但由于受动作能力发展的制约，动作仍然迟缓、笨拙，生活自理行为还需要教师帮助。

（二）托班幼儿班级管理常见问题及应对方式

1. 托班幼儿班级管理的常见问题

（1）语言引导不到位。

在引导托班幼儿回答问题的过程中，教师表现出语言引导不到位、不恰当。刚入

园不久的托班幼儿，虽能用简单的语句来表达自己的意愿，但其发音器官发育尚不完善，说话还不够连贯、吐字还不太清楚、发音不够标准、语汇也很贫乏。他们知识经验不够丰富，掌握的词汇量不够多。教师在引导幼儿回答问题的过程中，通常会出现提问的问题较笼统、不具体；提问的语言不缓慢、轻柔；总是问幼儿：谁来回答这个问题？这些都说明教师的语言引导不到位。

相关链接

《幼儿园教育指导纲要（试行）》中指出："语言能力是在运用的过程中发展起来的，发展幼儿语言的关键是创设一个能使他们想说、敢说、喜欢说、有机会说并能得到积极应答的环境。"

（2）不能与幼儿建立适度依恋。

教师与托班幼儿的依恋关系呈现两极化，一是幼儿过度依恋教师，二是幼儿过度排斥教师。新入园的幼儿在刚开学的几天、几周甚至几个月里哭哭闹闹，有的幼儿表现出对老师的排斥，不愿意亲近老师，对老师产生抗拒，而有的幼儿对老师依恋过重，老师走到哪他跟到哪。教师应该使幼儿不过度依恋、排斥自己，并能与自己建立安全的依恋关系，这是教师应该努力达到的目标。

2. 托班幼儿管理的应对方式

（1）语言引导要到位。

教师要提高幼儿的语言表达能力，同时要注意自身的语言。首先，教师通过创设氛围，以亲切的话语、和蔼的态度对待他们，让幼儿胆怯感消除，学会说话。托班幼儿由于年龄小，加之环境的变化，使他们情绪不安，哭哭闹闹。为了使他们愿意接近教师，教师应关心照顾他们的生活，使幼儿感到集体生活有乐趣，产生说话的愿望。同时，为他们创造说话的条件，让幼儿自由交谈，而不去过多地限制他们。其次，教师正确发音，纠正幼儿口语。教师教会幼儿正确的发音，必须注意用准确的语音去影响幼儿。对幼儿说话速度可减慢，使他们听清每个字的正确发音，特别是针对他们难发出的音或发不出正确的音，说话时口型可略微夸大，这样，使他们不仅能听清正确的发音，还能看清发音的口型。对于发音不清的幼儿，教师要以积极、爱护的态度耐心帮助，不歧视、讥笑、逗引他们，更不责备他们。最后，教师在说话时要注意发音准确、用词恰当、语言生动，起到示范作用。还可以利用日常生活中的活动，教给幼儿一些正确相处的日常用语，如怎样向别人提出要求、请求别人帮助、表示感谢、表示歉意等。

（2）建立安全的依恋关系。

幼教故事

无血缘的爱

九月，小天使们牵着父母的手走进了幼儿园，对眼前一切既陌生又充满好奇。当所有的孩子都因与父母分离焦虑哭泣时，这时有个男孩格外安静，独自坐在椅子上不哭也不闹，对其他小朋友的哭闹显得不耐烦，捂住自己的耳朵不想被影响，这个孩子面对亲人的离去既不找老师，面对老师的关心也置之不理，显得格格不入。一次午睡他冷静地喊我说："老师，我大便了"，恰巧生活老师休息，只能硬着头皮自己上手，及时把他抱到厕所，给他清洗身体，冲干净衣服和被褥上的脏物，此事之后孩子对我敞开了心扉，与我亲近，开始依赖我，也不再吝于说亲密的话，好东西我是第一分享者。每个孩子因生长环境不同、家庭教养方式不同、性格有所差异，这位孩子从小就养成了独立的性格，表面看起来很坚强，对一切漠不关心，长时间接触，发现他只是不善于用语言表达爱，但是会用暖暖的举动来爱护你。有一次我的头磕到桌角，他看见后马上跑过来狠狠地拍了几下桌子，还说："老师不疼了，我替你打它"，我瞬间热泪盈眶。

（本案例来源于内蒙古某幼儿园，霍妍妍）

面对不同的幼儿，教师要时刻捧着一颗热心，仔细观察了解他们性格特点，找到合适的教育方法，给予他们父母般的无私关爱，用行动去感化他们、温暖他们，做一名有温度的幼儿教师。幼儿建立安全的依恋关系，需要做到：

首先，家庭访问。家庭访问是教师到幼儿的家庭中观察家庭环境、家长与幼儿的互动情况、幼儿能力，询问幼儿的成长过程。在家访中，教师要获得三个方面的信息：幼儿的气质特点、亲子依恋类型和个人喜好及行为习惯。

其次，满足幼儿的需要。满足幼儿的生理需要和心理需要。幼儿的生理需要指吃、喝、拉、撒、睡。幼儿的生理需要是高度个性化的，比如胖胖爱吃肉，依依爱喝汤，点点不会主动报告大小便等。教师要根据幼儿个人喜好和行为习惯，在生活中细致地照顾每个幼儿。幼儿的心理需要主要是指配合对方的行为做出相应的行动。对有情绪的幼儿，教师应耐心倾听幼儿的心声，适当的安慰。同时，可与幼儿有肢体接触，适当抱抱幼儿，让幼儿感受到温度。

最后，给不同亲子依恋类型的幼儿不同的关注度。在集体中，不同亲子依恋类型的幼儿其行为表现是完全不同的。教师可以观察每个新入园幼儿在与母亲分离和相聚以及母亲离去后自由活动时的表现，并结合家访时获得的信息来判断其亲子依恋类型，并且根据不同依恋类型给予不同的关注。针对安全型的亲子依恋，教师可采用集体关注的方式，在幼儿活动时用眼睛注视他的活动，当他遇到困难的时候进行帮助。反抗型属于不安全依恋类型，针对这样的依恋类型，教师要高度关注，最好固定一位保教人员始终在身边，最好是有肌肤接触，在他活动时不断有语言交流。回避型也属于不安全依恋类型，这类孩子的情绪反应不大，很容易被忽视，教师要经常拥抱、接近他，主动和他交流，顺从他的意愿，主动回应他的行为表现。

二、混龄班的班级管理

混龄教育是基于对不同年龄段幼儿身心发展规律和特点的把握，制定相应的教育目标，有计划、有组织地把不同年龄段（年龄跨度 12 个月以上）幼儿按照一定的比例和数量集中在一起，共同进行教育的活动。

（一）混龄班的类型与成因

1. 类型

按照不同的标准，混龄班可分为不同的类型。按照幼儿年龄跨度的不同，混龄班的类型可分为双龄班、三龄班、多龄班等。双龄班是指在一个班里有两个年龄段的幼儿，如小中混合、中大混合、小大混合，我国多为中大混合。三龄班是指在一个班里有三个年龄段的幼儿，即小中大班混合。多龄班大多是家庭托管园，他们的教育理念是使儿童在爱和自由的环境中正常发展和成长。按照混龄活动内容的不同，可分为生活混龄、游戏混龄、教学混龄。按照混龄教育的组织模式，可分为整日连续混龄编班和部分时段的混龄教育活动。

2. 成因

对幼儿进行混龄编班是有特定的历史背景和原因的。

首先，虽然直到目前，我国绝大多数幼儿园仍采用同龄编班的教育形式，相关课程、教学目标、评价标准的设置均围绕同龄编班展开，但客观上我国地区间社会经济发展水平差异很大，城乡经济发展水平存在着明显的差距，而且在教育资源分布上，贫困地区教育资源普遍短缺，师资不足、房舍有限等问题突出，如果采用传统的同龄编班形式进行教育，很多贫困地区的学前教育活动将难以正常开展。贫困地区的幼儿园和教育工作者基于教育资源紧缺这样一种客观现实，为了更好地满足幼儿的受教育需要，采取打破原有按年龄分班组织教育活动的形式，因地制宜地开展了各种混龄教育活动。

其次，国外专门针对混龄教育展开的实践和探讨要早于我国，在具体的教育理念和教育策略上也相对更为成熟，同时，与混龄教育相关的各种教育理论研究也十分丰富，为我国混龄教育的开展提供了诸多可供借鉴的经验。改革开放以后，各种西方儿童心理学理论开始被大量地引入我国，在丰富人们对儿童发展规律的认识和教育实践经验的同时，也直接导致我国很多教育研究者和教育工作者对儿童学习与发展方式的认识发生了深刻变化，逐渐认识到传统同龄编班教育对儿童成长的局限性和混龄教育开展的必要性。之后，国内一些教育工作者和研究者开始在幼儿园中开展混龄教育探索活动，旨在形成同我国现实国情紧密结合的、具有中国特色的混龄教育模式。

最后，基于我国的现实国情和社会发展的需要，有关部门出台的一些法规政策中对“混龄教育”开展提出了明确要求，为混龄教育的开展提供了法律依据，促进了混龄教育活动在幼儿园的开展。如《幼儿园工作规程》中第二章第十一条直接规定：“幼儿园可按年龄分别编班，也可混合编班。”国家从政策层面对现实国情下混龄教育的肯定与支持，不仅表明了混龄教育开展的必要性和可行性，而且实际上对幼儿园教育的发展方向做出了指引。

（二）混龄班的班级管理常见问题及应对方式

1. 混龄班管理的常见问题

（1）混龄班教师教育知识匮乏，未树立混龄教育理念。他们大多没有受过专业的培训，关于混龄教育的相关知识也是通过曾经参加过相关培训的教师以口头传授的方式进行了解的。一些幼儿教师还未树立混龄教育的观念，对混龄教育价值认识不足。有的教师仍然坚持同龄教育，并没有看到混龄教育的积极作用，并将同龄教育模式生搬硬套塞进混龄教育中，出现幼儿无组织、无秩序、打闹混乱，幼儿教师束手无策等问题。

（2）幼儿教师不能根据实际情况设计混龄教育的课程。比如，混龄教育课程资源比较匮乏，幼儿教师很难找到相关资料，加之其自身能力的局限，教师在如何设计混龄教育的目标、选择混龄教育的内容、组织混龄教育活动、评价混龄教育等方面存在一些问题。

2. 混龄班管理的应对方式

（1）幼儿教师应该树立混龄教育观念，加深对混龄教育价值的认识。从理论层面来看，幼儿教师可以积极主动地阅读一些关于混龄教育的书籍、杂志、报纸等，进而从概念上厘清什么是混龄教育，它是如何产生的，具有什么样的特点，有哪些作用等，加深对混龄教育的感性认知。从实践层面而言，幼儿教师可以在实施混龄教育时有目的、有计划地与同龄教育进行比较，通过观察同龄班幼儿与混龄班幼儿发展的异同，进一步加深对混龄教育的理性思考。通过理论学习和实践思考，幼儿教师不仅能加深对混龄教育的认识，同时也能促进自身专业发展。

（2）幼儿教师应该大胆尝试编写混龄教育课程。编写混龄教育课程离不开幼儿教师的理论与实践。一方面，幼儿教师通过发挥主观能动性，积极与其他幼儿教师交流，虚心向专家请教，努力学习国外混龄教育的有益经验，掌握混龄教育的理论知识。另一方面，结合自己的混龄教育实践做一些尝试，将自身的感性经验通过实践检验之后上升为理性经验，并以文本的形式呈现，虽然幼儿教师编写混龄教育课程的难度较大，但仍然值得尝试。因为目前我国比较缺乏混龄教育课程资源，而在一线工作的幼儿教师对混龄教育课程的编写最具有发言权。编写混龄教育课程对幼儿教师的理论功底、写作水平等提出了更高的要求，在促进教师专业发展的同时，对于丰富我国的混龄教育课程资源具有重要意义。

小 结

有的幼儿园依据实际情况开设了托班和混龄班，教师在管理的过程中会遇到很多问题，一些问题得到有效的解决，班级才能运行良好，幼儿才能健康向上发展。因此，教师对托班和混龄班的管理十分重要。

拓展阅读

[1] 年糕妈妈李丹阳．你的亲子关系价值千万［M］．北京：北京联合出版公司，2019.

[2] 刘志慧．幼儿园班级管理［M］．重庆：西南师范大学出版社，2018.

[3] 杨莉君．幼儿园班级管理［M］．北京：北京理工大学出版社，2017.

[4] 曹中平．不同照看环境对儿童依恋的影响［M］．南京：南京师范大学出版社，1990.

[5] ［美］南茜·艾森博格（Nancy Eisenberg）．巩毅梅，译．爱心儿童，儿童的亲社会行为研究［M］．成都：四川教育出版社，2006.

[6] 刘柃采．《强势开端Ⅴ：幼小衔接》的研究［D］．云南师范大学，2019.

思考与练习

1. 简述小班幼儿常规管理的要求。

2. 简述中班幼儿常规管理的内容。

3. 作为一名大班幼儿教师，你认为该怎样为幼儿做好入小学前的准备，请举例回答。

4. 比较小中大班幼儿的年龄特点，结合实践，论述教师在班级管理方式上的不同。

5. 作为一名教师，你如何应对中班幼儿告状行为？

参考文献

[1] 左志宏．幼儿园班级管理［M］．上海：华东师范大学出版社，2015.

[2] 唐淑，虞永平．幼儿园班级管理［M］．南京：南京师范大学出版社，1997.

[3] 赵春龙．幼儿园班级管理（第4版）［M］．长沙：湖南大学出版社，2016.

[4] 赵西敏．幼儿园班级管理［M］．上海：同济大学出版社，2019.

[5] 罗钧耀，石磊．幼儿园班级管理［M］．北京：科学出版社，2014.

[6] 刘云艳．幼儿园组织与管理［M］．北京：中央广播电视大学出版社，2012.

[7] 金晓梅．幼儿园班级管理［M］．武汉：华中师范大学出版社，2012.

[8] 钟鸣．幼儿园班级管理的策略研究［D］．东北师范大学，2010.

[9] 陈建军．班主任与科任教师配合的策略［J］．甘肃教育，2019（20）：11.

[10] 朱新言．幼儿园专家型教师与新手型教师专业理念比较的个案研究［D］．2017.6.1.

[11] 乐国安．社会心理学［M］．北京：中国人民大学出版社，2009：268.

[12] 李辉．班级场域中幼儿教师群体关系研究［D］．华中师范大学教育学院，2015.5.

[13] 张凤．幼儿园教育实习指导教师对本科生实习指导的现状研究［D］．上海师范大学，2004.

[14] 顾明远．教育大辞典［M］．上海：上海教育出版社，1998.

[15] 霍力岩，高宏钰，姜珊珊．导师制在美国幼儿园教师职前培养中的应用［J］．学前教育研究，2015（2）：42－49.

[16] 龙君伟．校本人事开发与管理［M］．广州：广东高等教育出版社，2002.

[17] 徐建华．有效缓解新生入园焦虑的策略：提前入园与混龄体验［J］．学前教育研究，2015（12）：58－60.

[18] 朱智贤．幼儿心理学［M］．北京：人民教育出版社，2003.

[19] 袁爱玲．幼儿园教育环境创设［M］．北京：高等教育出版社，2010.

[20] 陈帼眉．幼儿教育心理学［M］．北京：北京师范大学出版社，2007.

[21] 庞丽娟．幼儿同伴社交类型特征的研究［J］．心理发展与教育，1991（3）.

[22] 黄人颂．学前教育学［M］．北京：人民教育出版社，1989.

[23] 中华人民共和国教育部．幼儿园工作规程［M］．北京：北京师范大学出版社，2001.